한번보면 바로 생각나는 스페인어 단어장

한번보면 바로 생각나는
스페인어단어장

2쇄 발행 2022년 10월 20일

지은이   황순양
발행인   이재명
발행처   삼지사
출판사 등록일   1968년 11월 18일
등록번호   제 406-2011-000021호
주소   경기도 파주시 산남로 47-10
               Tel. 031) 948-4502   Fax. 031) 948-4508
홈페이지   www.samjisa.com

ISBN 978-89-7358-526-7   03770

정가는 표지 뒷면에 있습니다.

「이 도서의 국립중앙도서관 출판시도서목록(CIP)은 서지정보유통지원시스템 홈페이지(http://seoji.nl.go.kr)와 국
가자료공동목록시스템(http://www.nl.go.kr/kolisnet)에서 이용하실 수 있습니다.(CIP제어번호: CIP 202002093」

Vocabulario

한번보면 바로 생각나는 스페인어 단어장

황순양 지음

SAMJI BOOKS

한국어를 제법 유창하게 구사하는 외국인들을 보면 십중팔구는 하나 같이 작은 수첩을 가지고 있습니다. 그 수첩은 바로 단어장입니다. 그들이 말하는 한국어 정복의 비결은 기본적인 문법 지식과 어휘력이었습니다. 단어를 많이 알게 되면 그 외국어의 반은 정복된 것이나 마찬가지입니다. 그렇지만 지금껏 수도 없이 단어 암기에 도전했지만 도전한 횟수만큼이나 많은 실패를 겪었습니다. 한번 보면 바로 생각나는 스페인어 단어는 이미지와 단어의 직관적인 결합을 통해 암기가 아닌 이해가 되도록 구성했습니다.

암기가 아닌 이해로 단어 학습의 패러다임을 바꿔 놓은 것입니다. 더욱이 영어에 관해서는 아주 초보인 학습자를 위해 단어마다 한국어 음을 달아 따라 읽다 보면 어느새 발음도 교정될 수 있도록 준비해 놓았습니다. Español Gráfico Crecimiento Vocabulario 한번 보면 바로 생각나는 스페인어 단어는 다시는 여러분을 실패로 이끌지 않는 스페인어 단어집의 새로운 트랜드 입니다.

이 책의 구성

표제어 : 정말 기초적인 단어 2,068 개의 단어를 수록했습니다.

그래픽 가이드 : 직관적으로 단어 나 문장의 의미를 이해할 수 있도록 이미지를 제공합니다.

한국어 발음 : 아주 초보를 위한 한 국어 발음 토씨. 따라 읽다 보면 자연 스레 스페인어 발음도 교정되고 리스 닝 훈련도 되는 일석이조의 효과를 보입니다. 단어와 문장 모두에 달아 놓았습니다.

단어의 품사 : 동사. 명사. 형용사들 의 머리글자만 활용했습니다.

우리 말 예문과 스페인어 예문 : 우리말부터 먼저 이해하고 스페인어 문장을 이 해하는 L1 → L2 방식으로 구성했습니다. 대표성과 실용성을 갖추기 위해 학습자가 가 장 쉽게 그리고 빈번하게 접하는 사전들의 예문과 실용적인 문장 만을 골랐고 편리한 학습을 위해 가능한 한 단문을 사용했습니다.

아무리 기억력이 좋아도 한번에 단어를 암기할 순 없습니다. 표제어 옆의 별표를 활용하세요.

예를 들어 A, B, C 항목까지 한번 훑어 본 후 다시 A 항목으로 돌아와서 단어를 살펴 보십시오. 기억에 떠오르면 별표를 채우지 말고 그렇지 않으면 별표를 채우고 한번 더 단어의 뜻과 예문을 익히세요. 이렇게 두 번째가 지나가고 D, E, F 항목까지 한번 본 뒤 다시 A로 돌아와 이번엔 별표에 표시된 단어를 보고 앞의 요령과 마찬가지로 학습하세요.

이런 과정을 모두 거치면 여러분은 적어도 3번은 단어들을 이해하는 과정을 겪는 것이며 아마도 2,068 개의 스페인어 단어가 여러분에게 거의 무의식적으로 체득되어 있을 거에요.

순서

abajo

아**바**호　　　　🔵부 밑에, 밑으로

밑에 층에 내 친구가 산다.
En el piso de abajo vive mi amigo.
엔 엘 삐소 데 아바호 비베 미 아미고

---

abandonar

아반도**나**르　　　🟢동 버리다, 유기하다, 포기하다

복싱 선수는 3분 만에 경기를 포기했다.
El boxeador abandonó el combate a los tres minutos.
엘 복쎄아도르 아반도노 엘 꼼바떼 알 로스 뜨레스 미누또스

---

abogado, -a

아보**가**도, –다　　　🟡명 m. f. 변호사

오늘 오후에 내 변호사와 약속이 있다.
Esta tarde tengo una cita con mi abogado.
에스따 따르데 뗑고 우나 씨따 꼰 미 아보가도

---

abrazar

아브라**싸**르　　　🟢동 포옹하다, 껴안다

엄마는 아들을 껴안는다.
La madre abraza a su hijo.
라 마드레 아브라싸아 수 이호

---

abrigo

아브**리**고　　　🟡명 m. 외투, 코트

그녀는 밍크 코트를 샀다.
Ella se ha comprado un abrigo de piel.
에야 세 아 꼼쁘라도 운 아브리고 데 삐엘

abrir

아브리르   동 열다

은행은 몇 시에 문을 여니?
¿A qué hora abren los bancos?
아 께 오라 아브렌 로스 방꼬스

---

absoluto, -a

압솔루또, -따   형 절대적인, 무조건의, 절대적인

나는 이 문제를 전혀 이해하지 못한다.
No entiendo este problema en absoluto.
노 엔띠엔도 에스떼 쁘로블레마 엔 압솔루또

---

abuelo, -a

아부엘로, -라   명 m. f. 할아버지(할머니)

나의 조부모님은 매우 인자하신 분들이다.
Mis abuelos son muy generosos.
미스 아부엘로스 손 무이 헤네로소스

---

abundante

아분단떼   형 풍부한, 풍요로운

여기는 천연자원이 풍부한 지역이다.
Aquí es una región abundante en recursos naturales.
아끼 에스 우나 레히온 아분단떼 엔 레꾸르소스 나뚜랄레스

---

aburrido, -a

아부리도, -다   형 지루한, 심심한

수학 수업은 매우 지루하다.
La clase de matemáticas es muy aburrida.
라 끌라세 데 마떼마띠까스 에스 무이 아부리다

---

abuso

아부소   명 m. 남용

알코올의 남용은 건강에 나쁘다.
El abuso de alcohol es malo para la salud.
엘 아부소 데 알꼬올 에스 말로 빠라 라 살룻

acabar

아까**바**르

동 끝내다, 끝마치다, 완료하다

학업은 언제 끝나니?
¿Cuándo acabas la carrera?
꾸안도　아까바스 라 까레라

academia

아까**데**미아

명 f. 학원

나는 일주일에 세 번 학원에 간다.
Voy a la academia tres veces por semana.
보이 알 라　아까데미아　뜨레스 베쎄스 뽀르 세마나

acceso

악**쎄**소

명 m. 접근, 액세스

나는 인터넷에 접속할 수 없다.
No tengo acceso a Internet.
노　뗑고　악쎄소 아　인떼르넷

accidente

악씨**덴**떼

명 m. 사고

어제 고속도로에서 매우 심각한 사고가 있었다.
Ayer en la autopista hubo un accidente muy grave.
아예르 엔 라 아우또삐스따 우보 운　악씨덴떼　무이 그라베

acción

악씨**온**

명 f. 활동, 행동, 액션

내 동생은 액션 영화를 좋아한다.
A mi hermano le gustan las películas de acción.
아 미 에르마노　레 구스딴　라스 뻴리꿀라스 데　악씨온

aceite

아**쎄**이떼

명 m. 기름, 식용유

올리브유는 건강에 좋다.
El aceite de oliva es bueno para la salud.
엘 아쎄이떼 데　올리바 에스 부에노　빠라 라 살룻

aceptar

아쎕**따**르 · 圏 수락하다, 받아들이다

우리는 당신의 제안을 받아들일 것입니다.
Vamos a aceptar **su oferta.**
바모스 아 아쎕따르 수 오페르따

acercar

아쎄르**까**르 · 圏 접근시키다, ~se (+a) ~에 다 가가다

아이는 엄마에게 다가간다.
La niña se acerca **a su mamá.**
라 니냐 세 아쎄르까 아 수 마마

ácido, -a

아씨도, -다 · 圏 신, 신맛이 있는, 산성의

이 오렌지는 매우 시다.
Estas naranjas son muy ácidas.
에스따스 나랑하스 손 무이 아씨다스

acogedor, -a

아꼬헤**도**르, -라 · 圏 환대하는, 우호적인, (장소가) 분위기가 좋은, 환경이 좋은

그 레스토랑의 분위기는 매우 좋다.
El restaurante tiene un ambiente muy acogedor.
엘 레스따우란떼 띠에네 운 암비엔떼 무이 아꼬헤도르

acompañar

아꼼빠**냐**르 · 圏 동반하다, 함께 가다, 동행하다

네가 원한다면 백화점에 같이 갈게.
Si quieres, te acompaño **al almacén.**
시 끼에레스 떼 아꼼빠뇨 알 알마쎈

aconsejar

아꼰세**하**르 · 圏 충고하다, 조언하다

네게 충고하는데 담배 많이 피우지 마라.
Te aconsejo **que no fumes mucho.**
떼 아꼰세호 께 노 푸메스 무초

acordar
아꼬르**다**르

동 의결하다, 합의하다, ~se (+de) ~을 기억하다

나는 그의 이름을 기억하지 못한다.
No me acuerdo de su nombre.
노 메 아꾸에르도 데 수 놈브레

acostar
아꼬스**따**르

동 잠자리에 눕히다, ~se 눕다, 잠자리에 들다

너는 몇 시에 잠자리에 드니?
¿A qué hora te acuestas?
아 께 오라 떼 아꾸에스따스

acostumbrado, -a
아꼬스뚬브**라**도, -다

형 (+a) ~에 익숙한

아이는 젓가락 사용하는 데 익숙해졌다.
El niño está acostumbrado a usar palillos.
엘 니뇨 에스따 아꼬스뚬브라도 아 우사르 빨리요스

activo, -a
악**띠**보, -바

형 활동적인, 활발한

그녀는 매우 활동적이고 명랑하다.
Ella es muy activa y alegre.
에야 에스 무이 악띠바 이 알레그레

actor
악**또**르

명 **m.** 배우

네가 좋아하는 배우는 누구니?
¿Quién es tu actor favorito?
끼엔 에스 뚜 악또르 파보리또

actriz
악뜨**리**쓰

명 **f.** 여배우

관객은 여배우에게 박수를 보냈다.
El público aplaudió a la actriz.
엘 뿌블리꼬 아쁠라우디오 알 라 악뜨리쓰

A

actual

악뚜**알**   형 현재의, 현실의

현재의 경제 상황은 참담하다.
La situación económica actual es desastrosa.
라 시뚜아씨온   에꼬노미까   악뚜알   에스 데사스뜨로사

actuar

악뚜**아**르   동 행동하다, 연기하다

그녀는 마치 영화계의 스타처럼 행동한다.
Ella actúa como si fuera una estrella del cine.
에야 악뚜아   꼬모   시   푸에라 우나 에스뜨레야 델 씨네

acuerdo

아꾸**에**르도   명 m 일치, 동의, 합의

나는 네 생각에 동의한다.
Estoy de acuerdo contigo.
에스또이 데   아꾸에르도   꼰띠고

adaptar

아답**따**르   동 적응시키다, ~se (+a) ~에 적응하다, 순응하다

그 나라에 잘 적응하기 위해서는 그 나라 말을 해야만 한다.
Para adaptarse bien a un país hay que hablar su idioma.
빠라 아답따르세   비엔 아 운 빠이스 아이 께 아블라르 수 이디오마

adecuado, -a

아데꾸**아**도, -다   형 적당한, 적절한

이것이 가을에 가장 적당한 정장이다.
Este es el traje más adecuado para el otoño.
에스떼 에스 엘 뜨라헤 마스   아데꾸아도   바라 엘 오또뇨

además

아데**마**스   부 게다가, (+de) ~이외에

그녀는 노래를 잘하고, 게다가 춤도 아주 잘 춘다.
Ella canta bien y, además, baila muy bien.
에야 깐따   비엔 이 아데마스   바일라 무이 비엔

A

admirar
아드미라르   동 찬양하다, 존경하다, 감탄하다

아이들은 만화의 영웅을 존경한다.
Los niños admiran a los héroes de los dibujos animados.
로스 니뇨스 아드미란 알 로스 에로에스 델 로스 디부호스 아니마도스

adoptar
아돕따르   동 양자로 삼다

제3세계의 어린이들을 입양하는 예술가들에 대해서 어떻게 생각하십니까?
¿Qué opinan de los artistas que adoptan niños del tercer mundo?
께 오삐난 델 로스 아르띠스따스 께 아돕딴 니뇨스 델 떼르쎄르 문도

adornar
아도르나르   동 장식하다

그들은 제단을 노란 꽃으로 장식한다.
Adornan el altar con flores amarillas.
아도르난 엘 알따르 꼰 플로레스 아마리야스

adquirir
아드끼리르   동 획득하다, 입수하다

신문기자들은 뉴스거리를 입수한다.
Los periodistas adquieren las noticias.
로스 뻬리오디스따스 아드끼에렌 라스 노띠씨아스

adulto, -a
아둘또, -따   명 m. f. 성인

성인들을 위한 스페인어 과정이 있다.
Hay cursos de español para adultos.
아이 꾸르소스 데 에스빠뇰 빠라 아둘또스

aeropuerto
아에로뿌에르또   명 m. 공항

여기에서 공항까지 몇 시간 걸리나요?
¿Cuántas horas se tarda de aquí al aeropuerto?
꾸안따스 오라스 세 따르다 데 아끼 알 아에로뿌에르또

afectar

아펙**따**르

(통) (+a) 영향을 미치다

물가상승은 가정 경제에 영향을 미친다.
La subida de los precios afecta a la economía familiar.
라 수비다 데 로스 쁘레씨오스 아펙따 알 라 에꼬노미아 파밀리아르

afeitar

아페이**따**르

(통) ~se 수염 깎다, 면도하다

나는 이틀에 한 번 면도한다.
Me afeito cada dos días.
메 아페이또 까다 도스 디아스

aficionado, -a

아피씨오**나**도, -다

(명) m. f. 팬

다음 주에 팬을 위한 콘서트가 있을 것이다.
La semana próxima hay un concierto para aficionados.
라 세마나 쁘록씨마 아이 운 꼰씨에르또 빠라 아피씨오나도스

afirmar

아피르**마**르

(통) 단언하다, 보증하다

증인은 피고인을 알고 있다고 단언했다.
El testigo afirma que conoce al acusado.
엘 떼스띠고 아피르마 께 꼬노쎄 알 아꾸사도

afortunado, -a

아포르뚜**나**도, -다

(형) 운이 좋은, 행운의
(명) m. f. 행운아

그는 행운아 중의 한 명이다.
Él es uno de los afortunados.
엘 에스 우노 델 로스 아포르뚜나도스

afuera

아푸**에**라

(부) 밖에서, 밖으로

밖에는 비가 오고 있다.
Afuera está lloviendo.
아푸에라 에스따 요비엔도

agencia

아**헨**씨아 　　　명 f. 대리점

그녀는 여행사에서 일한다.
Ella trabaja en una agencia de viajes.
에야 뜨라바하 엔 우나 아헨씨아 데 비아헤스

---

agotado, -a

아고**따**도, -다 　　　형 지친, 녹초가 된

학생들은 녹초가 돼서 집에 돌아온다.
Los estudiantes regresan a casa agotados.
로스 에스뚜디안떼스 레그레산 아 까사 아고따도스

---

agradable

아그라**다**블레 　　　형 즐거운, 기분 좋은, 상쾌한, 명랑한

테레사는 매우 명랑한 여자이다.
Teresa es una mujer muy agradable.
떼레사 에스 우나 무헤르 무이 아그라다블레

---

agradecer

아그라데**쎄**르 　　　동 고마워하다, 감사하다

당신에게 감사드립니다.
Se lo agradezco mucho.
세 로 아그라데스꼬 무초

---

agresivo, -a

아그레**시**보, -바 　　　형 공격적인, 도전적인, 적극적인

그녀는 매우 도전적이다.
Ella es muy agresiva.
에야 에스 무이 아그레시바

---

agricultor, -a

아그리꿀**또**르, -라 　　　명 m. f. 농부, 농사꾼

농부들이 보리를 심고 있다.
Los agricultores están sembrando cebada.
로스 아그리꿀또레스 에스딴 셈브란도 쎄바다

agrio, -a

아그리오, -아 　 **형** 신, 시큼한, 심술궂은

우유가 시큼한 맛이 난다.
La leche sabe agria.
라　레체　사베　아그리아

---

agua

아구아 　 **명 f.** 물

물이 뜨겁다.
El agua está caliente.
엘 아구아 에스따 깔리엔떼

---

aguantar

아구안**따**르 　 **동** 참다, 견디다

그들은 상사의 학대를 견딜 수 없다.
Ellos no pueden aguantar el maltrato de su jefe.
에요스　노　뿌에덴　아구안따르　엘　말뜨라또　데 수 헤페

---

ahí

아**이** 　 **부** 거기

내 집에 가려면 거기를 지나가야만 한다.
Tengo que pasar por ahí para llegar a casa.
뗑고　께　빠사르　뽀르 아이 빠라 예가르 아 까사

---

ahogar

아오**가**르 　 **동** 질식시키다, ~se 질식사하다,
　　　　　　　　　　물에 빠져 죽다

나는 물에 빠져 죽을 뻔했다.
Estuve a punto de ahogarme.
에스뚜베 아 뿐또 데　아오가르메

---

ahora

아**오**라 　 **부** 지금

지금 당장 여기로 올 수 있니?
¿Puedes venir por aquí ahora mismo?
뿌에데스　베니르 뽀르 아끼 아오라 미스모

★★★ ahorrar

아오라르   동 저축하다, 절약하다

우리는 여행하기 위해서 돈을 저축해야만 한다.
Tenemos que ahorrar dinero para viajar.
떼네모스   께   아오라르   디네로   빠라   비아하르

★★★ aire

아이레   명 m. 공기, 대기

여기 공기가 매우 상쾌하다.
Aquí el aire es muy fresco.
아끼   엘 아이레 에스 무이   프레스꼬

★★★ ala

알라   명 f. 날개

이 나비의 날개가 매우 아름답다.
Las alas de esta mariposa son muy hermosas.
라스 알라스 데 에스따 마리뽀사   손   무이   에르모사스

★★★ alarma

알라르마   명 f. 경보기

문이 열리면 경보기가 작동된다.
Al abrir la puerta, se activa la alarma.
알 아브리르 라 뿌에르따   세   악띠바 라 알라르마

★★★ alcanzar

알깐싸르   동 ~에 닿다, 도달하다

우리가 더 빨리 뛰지 않으면 그들이 우리를 따라잡을 거야.
Si no corremos más rápido, ellos nos alcanzarán.
시 노   꼬레모스   마스 라삐도   에요스 노스   알깐싸란

★★★ alegre

알레그레   형 즐거운, 기쁜, 명랑한, 쾌활한

이 아이들은 쾌활하다.
Estos niños son alegres.
에스또스 니뇨스   손   알레그레스

alergia

알**레**르히아 **명** **f.** 알레르기

나는 꽃가루 알레르기가 있다.
Tengo alergia al polen.
뗑고 알레르히아 알 뽈렌

alfombra

알**폼**브라 **명** **f.** 양탄자, 카펫

나는 거실용 카펫을 샀다.
Compré una alfombra para la sala.
꼼쁘레 우나 알폼브라 빠라 라 살라

algo

알고 **대** 어떤 것

나는 오늘 뭔가 할 일이 있다.
Tengo algo que hacer hoy.
뗑고 알고 께 아쎄르 오이

algodón

알고**돈** **명** **m.** 목화, 면화, 면직물, 솜

이 와이셔츠는 면제품이다.
Esta camisa es de algodón.
에스따 까미사 에스 데 알고돈

alguien

알기엔 **대** 누가, 누군가

새벽 2시경에 누군가가 문을 두드린다.
Alguien llama a la puerta a eso de las 2 de la madrugada.
알기엔 야마 알 라 뿌에르따 아 에소 델 라스 도스 델 라 마드루가다

alguno, -a

알**구**노, –나 **형** 어느, 어떤, 약간의

컴퓨터에 무슨 문제가 있습니까?
¿Hay algún problema con la computadora?
아이 알군 쁘로블레마 꼰 라 꼼뿌따도라

★ alimento

알리**멘**또 　　**명 m.** 먹을거리, 음식, 영양, 자양분

우리는 기름기가 적은 음식을 먹어야 한다.
Debemos comer alimentos con menos grasa.
데베모스　꼬메르　알리멘또스　꼰　메노스　그라사

★ allí

아이 　　**부** 저기 (= allá)

저기에 있는 아가씨를 너는 아니?
¿Conoces a esa chica que está allí?
꼬노쎄스　아 에사　치까　께 에스따 아이

★ alma

알마 　　**명 f.** 영혼, 정신

사랑은 영혼을 위한 자양분이다.
El amor es el alimento para el alma.
엘 아모르 에스 엘 알리멘또　빠라 엘 알마

★ almacén

알마**쎈** 　　**명 m.** 백화점, 창고

내 동네에는 대형 백화점이 하나 있다.
En mi barrio hay un gran almacén.
엔 미 바레오　아이 운　그란　알마쎈

★ almohada

알모**아**다 　　**명 f.** 베개

베개들이 깨끗하다.
Las almohadas están limpias.
라스　알모아다스　에스딴　림삐아스

★ almorzar

알모르**싸**르 　　**동** 점심 식사하다

몇 시에 점심 먹을 거니?
¿A qué hora vas a almorzar?
아 께 오라 바스 아 알모르싸르

alquilar

알낄**라**르   동 빌려주다, 임대하다, 빌리다

우리는 이 집을 임대할 것이다.
Vamos a alquilar esta casa.
바모스 아 알낄라르 에스따 까사

alrededor

알레데**도**르   부 주위에

주변에 아무도 없었다.
No había nadie alrededor.
노 아비아 나디에 알레데도르

alto, -a

알또, -따   형 높은, 키가 큰

한국에서 가장 높은 산은 어디죠?
¿Cuál es la montaña más alta de Corea?
꾸알 에스 라 몬따냐 마스 알따 데 꼬레아

alumno, -a

알룸노, -나   명 m. f. 학생

당신 수업에는 몇 명의 학생이 있습니까?
¿Cuántos alumnos hay en su clase?
꾸안또스 알룸노스 아이 엔 수 끌라세

amable

아**마**블레   형 친절한

한국인들은 외국인들에게 친절하다.
Los coreanos son amables con los extranjeros.
로스 꼬레아노스 손 아마블레스 꼰 로스 엑스뜨랑헤로스

amar

아**마**르   동 사랑하다

나는 너를 영원히 사랑해.
Te amo para siempre.
떼 아모 빠라 시엔쁘레

amargo, -a
아**마**르고, –가 　**형** 맛이 쓴, 쓴맛의, 고통스러운

왜 약은 대부분 쓴가요?
¿Por qué la mayoría de las medicinas son amargas?
뽀르 께 라 마요리아 델 라스 메디씨나스 　손 아마르가스

---

amarillo, -a
아마**리**요, –야 　**형** 노란(색), 황색의

노란색은 나에게 행운을 가져다준다.
El amarillo me trae buena suerte.
엘 아마리요 메 뜨라에 부에나 수에르떼

---

ambición
암비씨**온** 　**명 f.** 큰 뜻, 야심, 야망

젊은이들은 야망을 지녀야만 한다.
Los jóvenes deben tener ambición.
로스 호베네스 데벤 떼네르 암비씨온

---

ambiente
암비**엔**떼 　**명 m.** 분위기, 환경

환경오염은 점점 더 심각한 문제이다.
La contaminación del medio ambiente es un
라 꼰따미나씨온 　델 메디오 암비엔떼 에스 운
problema cada vez más grave.
쁘로블레마 까다 베쓰 마스 그라베

---

ambulancia
암불**란**씨아 　**명 f.** 구급차

병원 앞에 구급차가 한 대 있다.
Hay una ambulancia delante del hospital.
아이 우나 암불란씨아 　델란떼 델 오스삐딸

---

amenazar
아메나**싸**르 　**동** 위협하다, 협박하다

도둑은 그녀를 칼로 협박했다.
El ladrón la amenazó con un cuchillo.
엘 라드론 라 아메나쏘 꼰 운 꾸치요

---

amigo, -a

아**미**고, -가 　　명 m. f. 친구

내 동생은 친구들이 많다.
Mi hermano menor tiene muchos amigos.
미 에르마노　메노르　띠에네　무초스　아미고스

---

ampliar

암쁠리**아**르 　　동 확대하다, 확장하다

이 서류를 확대할 것이다.
Voy a ampliar este documento.
보이 아 암쁠리아르 에스떼　도꾸멘또

---

análisis

아**날**리시스 　　명 m. 검사

의사는 나에게 혈액검사를 하라고 한다.
El doctor me pide hacer un análisis de sangre.
엘 독또르 메 삐데 아쎄르 운　아날리시스 데 상그레

---

ancho, -a

안초, -차 　　형 폭이 넓은

이 강의 폭은 유럽에서 가장 넓다.
Este río es el más ancho de Europa.
에스떼 리오 에스 엘 마스　안초　데 에우로빠

---

anciano, -a

안씨**아**노, -나 　　명 m. f. 노인

노인들은 일찍 일어난다.
Los ancianos se levantan temprano.
로스 안씨아노스 세 레반딴　뗌쁘라노

---

andar

안**다**르 　　동 걷다

하루에 한 시간씩 걷는 것은 좋다.
Es bueno andar una hora al día.
에스 부에노　안다르 우나 오라 알 디아

A

anfitrión, -a
암피뜨리**온**, **-오**나 　명 m. f. 접대자, 주최자

파티의 주최자는 누구입니까?
¿Quién es el anfitrión de la fiesta?
까엔　에스 엘　암피뜨리온 델 라 피에스따

ángel
양헬　　　　　명 m. 천사

그녀는 천사처럼 말한다.
Ella habla como un ángel.
에야　아블라 꼬모　운　양헬

---

anillo
아**니**요　　　　명 m. 반지

이게 내 결혼반지야.
Este es mi anillo de boda.
에스떼 에스 미　아니요 데　보다

---

animal
아니**말**　　　　명 m. 동물

멸종 위기에 있는 동물을 보호해야만 한다.
Tenemos que proteger los animales en peligro de extinción.
떼네모스　께　쁘로떼헤르 로스 아니말레스 엔 뻴리그로 데 엑스띵씨온

---

aniversario
아니베르**사**리오　　명 m. 기념일

오늘은 내 결혼기념일이다.
Hoy es el aniversario de mi boda.
오이 에스 엘 아니베르사리오 데　미　보다

---

anoche
아**노**체　　　　부 어젯밤

그녀는 어젯밤에 바르셀로나에 도착했다.
Ella llegó anoche a Barcelona.
에야　예고　아노체 아　바르쎌로나

---

antes

안떼스 부 전에

이 도시는 전에는 모든 것이 달랐다.
Antes todo era diferente en esta ciudad.
안떼스 또도 에라 디페렌떼 엔 에스따 씨우닷

---

antiguo, -a

안**띠**구오, -아 형 오래된, 낡은

그녀는 구시가지에 산다.
Ella vive en la parte antigua de la ciudad.
에야 비베 엔 라 빠르떼 안띠구아 델 라 씨우닷

---

antipático, -a

안띠**빠**띠꼬, -까 형 불친절한, 무뚝뚝한, 무례한

그녀는 매우 쌀쌀맞다.
Ella es muy antipática.
에야 에스 무이 안띠빠띠까

---

anunciar

아눈씨**아**르 동 알리다

이제 비행기 출발을 알리고 있다.
Ya están anunciando la salida del vuelo.
야 에스딴 아눈씨안도 라 살리다 델 부엘로

---

apagar

아빠**가**르 동 (불, 등불)끄다

너는 텔레비전을 꺼야만 한다.
Tienes que apagar la televisión.
띠에네스 께 아빠가르 라 뗄레비시온

---

aparcar

아빠르**까**르 동 주차시키다

여기에 주차해서는 안 된다.
No deben aparcar aquí.
노 데벤 아빠르까르 아끼

aparecer

아빠레**쎄**르　　　　🔴통 출현하다, 나타나다

태양이 수평선에 나타난다.
El sol aparece en el horizonte.
엘 솔　아빠레쎄　엔 엘 오리쏜떼

apartamento

아빠르따**멘**또　　🔵명 m. 아파트

시외에 있는 아파트를 임대할 생각이다.
Pienso alquilar un apartamento en las afueras de la ciudad.
삐엔소　알낄라르 운　아빠르따멘또　엔 라스 아푸에라스 델 라 씨우닷

apellido

아뻬**이**도　　　　🔵명 m. 성(姓)

당신의 성은 무엇입니까?
¿Cuál es su apellido?
꾸알 에스 수　아뻬이도

apenas

아**뻬**나스　　　　🟢부 거의 ~ 않다, 겨우 ~하다

우리는 거의 잠잘 시간이 없다.
Apenas tenemos tiempo para dormir.
아뻬나스　떼네모스　띠엠뽀　빠라　도르미르

apetito

아뻬**띠**또　　　　🔵명 m. 입맛, 식욕

요즘 나는 식욕이 없다.
Últimamente, no tengo apetito.
울띠마멘떼　　노 뗑고　아뻬띠또

aplauso

아쁠**라**우소　　　🔵명 m. 환호, 응원, 박수, 박수갈채

그는 박수갈채를 받았다.
Él recibió muchos aplausos.
엘 레씨비오　무초스　아쁠라우소스

apoyar

아뽀**야**르　　　⑧ 지지하다, 도와주다

나는 너를 완전히 지지한다.
Te apoyo totalmente.
떼　아뽀요　또딸멘떼

apreciar

아쁘레씨**아**르　　⑧ 진가를 알다, 존중하다, 고맙게
　　　　　　　　　　생각하다

저는 당신의 친절을 고맙게 생각합니다.
Aprecio su amabilidad.
아쁘레씨오　수　아마빌리닷

aprender

아쁘렌**데**르　　　⑧ 배우다

나는 프랑스어를 배우고 싶다.
Quiero aprender francés.
끼에로　아쁘렌데르　프란쎄스

apretar

아쁘레**따**르　　　⑧ 꼭 조이다, (버튼을) 누르다

그는 비상 버튼을 눌렀다.
Él apretó el botón de emergencia.
엘　아쁘레또　엘　보똔　데　에메르헨씨아

aprobar

아쁘로**바**르　　　⑧ 허용하다, 재가하다, 합격하다

내 동생은 전 과정 최고점수로 합격했다.
Mi hermano aprobó todo el curso con matrícula de honor.
미　에르마노　아쁘로보　또도 엘　꾸르소　꼰　마뜨리꿀라 데　오노르

aprovechar

아쁘로베**차**르　　⑧ 이용하다

너는 시간을 더 잘 이용해야만 한다.
Tienes que aprovechar mejor el tiempo.
띠에네스　께　아쁘로베차르　메호르 엘　띠엠뽀

aproximadamente

아쁘록씨**마**다멘떼 　　 🔵 대략

대략 천명이 광장에 있다.
En la plaza hay mil personas aproximadamente.
엔 라 쁠라싸 아이 밀 　 뻬르소나스 　 아쁘록씨마다멘떼

apurar

아뿌**라**르 　　 🟢 재촉하다, 서두르게 하다
　　　　　　　　~se 서두르다

제시간에 도착하기 위해 나는 서둘러야 한다.
Tengo que apurarme para llegar a tiempo.
뗑고 　께 　아뿌라르메 　빠라 　예가르 아 띠엠뽀

aquello

아**께**요 　　 🔵 저것

저것은 무엇인가요?
¿Qué es aquello?
께 　에스 아께요

aquí

아**끼** 　　 🔵 여기

우리는 여기에서 휴가 중이야.
Estamos aquí de vacaciones.
에스따모스 아끼 데 바까씨오네스

árbol

아르볼 　　 🟢 m. 나무

이 공원에는 수천 그루의 나무들이 있다.
En este parque hay miles de árboles.
엔 에스떼 빠르께 아이 밀레스 데 아르볼레스

archivo

아르**치**보 　　 🟢 m. 서류함, 파일

사장은 계약서 사본을 파일에 넣는다.
El presidente pone en el archivo una copia del contrato.
엘 쁘레시덴떼 뽀네 엔 엘 아르치보 우나 꼬삐아 델 꼰뜨라또

arcoíris

아르꼬**이**리스 　　명 m. 무지개

비가 그치자마자, 아름다운 무지개가 나타났다.
En cuanto dejó de llover, apareció un bonito arcoíris.
엔　꾸안또　 데호 데 요베르 아빠레씨오　운　보니또 아르꼬이리스

área

아레아 　　명 f. 구역, 지역, 분야, 영역

이 지역을 잘 아십니까?
¿Conoce bien esta área?
꼬노쎄　비엔 에스따 아레아

arena

아**레**나 　　명 f. 모래

이 해수욕장의 모래는 매우 곱다.
La arena de esta playa es muy fina.
라 아레나 데 에스따 쁠라야 에스 무이　피나

aretes

아**레**떼스 　　명 m. 귀걸이

이 귀걸이는 은제품이다.
Estos aretes son de plata.
에스또스 아레떼스 손 데 쁠라따

arma

아르마 　　명 f. 무기

무기는 전 세계를 파괴시킬 수 있다.
Las armas pueden destruir todo el mundo.
라스 아르마스 뿌에덴　데스뜨루이르 또도　엘 문도

armario

아르**마**리오 　　명 m. 옷장

그 가구의 폭은 2미터이다.
El armario tiene dos metros de ancho.
엘　아르마리오 띠에네 도스　메뜨로스 데 안초

aroma

아로마   명 m. 향기

나는 정원에서 꽃향기를 들이마셨다.
Aspiré el aroma de las flores del jardín.
아스삐레 엘 아로마 델 라스 플로레스 델 하르딘

arquitecto, -a

아르끼**떽**또, -따   명 m. f. 건축가

가우디는 세계에서 가장 유명한 건축가들 중의 한명이다.
Gaudí es uno de los arquitectos más famosos del mundo.
가우디 에스 우노 데 로스 아르끼떽또스 마스 파모소스 델 문도

arrancar

아랑**까**르   동 뿌리째 뽑다, 빼앗다, 시동 걸다

정원사가 정원의 풀을 뽑고 있다.
El jardinero está arrancando las hierbas del jardín.
엘 하르디네로 에스따 아랑깐도 라스 이에르바스 델 하르딘

arreglar

아레글**라**르   동 정돈하다, 수리하다
~se 몸단장하다, 치장하다

정비공이 내 차를 수리하고 있다.
El mecánico está arreglando mi coche.
엘 메까니꼬 에스따 아레글란도 미 꼬체

arrepentir

아레뻰**띠**르   동 ~se (+de) 후회하다

나는 결코 그 일을 한 것을 후회하지 않는다.
Nunca me arrepiento de haberlo hecho.
눈까 메 아레삐엔또 데 아베를로 예초

arriba

아**리**바   부 위로, 위에

침실은 위층에 있다.
Los dormitorios están arriba.
로스 도르미또리오스 에스딴 아리바

arrogante

아로**간**떼　　　📄 형 거만한, 오만한, 교만한

그는 거만하고 이기적이다.
Él es arrogante y egoísta.
엘 에스 아로간떼　이 에고이스따

---

arrojar

아로**하**르　　　📄 동 던지다

아이가 창문 밖으로 종이를 던진다.
El niño arroja el papel por la ventana.
엘 니뇨 아로하 엘 빠뻴　뽀르 라 벤따나

---

arroz

아로**쓰**　　　📄 명 m. 쌀, 밥

쌀은 한국인의 주식이다.
El arroz es la comida principal de los coreanos.
엘 아로쓰 에스 라　꼬미다 쁘린씨빨　델 로스 꼬레아노스

---

arruinar

아루이**나**르　　　📄 동 파산시키다, 해치다, 손해를 주다

그는 과도한 지출로 아버지의 사업을 망쳤다.
Él arruinó el negocio de su padre con sus gastos excesivos.
엘 아루이노 엘 네고씨오 데 수 빠드레 꼰 수스 가스또스 엑쎄시보스

---

arte

아르떼　　　📄 명 m. 예술, 미술

나는 오늘 오후에 미술 시간에 결석할 것이다.
Voy a faltar a la clase de arte esta tarde.
보이 아 팔따르 알 라 끌라세 데 아르떼 에스따 따르데

---

artículo

아르**띠**꿀로　　　📄 명 m. 기사, 품목

이 기사는 많은 것을 이야기하고 있다.
Este artículo dice muchas cosas.
에스떼 아르띠꿀로 디쎄　무차스　꼬사스

---

artificial

아르띠피씨**알** 🔶형 인공의, 인위적인, 모조의

이 조화는 생화처럼 보인다.
Estas flores artificiales parecen reales.
에스따스 플로레스 아르띠피씨알레스 빠레쎈 레알레스

---

asar

아**사**르 🔶동 굽다

우리는 고기와 소시지를 굽고 있다.
Estamos asando carne y chorizos.
에스따모스 아산도 까르네 이 초리쏘스

---

ascensor

아쎈**소**르 🔶명 m. 승강기

승강기가 작동하지 않는다.
El ascensor no funciona.
엘 아쎈소르 노 푼씨오나

---

asco

아스꼬 🔶명 m. 구역질, 메스꺼움, 불쾌감

이 냄새는 구역질이 난다.
Este olor me da asco.
에스떼 올로르 메 다 아스꼬

---

asesinar

아세시**나**르 🔶동 암살하다, 살해하다

누가 케네디 대통령을 암살했나요?
¿Quién asesinó al presidente Kennedy?
끼엔 아세시노 알 쁘레시덴떼 께네디

---

así

아**시** 🔶부 이렇게, 이런 식으로

나는 이렇게 살기를 원한다.
Yo quiero vivir así.
요 끼에로 비비르 아시

---

asiento

아시**엔**또 　　　**명 m.** 자리, 좌석

자리에 앉으세요.
Tome Ud. asiento.
또메 우스뗏 아시엔또

asistir

아시스**띠**르 　　　**동** (+a) 참가하다, 참석하다, 도와주다

마야 예술에 관한 강연회에 참석할 것이다.
Voy a asistir **a la conferencia sobre el arte maya.**
보이 아 아시스띠르 알 라 꼼페렌씨아　소브레 엘 아르떼 마야

asociación

이소씨아씨**온** 　　　**명 f.** 연합, 협회, 조합

모든 학교에는 학부모회가 있다.
Todas las escuelas tienen una asociación **de padres.**
또다스 라스 에스꾸엘라스 띠에넨 우나 아소씨아씨온 데 빠드레스

asombrado, -a

아솜브**라**도, -다 　　　**형** 깜짝 놀란

왜 그렇게 놀라고 있니?
¿Por qué estás tan asombrado?
뽀르 께 에스따스 딴 아솜브라도

aspecto

아스**뻭**또 　　　**명 m.** 면모, 모습, 측면

존경할만한 외모의 신사가 지나간다.
Pasa un señor de aspecto **respetable.**
빠사 운 세뇨르 데 아스뻭또 레스뻬따블레

aspiradora

아스삐라**도**라 　　　**명 f.** 진공청소기

그는 부인이 아기를 돌보는 동안 청소기를 돌린다.
Él pasa la aspiradora **mientras su esposa cuida al bebé.**
엘 빠사 라 아스삐라도라 미엔뜨라스 수 에스뽀사 꾸이다 알 베베

★★★ astuto, -a

아스**뚜**또, -따 🔵형 교활한, 간교한

그들은 거리에서 생존하기 위해 교활해야만 했다.
Deben ser astutos para sobrevivir en la calle.
데벤   세르 아스뚜또스 빠라 소브레비비르 엔 라 까예

★★★ asunto

아**순**또 🔵명 m 일, 문제, 사건

나는 매우 중요한 문제를 해결해야만 한다.
Tengo que resolver un asunto muy importante.
뗑고   께   레솔베르 운 아순또   무이 임뽀르딴떼

★★★ asustar

아수스**따**르 🔵동 놀라게 하다, ~se 놀라다

어린아이들은 부모를 놀라게 한다.
Los niños asustan a sus padres.
로스 니뇨스 아수스딴 아 수스 빠드레스

★★★ atacar

아따**까**르 🔵동 공격하다, 도전하다

경찰은 노인을 공격한 젊은이를 체포했다.
La policía arrestó al joven que atacó a un anciano.
라 뽈리씨아 아레스또 알 호벤 께 아따꼬 아 운 아씨아노

★★★ atender

아뗀**데**르 🔵동 돌보다, 시중들다

간호사는 환자들을 돌본다.
La enfermera atiende a los enfermos.
라 엠페르메라   아띠엔데 알 로스 엔페르모스

★★★ atractivo, -a

아뜨락**띠**보, -바 🔵형 끌어당기는, 매력이 있는

그녀는 영화계에서 가장 매력 있는 여배우이다.
Ella es la actriz más atractiva del cine.
에아 에스 라 악뜨리쓰 마스 아뜨락띠바 델 씨네

atrás
아뜨**라**스 　　　🔵부 뒤에, 뒤로, 전에

나는 이 건물에 살지 않고 뒷 건물에 산다.
No vivo en este edificio, sino en el de atrás.
노 비보 엔 에스떼 에디피씨오 시노 엔 엘 데 아뜨라스

---

atraso
아뜨**라**소 　　　🟢명 m 지체, 지연

우리는 두 시간 늦게 도착할 것이다.
Vamos a llegar con dos horas de atraso.
바모스 아 예가르 꼰 도스 오라스 데 아뜨라소

---

atravesar
아뜨라베**사**르 　　　🔴동 가로지르다, 횡단하다

신호등이 적색일 때에는 절대 도로를 건너서는 안 된다.
No debes atravesar la avenida cuando el semáforo esté en rojo.
노 데베스 아뜨라베사르 라 아베니다 꾸안도 엘 세마포로 에스떼 엔 로호

---

atrevido, -a
아뜨레**비**도, –다 　　　🟡형 대담한, 용감한

내 딸은 매우 대담하다.
Mi hija es muy atrevida.
미 이하 에스 무이 아뜨레비다

---

atún
아**뚠** 　　　🟢명 m 참치

나는 참치통조림 두 개를 살 것이다.
Voy a comprar dos latas de atún.
보이 아 꼼쁘라르 도스 라따스 데 아뚠

---

aula
아울라 　　　🟢명 m 교실

교실에 누군가 있니?
¿Hay alguien en el aula?
아이 알기엔 엔 엘 아울라

aumento

아우**멘**또　　　명 m. 증가, 인상

직원들은 임금인상을 요구한다.
Los empleados piden un aumento de sueldo.
로스　엠쁠레아도스　삐덴　운　아우멘또　데　수엘도

---

aunque

아운께　　　접 비록 ~일지라도

지금 비가 올지라도 나는 수영장에서 수영할 것이다.
Aunque llueve ahora, voy a nadar en la piscina.
아운께　유에베　아오라　보이 아 나다르　엔 라　삐씨나

---

auricular

아우리꿀**라**르　　　형 청각의 명 m. 이어폰

나는 음악을 듣기 위해 이어폰을 꼈다.
Me puse los auriculares para escuchar música.
메　뿌세　로스　아우리꿀라레스　빠라　에스꾸차르　무시까

---

ausente

아우**센**떼　　　형 결석한

토레스 박사님이 오늘 결석하셨다.
El doctor Torres está ausente hoy.
엘　독또르　또레스　에스따 아우센떼　오이

---

auténtico, -a

아우**뗀**띠꼬, -까　　　형 진짜의, 인증받은

이 재킷은 정품 가죽제품이다.
Esta cazadora es de cuero auténtico.
에스따　까싸도라　에스 데　꾸에로　아우뗀띠꼬

---

automático, -a

아우또**마**띠꼬, -까　　　형 자동의

이 길에 현금자동지급기가 있나요?
¿Hay cajeros automáticos en esta calle?
아이　까헤로　아우또마띠꼬　엔 에스따　까예

autopista

아우또**삐**스따　　명 f. 고속도로

고속도로에서는 통행료를 지불해야 한다.
Hay que pagar peaje en las autopistas.
아이　께　빠가르　뻬아헤　엔　라스　아우또삐스따스

---

autor, -a

아우**또**르, -라　　명 m. f. 저자

이 소설의 저자는 누구니?
¿Quién es el autor de esta novela?
끼엔　에스　엘　아우또르　데　에스따　노벨라

---

avenida

아베**니**다　　명 f. 길, 대로

레포르마는 멕시코시티를 가로지르는 대로이다.
Reforma es una avenida que cruza la Ciudad de México.
레포르마　에스　우나　아베니다　께　끄루싸 라　씨우닷　데　메히꼬

---

aventura

아벤**뚜**라　　명 f. 모험

우리의 쿠바여행은 정말 모험이었다.
Nuestro viaje a Cuba fue realmente una aventura.
누에스뜨로 비아헤 아　꾸바　푸에 레알멘떼　우나　아벤뚜라

---

avión

아비**온**　　명 m. 비행기

LA행 비행기는 몇 시에 출발합니까?
¿A qué hora parte el avión para Los Ángeles?
아　께　오라　빠르떼 엘　아비온　빠라 로스 앙헬레스

---

avisar

아비**사**르　　동 알리다

가능한 한 빨리 내게 그 사실을 알려주길 바란다.
Quiero que me lo avises lo más pronto posible.
끼에로　께　엘 로 아비세스 로 마스　쁘론또　뽀시블레

★★★ ayer

아**예**르　　　　🖊 어제

내 친구가 어제 나를 방문했다.
Mi amiga me visitó ayer.
미　아미가　메　비시또　아예르

★★★ ayudar

아유**다**르　　　　🔵 도와주다

남편들은 주말마다 집안일을 도와주어야만 한다.
Los maridos tienen que ayudar **en casa los fines de semana.**
로스　마리도스　띠에넨　께　아유다르　엔　까사　로스　피네스　데　세마나

★★★ ayuntamiento

아윤따미**엔**또　　　　🟢 m. 시청

시청 앞에 대형 주차장이 있다.
Hay un gran estacionamiento enfrente del ayuntamiento.
아이　운　그란　에스따씨오나미엔또　엔프렌떼　델　아윤따미엔또

★★★ azafata

아싸**파**따　　　　🟢 f. 승무원, 스튜어디스

승무원은 기내의 승객들에게 시중을 들고 있다.
La azafata **atiende a los pasajeros del avión.**
라　아싸파따　아띠엔데　알　로스　빠사헤로스　델　아비온

★★★ azúcar

아**쑤**까르　　　　🟢 m. 설탕

나는 커피에 설탕 두 스푼을 넣는다.
Pongo dos cucharadas de azúcar **en el café.**
뽕고　도스　꾸차라다스　데　아쑤까르　엔　엘　까페

★★★ azul

이**쑬**　　　　🟤 푸른, 파란, 청색의

나는 벽을 파란색으로 칠할 것이다
Voy a pintar la pared de azul.
보이　아　삔따르　라　빠렛　데　아쑬

bacalao

바깔**라**오 　　　명 m. 대구

우리 할머니는 맛있는 대구요리법을 지니고 있다.
Mi abuela tiene una receta deliciosa de bacalao.
미 　아부엘라 띠에네 우나 레쎄따 　델리씨오사 　데 　바깔라오

bailar

바일**라**르 　　　동 춤추다

나는 춤추는 것보다 노래하는 것을 더 좋아한다.
Prefiero cantar a bailar.
쁘레피에로 　깐따르 아 바일라르

baile

바일레 　　　명 m. 춤, 춤 파티

망년의 밤에 모두 춤 파티에 간다.
En Nochevieja todos se van al baile.
엔 　노체비에하 　　또도스 세 반 알 바일레

bajar

비**하**르 　　　동 내려가다, 내리다

텔레비전 볼륨을 낮춰줄 수 있겠니?
¿Te molesta bajar el volumen de la televisión?
때 　몰레스따 바하르 엘 　볼루멘 　델 라 뗄레비시온

bajo, -a

바호, -하 　　　형 키가 작은, 낮은

그의 동생은 작고 뚱뚱하다.
Su hermano es bajo y gordo.
수 　에르마노 　에스 바호 이 고르도

B

★★★ balcón

발**꼰**

명 m. 발코니

발코니에는 꽃이 핀 화분이 있다.

En los balcones hay macetas de flores.
엔 로스 발꼬네스 아이 마쎄따스 데 플로레스

★★★ balón

발론

명 m. 공

공은 스포츠용품 코너에 있다.

En la sección de deportes hay balones.
엔 라 쎅씨온 데 데뽀르떼스 아이 발로네스

★★★ banco

방꼬

명 m. 은행

나는 은행에 백만 유로의 대출을 신청할 것이다.

Pediré prestado un millón de euros al banco.
뻬디레 쁘레스따도 운 미욘 데 에우로스 알 방꼬

★★★ banda

반다

명 f. (음악) 밴드, (범죄) 조직

경찰은 마약밀매조직을 검거하였다.

La policía detuvo a una banda de traficantes de droga.
라 뽈리씨아 데뚜보 아 우나 반다 데 뜨라피깐떼스 데 드로가

★★★ bandera

반**데**라

명 f. 기(旗)

스페인의 기는 빨간색과 노란색이다.

La bandera de España es roja y amarilla.
라 반데라 데 에스빠냐 에스 로하 이 아마리야

★★★ bañador

바나**도**르

명 m. 수영복

초록색 수영복을 입은 부인이 양산을 펴고 있다.

La señora del bañador verde está abriendo la sombrilla.
라 세뇨라 델 바냐도르 베르데 에스따 아브리엔도 라 솜브리야

bañar

바냐르

동 목욕시키다, ~se 목욕하다, 물놀이 하다

일본인들은 온천수에서 목욕하는 것을 좋아한다.
A los japoneses les gusta bañarse en el agua termal.
아 로스 하뽀네세스 레스 구스따 바냐르세 엔 엘 아구아 떼르말

---

baño

바뇨

명 m. 욕실, 화장실

욕실에는 세면대 두 개와 샤워기 한 개가 있다.
El baño tiene dos lavabos y una ducha.
엘 바뇨 띠에네 도스 라바보스 이 우나 두차

---

bar

바르

명 m. 바, 술집

그 바는 아침 6시까지 영업한다.
El bar está abierto hasta las seis de la mañana.
엘 바르 에스따 아비에르또 아스따 라스 세이스 델 라 마냐나

---

barato, -a

바라또, -따

형 (값이) 싼, 돈이 적게 드는

오늘 수박이 매우 싸다.
Hoy las sandías están muy baratas.
오이 라스 산디아스 에스딴 무이 바라따스

---

barba

바르바

명 f. 턱수염

3일 자란 턱수염이 네게 잘 어울린다.
Te queda bien la barba de tres días.
떼 께다 비엔 라 바르바 데 뜨레스 디아스

---

barco

바르꼬

명 m. 배

배를 타고 하는 여행은 매우 즐겁다.
El viaje en barco es muy agradable.
엘 비아헤 엔 바르꼬 에스 무이 아그라다블레

barrer

바레르　　　　　　　동 쓸다, 청소하다

내 방을 청소할 것이다.
Voy a barrer mi cuarto.
보이 아　바레르　미　꾸아르또

barrio

바리오　　　　　　　명 m. 도시의 구(區), 구역, 동네

내 동네에는 박물관도 없고, 유명한 장소도 없다.
En mi barrio no hay museos ni lugares famosos.
엔 미　바리오　노 아이　무세오스　니　루가레스　파모소스

base

바세　　　　　　　　명 f. 기초, 토대, 근거, 이유, 기지

건물의 기초는 매우 중요하다.
La base del edificio es muy importante.
라　바세　델 에디피씨오 에스 무이　임뽀르딴떼

básico, -a

바시꼬, -까　　　　　형 기본의, 기초의

건강하기 위해서는 영양 섭취를 잘 하는 것이 기본이다.
Para estar sano es básica una buena alimentación.
빠라 에스따르 사노 에스 바시까 우나 부에나　알리멘따씨온

bastante

바스딴떼　　　　　　형 충분한 부 충분히

그 식당의 음식은 꽤 맛있다.
La comida en ese restaurante es bastante buena.
라 꼬미다　엔 에세 레스따우란떼 에스 바스딴떼　부에나

basura

바수라　　　　　　　명 f. 쓰레기

새벽에 쓰레기를 수거한다.
Recogen la basura por la madrugada.
레꼬헨　라 바수라 뽀르 라　마드루가다

batería

바떼**리**아　　　　명 f. 배터리

최악의 순간에 내 핸드폰 배터리가 나갔다.
Se me acabó la batería del móvil en el peor momento.
세 메　아까보 라 바떼리아 델　모빌 엔 엘 뻬오르　모멘또

bautizo

바우**띠**쏘　　　　명 m. 세례, 세례식

나는 내 친구의 세례식에 갔다.
Fui al bautizo de mi amigo.
푸이 알 바우띠쏘 데 미　아미고

bebé

베**베**　　　　명 m. 갓난아기

네 아기를 보고 싶어.
Quiero ver a tu bebé.
끼에로　베르 아 뚜　베베

beber

베**베**르　　　　동 마시다

모두들 뭘 마시겠어요?
¿Qué quieren beber?
께　끼에렌　베베르

bebida

베**비**다　　　　명 f. 음료수

음료수는 냉장고에 있다.
Las bebidas están en la nevera.
라스 베비다스　에스딴 엔 라 네베라

beca

베까　　　　명 f. 장학금

나는 장학금을 받기 위해서 매일 열심히 공부한다.
Estudio con ahínco todos los días para conseguir una beca.
에스뚜디오 꼰　아잉꼬 또도스 로스 디아스 빠라 꼰세기르　우나 베까

B

bendición
벤디씨**온**   명 f. 축복

4월의 비는 대지를 위한 축복이다.
La lluvia de abril es una bendición para la tierra.
라 유비아 데 아브릴 에스 우나 벤디씨온   빠라 라 띠에라

beneficio
베네**피**씨오   명 m. 은혜, 유용성, 이익

전력회사들은 금년에 고수익을 거두었다.
Las empresas eléctricas tuvieron este año grandes beneficios.
라스 엠쁘레사스 엘렉뜨리까스 뚜비에론 에스떼 아뇨 그란데스 베네피씨오스

besar
베**사**르   동 입맞춤하다, 키스하다

내게 키스를 많이 해줘.
Bésame mucho.
베사메   무초

biblioteca
비블리오**떼**까   명 f. 도서관

오늘 오후에 도서관에서 공부할 것이다.
Esta tarde voy a estudiar en la biblioteca.
에스따 따르데 보이 아 에스뚜디아르 엔 라 비블리오떼까

bicicleta
비씨끌**레**따   명 f. 자전거

자전거를 타는 것은 건강에 좋다.
Es bueno montar en bicicleta para la salud.
에스 부에노   몬따르 엔 비씨끌레따 빠라 라 살룻

bidé
비**데**   명 m. 비데

욕실에는 세면대, 비데, 변기와 샤워 시설이 있다.
En el baño hay un lavabo, un bidé, un retrete y una ducha.
엔 엘 바뇨 아이 운 라바보   운 비데 운 레뜨레떼 이 우나 두차

bien

비**엔**   📙 잘

그는 자기 친구들과 잘 지낸다.
Él se lleva bien con sus amigos.
엘 세 예바 비엔 꼰 수스 아미고스

bienvenido,-a

비엔베**니**도, -다   📗 환영의 📙 f. 환영

나는 따뜻한 환영을 받았다.
Recibí una calurosa bienvenida.
레씨비 우나 깔루로사 비엔베니다

billete

비예떼   📙 m. 티켓, 지폐

왕복 티켓 한 장만 주세요.
Deme un billete de ida y vuelta.
데메 운 비예떼 데 이다 이 부엘따

billetera

비예**떼**라   📙 f. (지폐용의) 지갑

나는 보도에서 지갑을 발견했다.
Encontré una billetera en la acera.
엔꼰뜨레 우나 비예떼라 엔 라 아쎄라

bistec

비스**떽**   📙 m. 비프스테이크

당신의 스테이크를 어떻게 익혀드릴까요?
¿Cómo quiere su bistec?
꼬모 끼에레 수 비스떽

blanco, -a

블**랑**꼬, -까   📗 흰색의

그 디자이너는 흰색을 좋아한다.
Al diseñador le gusta el color blanco.
알 디세냐도르 레 구스따 엘 꼴로르 블랑꼬

blusa

블루사 　　　명 f. 블라우스

엄마는 실크 블라우스를 사고 싶어 하신다.
Mi madre quiere comprar una blusa de seda.
미 마드레 끼에레 꼼쁘라르 우나 블루사 데 세다

---

boca

보까 　　　명 f. 입

그 어린아이는 엎드려서 잔다.
El niño duerme boca abajo.
엘 니뇨 두에르메 보까 아바호

---

bocadillo

보까디요 　　　명 m. (스페인식) 샌드위치

치즈 샌드위치를 원하니?
¿Quieres un bocadillo de queso?
끼에레스 운 보까디요 데 께소

---

bocina

보씨나 　　　명 f. 경적

경적 소리는 병원에 있는 환자들을 괴롭힌다.
Las bocinas molestan a los pacientes en el hospital.
라스 보씨나스 몰레스딴 알 로스 빠씨엔떼스 엔 엘 오스삐딸

---

boda

보다 　　　명 f. 결혼식

2백 명 이상의 사람들이 결혼식에 왔다.
Vinieron a la boda más de doscientas personas.
비니에론 알 라 보다 마스 데 도스씨엔따스 뻬르소나스

---

bola

볼라 　　　명 f. 공, 볼

그 당구공은 상아 제품이다.
Las bolas del juego del billar son de marfil.
라스 볼라스 델 후에고 델 비야르 손 데 마르필

boleto

볼레또 　　　🅜 m. 티켓, 차표

나는 무료 티켓을 얻었다.
Conseguí el boleto gratis.
꼰세기 　엘 볼레또 그라띠스

bolígrafo

볼리그라포 　🅜 m. 볼펜

이사벨은 매우 비싼 볼펜을 갖고 있다.
Isabel tiene un bolígrafo muy caro.
이사벨 　띠에네 운 볼리그라포 　무이 　까로

bolsillo

볼시요 　　　🅜 m. 호주머니

호주머니에 돈이 있니?
¿Tienes dinero en el bolsillo?
띠에네스 디네로 엔 엘 볼시요

bolso

볼소 　　　🅜 m. 핸드백

가죽 핸드백을 하나 사고 싶다.
Quiero comprar un bolso de piel.
끼에로 꼼쁘라르 운 볼소 데 삐엘

bomba

봄바 　　　🅕 f. 폭탄

하나의 핵폭탄은 수백만 명을 죽일 수 있다.
Una bomba atómica puede matar a millones de personas.
우나 봄바 아또미까 뿌에데 마따르 아 미요네스 데 뻬르소나스

bombero, -a

봄베로, -라 　🅜 m. 🅕 f. 소방관

소방관은 아직도 생존자를 찾고 있다.
Los bomberos todavía están buscando sobrevivientes.
로스 봄베로스 　또다비아 에스딴 부스깐도 　소브레비비엔떼스

bonito, -a

보니또, -따 ⓗ 예쁜, 귀여운, 아름다운

아버지가 나에게 예쁜 만년필을 선물하셨다.
Mi padre me regaló una pluma muy bonita.
미 빠드레 메 레갈로 우나 쁠루마 무이 보니따

borracho, -a

보라초, -차 ⓗ 술 취한

내 친구들은 술에 취해 있다.
Mis amigos están borrachos.
미스 아미고스 에스딴 보라초스

borrar

보라르 ⓥ 지우다

칠판을 지워줄 수 있겠니?
¿Puedes borrar la pizarra?
뿌에데스 보라르 라 삐싸라

bosque

보스께 ⓜ 숲

그 숲은 환경운동가들에 의해 보호가 된다.
El bosque es protegido por los ecologistas.
엘 보스께 에스 쁘로떼히도 뽀르 로스 에꼴로히스따스

bota

보따 ⓕ 장화, 부츠

그는 발을 보호하기 위해 항상 가죽 부츠를 신는다.
Él siempre usa botas de cuero para protegerse los pies.
엘 시엠쁘레 우사 보따스 데 꾸에로 빠라 쁘로떼헤르세 로스 삐에스

botar

보따르 ⓥ 던지다, 버리다

쓰레기통에 버리기 전에 병을 재활용해야 한다.
Hay que reciclar las botellas antes de botarlas en la basura.
아이 께 레씨끌라르 라스 보떼야스 안떼스 데 보따를라스 엔 라 바수라

botella

보떼야　　　⑱ f. 병

나는 와인 세 병을 샀다.
Compré tres botellas de vino.
꼼쁘레　뜨레스　보떼야스　데　비노

botón

보똔　　　⑱ m. 단추, 버튼

블라우스 단추 하나를 잃어버렸다.
He perdido un botón de la blusa.
에　빼르디도　운　보똔　델 라 블루사

brazo

브라쏘　　　⑱ m. 팔

그는 농구를 하다가 왼쪽 팔이 부러졌다.
Se rompió el brazo izquierdo jugando baloncesto.
세　롬삐오　엘　브라쏘　이쓰끼에르도　후간도　　발론쎄스또

breve

브레베　　　⑲ 단시간의, 간결한, 간단한

인생은 짧고 예술은 길다.
La vida es breve, el arte es largo.
라　비다　에스 브레베　엘 아르떼 에스 라르고

brillante

브리얀떼　　　⑲ 빛나는, 반짝이는

오늘밤에는 별들은 더 반짝인다.
Esta noche las estrellas están más brillantes.
에스따　노체　라스 에스뜨레야스 에스딴　마스　브리안떼스

brindar

브린다르　　　⑧ 건배하다, 축배를 들다

손님들은 신혼부부를 위해 축배를 들었다.
Los invitados brindaron por los recién casados.
로스　인비따도스　브린다론　뽀르 로스 레씨엔　까사도스

broma

브로마 　　명 f. 농담

너는 농담하는 것을 좋아한다.
Te gusta decir una broma.
떼 구스따 데씨르 우나 브로마

bronce

브론쎄 　　명 m. 청동, 브론즈, 동상, 동메달

그녀는 동메달을 땄다.
Ella ganó una medalla de bronce.
에야 가노 우나 메다야 데 브론쎄

brujo, -a

브루호, -하 　　명 m. f. 마법사, 마녀

사악한 마녀는 왕자에게 마술을 걸었다.
La bruja perversa hechizó al príncipe.
라 브루하 뻬르베르사 에치쏘 알 쁘린씨뻬

bucear

부쎄아르 　　동 잠수하다, 스쿠버 다이빙을 하다

나는 대학생이었을 때 다이빙을 배웠다.
Aprendí a bucear cuando era estudiante universitario.
아쁘렌디 아 부쎄아르 꾸안도 에라 에스뚜디안떼 우니베르시따리오

burlar

부를라르 　　동 ~se (+de) ~를 조롱하다, 놀리다

나를 놀리지 마.
No te burles de mí.
노 떼 부를레스 데 미

buscar

부스까르 　　동 찾다

무엇을 찾고 계십니까?
¿Qué está buscando?
께 에스따 부스깐도

C

★★★ caballo

까**바**요 · 명 m. 말

말 타본 적 있니?
¿Has montado a caballo alguna vez?
아스 몬따도 아 까바요 알구나 베쓰

★★★ cabello

까**베**요 · 명 m. 머리카락

나는 수프에서 머리카락을 발견했다.
Encontré un cabello en la sopa.
엔꼰뜨레 운 까베요 엔 라 소빠

★★ caber

까**베**르 · 통 들어가다, 차다

이 가구들은 새집에 들어가지 않는다.
Estos muebles no caben en la casa nueva.
에스또스 무에블레스 노 까벤 엔 라 까사 누에바

★★★ cabeza

까**베**싸 · 명 f. 머리

너는 두통이 심하니?
¿Te duele mucho la cabeza?
떼 두엘레 무초 라 까베싸

★★★ cada

까다 · 형 각각의

나날이 우리의 경제 상황은 좋아지고 있다.
Cada día nuestra situación económica está mejorando.
까다 디아 누에스뜨라 시뚜아씨온 에꼬노미까 에스따 메호란도

cadena

까**데**나　　　**명 f.** 목걸이, 체인

졸업을 축하하기 위해 내 동생에게 금목걸이를 선물했다.
Regalé una cadena de oro a mi hermano para su graduación.
레갈레 우나 까데나 데 오로 아 미 에르마노 빠라 수 그라두아씨온

---

caducar

까두**까**르　　　**동** (기한이) 끝나다

이 약들은 내년 1월까지가 유효기간이다.
Estas pastillas caducan el próximo enero.
에스따스 빠스띠야스 까두깐 엘 쁘록씨모 에네로

---

caer

까**에**르　　　**동** 떨어지다, ~se 넘어지다, 떨어지다

나는 길에서 넘어졌다.
Me caí en la calle.
메 까이 엔 라 까예

---

café

까**페**　　　**명 m.** 커피

나의 할머니는 카페인이 없는 커피만 마신다.
Mi abuela solo toma café descafeinado.
미 아부엘라 솔로 또마 까페 데스까페이나도

---

caja

까하　　　**명 f.** 상자, 계산대

계산대는 어디 있나요?
¿Dónde está la caja?
돈데 에스따 라 까하

---

calamar

깔라**마**르　　　**명 m.** 오징어

오징어 튀김 있나요?
¿Tiene calamares a la romana?
띠에네 깔라마레스 알 라 로마나

---

calcetín

깔쎄띤   명 m. 양말

나는 모직 양말을 신고 있다.
Llevo calcetines de lana.
예보   깔쎄띠네스   데   라나

---

calculadora

깔꿀라도라   명 f. 계산기

학교에서 이제는 우리가 계산기를 사용하는 것을 허락한다.
En el colegio ya permiten que utilicemos calculadora.
엔 엘 꼴레히오 야   뻬르미뗀   께   우띨리쎄모스   깔꿀라도라

---

calefacción

깔레팍씨온   명 f. 난방

호텔직원이 난방 켜는 방법을 우리에게 가르쳐주었다.
El mozo nos enseñó a poner la calefacción.
엘   모쏘   노스   엔세뇨   아   뽀네르   라   깔레팍씨온

---

calendario

깔렌다리오   명 m. 달력

이 달력은 달마다 경치가 다르다.
Este calendario tiene paisajes diferentes para cada mes.
에스떼   깔렌다리오   띠에네   빠이사헤스   디페렌떼스   빠라   까다   메스

---

calidad

깔리닷   명 f. 질, 품질

항상 제일 품질이 좋은 제품을 사야 해!
¡Compra siempre productos de primera calidad!
꼼쁘라   시엠쁘레   쁘로둑또스   데   쁘리메라   깔리닷

---

caliente

깔리엔떼   형 뜨거운, 더운

나는 욕조에 뜨거운 물을 채웠다.
Llené la bañera con agua caliente.
예네   라   바녜라   곤   아구아   깔리엔떼

C

callado, -a
까**야**도, -다　　**형** 과묵한, 말이 없는

그녀는 말이 없는 사람이다.
Ella es callada.
에야 에스　까야다

calle
까예　　**명 f.** 거리, 길

나는 내 형과 같은 거리에 산다.
Vivo en la misma calle **que mi hermano.**
비보 엔 라 미스마　까예 께 미 에르마노

calor
깔**로**르　　**명 m.** 더위

오늘 날씨는 너무 덥다.
Hoy hace mucho calor.
오이 아쎄 무초 깔로르

calvo, -a
깔보, -바　　**형** 대머리의

나의 아버지는 대머리가 돼가신다.
Mi padre se está quedando calvo.
미 빠드레 세 에스따 께단도 깔보

cama
까마　　**명 f.** 침대

그는 할머니를 위해서 잠자리를 준비한다.
Él hace la cama **para su abuela.**
엘 아쎄 라 까마 빠라 수 아부엘라

cámara
까마라　　**명 f.** 카메라

나는 디지털카메라가 필요하다.
Necesito una cámara **digital.**
네쎄시또 우나 까마라 디히딸

camarero, -a

까마**레**로, -라   명 m. f. 웨이터, 웨이트리스

그녀는 웨이트리스로 아르바이트를 한다.

Ella trabaja de camarera a tiempo parcial.

에야 뜨라바하 데 까마레라 아 띠엠뽀 빠르씨알

---

cambiar

깜비**아**르   동 바꾸다, 변화시키다

보다 편리한 날짜로 약속을 변경할 수 있습니까?

¿Es posible cambiar nuestra cita para una fecha más conveniente?

에스 뽀시블레 깜비아르 누에스뜨라 씨따 빠라 우나 페차 마스 꼼베니엔떼

---

caminar

까미**나**르   동 걷다

나는 매일 10킬로미터를 걷는다.

Yo camino diez kilómetros todos los días.

요 까미노 디에쓰 낄로메뜨로스 또도스 로스 디아스

---

camión

까미**온**   명 m. 트럭

그의 형은 트럭 기사이다.

Su hermano mayor es conductor de camión.

수 에르마노 마요르 에스 꼰둑또르 데 까미온

---

camioneta

까미오**네**따   명 f. 밴, 소형트럭

이 밴이 너의 사촌 거니?

¿Es de tu primo esta camioneta?

에스 데 뚜 쁘리모 에스따 까미오네따

---

camisa

까**미**사   명 f. 와이셔츠, 남방

나는 체크 무늬 와이셔츠를 찾고 있다.

Estoy buscando una camisa a cuadros.

에스또이 부스깐도 우나 까미사 아 꾸아드로스

camiseta

까미**세**따 　　　　명 f. 티셔츠

경기가 끝난 후 선수들은 셔츠를 교환했다.
Los jugadores se intercambiaron las camisetas tras el partido.
로스 후가도레스 세 　인떼르깜비아론 라스까미세따스 뜨라스 엘 빠르띠도

---

campeón, -a

깜뻬**온**, **-오**나 　명 m. f. 챔피언

누가 현재 농구계의 챔피언이니?
¿Quién es el actual campeón del mundo de baloncesto?
끼엔 에스 엘 악뚜알 깜뻬온 　델 문도 　데 발론쎄스또

---

campo

깜뽀 　　　명 m. 시골, 농촌, 들판, 분야, 영역

이 시골에서는 과일과 채소를 재배한다.
En este campo se cultivan frutas y verduras.
엔 에스떼 깜뽀 세 꿀띠반 　프루따스 이 베르두라스

---

canal

까**날** 　　　　명 m. 운하, 채널

파나마 운하는 두 개의 대양을 연결한다.
El canal de Panamá conecta los dos océanos.
엘 까날 데 빠나마 　꼬넥따 로스 도스 오쎄아노스

---

cancelar

깐쎌**라**르 　　　동 취소하다

경찰이 그의 운전면허를 취소시켰다.
La policía le canceló el permiso de conducir.
라 뽈리씨아 레 깐쎌로 엘 뻬르미소 데 꼰두씨르

---

cáncer

깐쎄르 　　　　명 f. 암, 악성종양

그녀는 유방암에 걸렸다.
Ella tiene cáncer de mama.
에야 띠에네 깐쎄르 데 마마

cancha

깐차   명 f. (테니스나 농구 등의) 코트, 시합장

이 공원에는 테니스 코트가 네 개 있다.
En este parque hay cuatro canchas de tenis.
엔 에스떼 빠르께 아이 꾸아뜨로 깐차스 데 떼니스

canción

깐씨**온**   명 f. 노래

나는 스페인 노래를 몇 곡 부를 수 있다.
Puedo cantar unas canciones españolas.
뿌에도 깐따르 우나스 깐씨오네스 에스빠뇰라스

candidato, -a

깐디**다**또, -따   명 m. f. 후보자

세 명의 대통령후보자가 있다.
Hay tres candidatos presidenciales.
아이 뜨레스 깐디다또스 쁘레시덴씨알레스

cansado, -a

깐**사**도, -다   형 피곤한, 지친

다림질하느라 피곤하다.
Estoy cansada de planchar.
에스또이 깐사다 데 쁠란차르

cantante

깐**딴**떼   명 m. f. 가수

그 여가수는 방금 세 번째 앨범을 출시했다.
La cantante acaba de publicar su tercer álbum.
라 깐딴떼 아까바 데 뿌블리까르 수 떼르쎄르 알붐

cantar

깐**따**르   동 노래를 부르다

어린아이가 엉덩이를 흔들면서 노래한다.
La niña canta meneando las caderas.
라 니냐 깐따 메네안도 라스 까데라스

★★★ capacidad

까빠씨닷 　　명 f. 능력, 역량

라틴아메리카는 어려움을 극복하는데 필요한 역량을 갖추고 있다.
Latinoamérica tiene la capacidad necesaria para
라띠노아메리까　 띠에네 라 　까빠씨닷 　 네쎄사리아 　빠라
superar sus dificultades.
수뻬라르 수스 디피꿀따데스

★★★ capital

까삐딸 　　명 m. 자본 f. 수도

콜롬비아의 수도는 어디입니까?
¿Cuál es la capital de Colombia?
꾸알 에스 라 　까삐딸 　데 　꼴롬비아

★★★ capitán, -a

까삐딴 　　명 m. f. 함장, 대위

함장의 이름으로 승선하신 것을 환영합니다.
En nombre del capitán, les damos la bienvenida a bordo.
엔 놈브레 델 　까삐딴 　레스 다모스 라 비엔베니다 아 보르도

★★★ capítulo

까삐뚤로 　　명 m. (책의) 장

나는 이 장을 이해하지 못한다.
No entiendo este capítulo.
노 　엔띠엔도 　에스떼 까삐뚤로

★★★ cara

까라 　　명 f. 얼굴

타지 않게 얼굴에 그 크림을 발라라.
Ponte esa crema en la cara para no quemarte.
뽄떼 에사 끄레마 엔 라 까라 　빠라 노 께마르떼

★★★ carácter

까락떼르 　　명 m. 성격, 개성, 문자, 활자

진짜 문제는 그의 성격에 있다.
El problema real estriba en su carácter.
엘 　쁘로블레마 　레알 에스뜨리바 엔 수 까락떼르

---

carbón

까르**본**   명 m. 석탄, 숯

성냥으로 숯에 불을 붙일 수 있니?
¿Puedes prender el carbón con un fósforo?
뿌에데스 쁘렌데르 엘 까르본 꼰 운 포스포로

---

cardiaco, -a

까르디**아**꼬, -까   형 심장의 명 m. f. 심장병 환자

와인은 심장병 환자들에게 좋다고 한다.
Dicen que el vino es bueno para los cardiacos.
디쎈 께 엘 비노 에스 부에노 빠라 로스 까르디아꼬스

---

cariño

까리뇨   명 m. 애정

나는 내가 태어난 집에 애정이 많다.
Tengo mucho cariño a la casa en que nací.
뗑고 무초 까리뇨 알 라 까사 엔 께 나씨

---

carne

까르네   명 f. 고기

한국에서는 쇠고기가 비싸다.
En Corea la carne de vaca es cara.
엔 꼬레아 라 까르네 데 바가 에스 까라

---

caro, -a

까로, -라   형 비싼 부 비싸게

요즘 오렌지가 비싸다.
Estos días las naranjas están caras.
에스또스 디아스 라스 나랑하스 에스딴 까라스

---

carrera

까레라   명 f. 경주, 경력, 대학의 전공, 경력

스캔들은 그의 경력을 망쳐버렸다.
El escándalo arruinó su carrera.
엘 에스깐달로 아루이노 수 까레라

carro

까로

m. 자동차

이곳에서는 자동차 도난 사고가 빈번해졌다.
Los robos de carros se vuelven frecuentes aquí.
로스 로보스 데 까로스 세 부엘벤 프레꾸엔떼스 아끼

carta

까르따

f. 편지, 메뉴판

이 편지는 너에게 온 거야.
Esta carta es para ti.
에스따 까르따 에스 빠라 띠

cartel

까르뗄

m. 포스터

콘서트를 알리는 포스터를 많이 부쳤다.
Han pegado muchos carteles que anuncian el concierto.
안 뻬가도 무초스 까르뗄레스 께 아눈씨안 엘 꼰씨에르또

cartera

까르떼라

f. 지갑

나는 지갑에 은행 카드와 지폐를 보관한다.
En la cartera guardo las tarjetas del banco y los billetes.
엔 라 까르떼라 구아르도 라스 따르헤따스 델 방꼬 이 로스 비예떼스

casa

까사

f. 집

내 집에는 침실 세 개, 거실, 부엌 그리고 욕실이 있다.
Mi casa tiene tres dormitorios, un salón, una
미 까사 띠에네 뜨레스 도르미또리오스 운 살론 우나
cocina y un cuarto de baño.
꼬씨나 이 운 꾸아르또 데 바뇨

casado, -a

까사도, –다

형 결혼한 **명 m. f.** 기혼자

마리아는 기혼녀이다.
María es casada.
마리아 에스 까사다

casar

까사르

동 결혼시키다, ~se 결혼하다

내 친구는 12월에 결혼한다.
Mi amigo se casa en diciembre.
미 아미고 세 까사 엔 디씨엠브레

casi

까시

부 거의

거의 항상 나는 너를 생각하고 있어.
Casi siempre estoy pensando en ti.
까시 시엠쁘레 에스또이 뻰산도 엔 띠

caso

까소

명 m. 경우, 기회, 사건, 사례

어느 경우에는 침묵을 지키는 것이 최선책이다.
En ciertos casos, lo mejor es callarse.
엔 씨에르또스 까소스 로 메호르 에스 까야르세

castigar

까스띠가르

동 벌주다, 징계하다, 혼내다

엄마는 아이가 일찍 집에 돌아오지 않아서 벌을 주었다.
La madre castigó al niño por no llegar temprano a casa.
라 마드레 가스띠고 알 니뇨 뽀르 노 예가르 뗌쁘라노 아 까사

castillo

까스띠요

명 m. 성

스페인에는 시대가 다른 성들이 많이 있다.
En España hay muchos castillos de diferentes épocas.
엔 에스빠냐 아이 무초스 가스띠요스 데 디페렌떼스 에뽀까스

catedral

까떼드랄

명 f. 대성당

그라나다 대성당은 유럽에서 가장 큰 교회 중의 하나이다.
La catedral de Granada es una de las iglesias
라 까떼드랄 데 그라나다 에스 우나 델 라스 이글레시아스
más grandes de Europa.
마스 그란데스 데 에우로빠

causa

까우사   명 f. 원인, 이유, 소송 사건

그의 할아버지는 심장마비로 인해 돌아가셨다.
Su abuelo murió a causa de un paro cardiaco.
수 아부엘로   무리오 아 까우사   데 운   빠로 까르디아꼬

cavar

까바르   동 땅을 파다

자원봉사자들은 아프리카 사람들을 도와주기 위해서 우물을 판다.
Los voluntarios cavan los pozos de agua para ayudar
로스 볼룬따리오스   까반   로스 뽀쓰스 데 아구아 빠라 아유다르
a los africanos.
알 로스 아프리까노스

cazar

까싸르   동 사냥하다, 수렵하다

한국에서는 동물 사냥이 금지되어 있다.
En Corea está prohibido cazar animales.
엔   꼬레아 에스따   쁘로이비도   까싸르   아니말레스

ceja

쎄하   명 f. 눈썹

그녀는 매우 검고 숱이 많은 눈썹을 지녔다.
Ella tiene las cejas muy negras y espesas.
에야   띠에네 라스 쎄하스 무이 네그라스 이 에스뻬사스

celebrar

쎌레브라르   동 축하하다, 기념하다
            ~se 열리다, 개최되다

나는 항상 내 남편의 가족과 함께 새해를 축하한다.
Siempre celebro Año Nuevo con la familia de mi esposo.
시엠쁘레 쎌레브로 아뇨 누에보   꼰 라 파밀리아 데 미 에스뽀소

celo

쎌로   명 m. 질투

질투는 인간의 가장 나쁜 병이다.
Los celos son la peor enfermedad del hombre.
로스 쎌로스 손 라 뻬오르   엠페르메닷   델   옴브레

cementerio

쎄멘**떼**리오 　　　**명 m.** 공동묘지

국립묘지는 어디에 있습니까?
¿Dónde está ubicado el cementerio nacional?
돈데　에스따 우비까도 엘　쎄멘떼리오　　나씨오날

cenar

쎄**나**르 　　　**동** 저녁식사 하다

금요일 밤마다 나는 레스토랑에서 저녁 식사하는 것을 좋아한다.
Los viernes por la noche me gusta cenar en un restaurante.
로스 비에르네스 뽀르 라 노체　메 구스따 쎄나르 엔 운 레스따우란떼

cenicero

쎄니**쎄**로 　　　**명 m.** 재떨이

재떨이 좀 갖다 주세요.
Tráigame un cenicero, por favor.
뜨라이가메 운 쎄니쎄로, 뽀르 파보르

centro

쎈**뜨**로 　　　**명 m.** 중심, 센터

그의 딸은 재활센터에 있다.
Su hija está en el centro de rehabilitación.
수 이하 에스따 엔 엘 쎈뜨로 데 레아빌리따씨온

cepillo

쎄**삐**요 　　　**명 m.** 솔, 브러시

내 칫솔이 어디 있니?
¿Dónde está mi cepillo de dientes?
돈데 에스따 미 쎄삐요 데 디엔떼스

cerca

쎄**르**까 　　　**부** 가까이

이 근처에 은행이 있나요?
¿Hay un banco cerca de aquí?
아이 운 방꼬 쎄르까 데 아끼

cerdo

쎄르도 　명 m. 돼지

엄마는 돼지고기를 좋아한다.
A mi madre le gusta la carne de cerdo.
아 미 마드레 레 구스따 라 까르네 데 쎄르도

---

cereal

쎄레알 　명 m. 곡물, 곡류

우리는 아침 식사로 시리얼 한 그릇을 먹는다.
Desayunamos un plato de cereal.
데사유나모스 운 쁠라또 데 쎄레알

---

ceremonia

쎄레모니아 　명 f. 기념식

몇 시에 개회식이 있습니까?
¿A qué hora es la ceremonia de inauguración?
아 께 오라 에스 라 쎄레모니아 데 이나우구라씨온

---

cero

쎄로 　형 0의 명 m. 0

나는 내 회사를 빈손으로 일으켜 세웠다.
A mi empresa la levanté de cero.
아 미 엠쁘레사 라 레반떼 데 쎄로

---

cerrar

쎄라르 　동 닫다

이 슈퍼마켓은 정오에 닫지 않는다.
Este supermercado no cierra al mediodía.
에스떼 수뻬르메르까도 노 씨에라 알 메디오디아

---

certificado

쎄르띠피까도 　명 m. 증명서

나는 건강증명서가 필요하다.
Necesito un certificado de salud.
네쎄시또 운 쎄르띠피까도 데 살룻

cerveza

쎄르**베**싸 　　명 f. 맥주

나는 맥주보다는 포도주를 더 좋아한다.
Prefiero el vino a la cerveza.
쁘레피에로 엘 비노 알 라 쎄르베싸

césped

쎄스**뻿** 　　명 m. 잔디

잔디 밟지 마시오!
¡No pisar el césped!
노 삐사르 엘 쎄스뻿

chaleco

찰레**꼬** 　　명 m. 조끼

그는 방탄조끼를 입고 있다.
Él lleva un chaleco antibalas.
엘 예바 운 찰레꼬 안띠발라스

chaqueta

차**께**따 　　명 f. 재킷

나는 이 재킷을 마드리드에서 샀다.
Compré esta chaqueta en Madrid.
꼼쁘레 에스따 차께따 엔 마드릿

charlar

차를**라**르 　　동 잡담하다

그녀들은 맥주를 마시면서 잡담을 한다.
Ellas charlan tomando cerveza.
에야스 차를란 또만도 쎄르베싸

chatear

차떼**아**르 　　동 채팅하다

이제 브랜드는 Facebook 메신저를 통해 고객과 채팅할 수 있다.
Las marcas ya pueden chatear con los clientes a
라스 마르까스 아 뿌에덴 차떼아르 꼰 로스 끌리엔떼스 아
través de Facebook Messenger.
뜨라베스 데 페이스북 메신저

C

checar

체**까**르 　　　　⑧ 체크하다

내 메일을 체크할 것이다.
Voy a checar mi correo electrónico.
보이 아　체까르　미　꼬레오　엘렉뜨로니꼬

cheque

체**께** 　　　　⑲ ⓜ 수표

나는 두 시간 전에 수표에 사인했다.
Firmé los cheques hace dos horas.
피르메 로스　체께스　아쎄　도스　오라스

chico, -a

치**꼬**, -까 　　⑲ 작은 ⑲ ⓜ ⓕ 청년, 처녀, 아가씨

빨간 스커트를 입은 여자아이가 내 동생이다.
La chica de la falda roja es mi hermana.
라　치카　델 라　팔다　로하　에스 미　에르마나

chiste

치**스**떼 　　　　⑲ ⓜ 농담, 신소리, 익살스러운 일

재미있는 얘기 좀 해줘.
Cuéntame algún chiste.
꾸엔따메　알군　치스떼

chocar

초**까**르 　　　　⑧ 충돌하다, 부딪치다, 싫어하다,
　　　　　　　　　　　상충하다

차가 나무에 심하게 충돌했다.
El coche chocó violentamente contra el árbol.
엘　꼬체　초꼬　비올렌따멘떼　　　꼰뜨라 엘 아르볼

chofer

초**페**르 　　　　⑲ ⓜ ⓕ 자동차 운전자, 기사

운전자는 밤새도록 운전해서 지쳤다.
El chofer se agotó de manejar toda la noche.
엘　초페르　세 아고또 데　마네하르　또다 라 노체

chorizo

초리소　　　　　　　명 m. 소시지

직원이 칼로 소시지를 자른다.
El empleado corta el chorizo con un cuchillo.
엘　엠쁠레아도　꼬르따　엘　초리쏘　꼰　운　꾸치요

---

chuleta

출레따　　　　　　　명 f. 갈비

나는 돼지갈비를 좋아한다.
Me gustan las chuletas de cerdo.
메　구스딴　라스　출레따스　데　쎄르도

---

chupar

추빠르　　　　　　　동 빨다

아이가 손가락을 빤다.
El niño se chupa los dedos.
엘　니뇨　세　추빠　로스　데도스

---

ciego, -a

씨에고, -가　　　　　명 m. f. 장님

사고로 인해 그는 한쪽 눈을 잃었다.
A consecuencia del accidente, él se quedó ciego de un ojo.
아　꼰세꾸엔씨아　델　악씨덴떼　엘　세　께도　씨에고　데　운　오호

---

cielo

씨엘로　　　　　　　명 m. 하늘

가을에는 하늘의 푸른색이 강렬하다.
En otoño el azul del cielo es intenso.
엔　오또뇨　엘　아쑬　델　씨엘로　에스　인뗀소

---

ciencia

씨엔씨아　　　　　　명 f. 과학, 학문

나는 과학 시간에 항상 잠들어 버린다.
En la clase de ciencias siempre me duermo.
엔　라　끌라세　데　씨엔씨아스　시엠쁘레　메　두에르모

★★★ cierto, -a

씨**에**르또, -따 　 📋 확실한

내일 시험이 없는 것이 확실하다.
Es cierto que no hay examen mañana.
에스 씨에르또 　 께 　 노 　 아이 　 엑싸멘 　 　 마냐나

★★★ cigarrillo

씨가**리**요 　 📋 m. 담배

하루에 담배를 얼마나 피우니?
¿Cuántos cigarrillos fumas al día?
꾸안또스 　 씨가리요스 　 푸마스 　 알 　 디아

★★★ cine

씨네 　 📋 m. 영화관, 영화

그 영화관에서 무슨 영화를 상영하니?
¿Qué película ponen en el cine?
께 　 뻴리꿀라 　 뽀넨 　 엔 　 엘 　 씨네

★★★ cinturón

씬뚜**론** 　 📋 m. 벨트, 허리띠

안전벨트 매는 것을 잊지 마세요.
No olvide abrocharse el cinturón de seguridad.
노 　 올비데 　 아브로차르세 　 엘 　 신뚜론 　 데 　 세구리닷

★★★ círculo

씨르**꿀**로 　 📋 m. 원

아이가 원과 두 개의 삼각형을 그린다.
La niña dibuja un círculo y dos triángulos.
라 　 니냐 　 디부하 　 운 　 씨르꿀로 　 이 　 도스 　 뜨리앙굴로스

★★★ cita

씨따 　 📋 f. 약속

나는 오후 5시에 약속이 있어.
Tengo una cita a las cinco de la tarde.
뗑고 　 우나 　 씨따 알 라스 　 씽꼬 　 델 　 라 　 따르데

---

ciudad

씨우**닷**　　　　　**명 f.** 도시

그 도시는 관광객들에게 세금을 부과한다.
La ciudad cobra impuestos a los turistas.
라　씨우닷　꼬브라　임뿌에스또스　알 로스　뚜리스따스

claro, -a

끌**라**로, -라　　　　**형** 밝은, (색이) 연한, 투명한, 명백한

여자아이는 큰소리로 명확하게 말한다.
La niña habla con voz alta y clara.
라　니냐　아블라　꼰　보쓰　알따 이　끌라라

clase

끌**라**세　　　　**명 f.** 종류, 등급, 수업, 교실

나는 문법 수업이 좋다.
Me gusta la clase de gramática.
메　구스따 라 끌라세 데　그라마띠까

clavo

끌**라**보　　　　**명 m.** 못

못을 몇 개 박기 위해서 나는 망치가 필요하다.
Necesito un martillo para clavar unos clavos.
네쎄시또　운　마르띠요　빠라　끌라바르 우노스　끌라보스

cliente

끌리**엔**떼　　　　**명 m. f.** 고객, 손님

그녀는 수년 전부터 내 옷가게의 고객이다.
Ella es cliente de mi tienda de ropa desde años.
에야 에스　끌리엔떼 데 미　띠엔다 데　로빠　데스데 아뇨스

clima

끌**리**마　　　　**명 m.** 기후

오늘은 날씨가 쾌청하다.
El clima es agradable hoy.
엘 끌리마 에스 아그라다블레 오이

clínica

끌**리**니까 　　**명 f.** 병원

그는 치과 임플란트 전문 병원을 열었다.
Abrió una clínica especializada en implantes dentales.
아브리오 우나 끌리니까 에스뻬씨알리싸다 엔　임쁠란떼스　덴딸레스

club

끌**룹**　　**명 m.** 클럽

그 클럽에는 백 명의 회원이 있다.
Ese club tiene cien miembros.
에세　끌룹 띠에네　씨엔　미엠브로스

cobrar

꼬브**라**르　　**동** 수취하다, (돈을) 받다

내일 내 첫 월급을 받는다.
Mañana cobro mi primer sueldo.
마냐나　　꼬브로　미　쁘리메르　수엘도

coche

꼬체　　**명 m.** 자동차

내 동생을 스포츠카를 운전하고 싶어 한다.
Mi hermano quiere conducir un coche deportivo.
미　에르마노　끼에레　곤두씨르　운　꼬체　데뽀르띠보

cocina

꼬**씨**나　　**명 f.** 부엌, 주방

방 | 부엌

주방은 침실 옆에 있다.
La cocina está al lado del dormitorio.
라　꼬씨나　에스따 알　라도　델　도르미또리오

cocinar

꼬씨**나**르　　**동** 요리하다

요리는 내 취미 중 하나이다.
Cocinar es una de mis aficiones.
꼬씨나르 에스 우나　데　미스 아피씨온네스

cocinero, -a

꼬씨**네**로, -라   명 m. f. 요리사

그녀의 남편은 훌륭한 요리사이다.
Su esposo es un excelente cocinero.
수 에스뽀소 에스 운 엑쎌렌떼 꼬씨네로

---

código

꼬디고   명 m. 코드, 부호

네 도시의 우편번호가 뭔지 모르니?
¿No sabes cuál es el código postal de tu ciudad?
노 사베스 꾸알 에스 엘 꼬디고 뽀스딸 데 뚜 씨우닷

---

coger

꼬**헤**르   동 잡다, 쥐다

나는 그녀의 손을 잡았다.
La cogí de la mano.
라 꼬히 델 라 마노

---

cohete

꼬**에**떼   명 m. 로켓, 폭죽, 불꽃놀이

어제 오전 9시에 로켓을 발사했다.
Lanzaron el cohete ayer a las nueve de la mañana.
란싸론 엘 꼬에떼 아예르 알 라스 누에베 델 라 마냐나

---

cola

꼴라   명 m. 꼬리, 줄

공작의 꼬리는 매우 예쁘다.
La cola del pavo real es muy bonita.
라 꼴라 델 빠보 레알 에스 무이 보니따

---

colaboración

꼴라보라씨**온**   명 f. 협력, 협동

협조해주셔서 감사합니다.
Le agradezco su colaboración.
레 아그라데쓰꼬 수 꼴라보라씨온

colchón

꼴촌 　　명 m. 매트리스

라텍스 메트리스는 등에 좋다.
Los colchones de látex son buenos para la espalda.
로스 꼴초네스　데 라떽스 손　부에노스 빠라 라 에스빨다

---

coleccionar

꼴렉씨오나르 　　동 수집하다

내 남편은 우표를 수집한다.
Mi marido colecciona sellos.
미　마리도　꼴렉씨오나　세요스

---

colegio

꼴레히오 　　명 m. 학교

그녀는 내 기숙사 동료이다.
Ella es mi compañera de colegio mayor.
에야 에스 미　꼼빠녜라　데 꼴레히오　마요르

---

colgar

꼴가르 　　동 매달다, 걸다

그녀는 거울을 벽에 건다.
Ella cuelga el espejo en la pared.
에야 꾸엘가 엘 에스뻬호 엔 라 빠렛

---

collar

꼬야르 　　명 m. 목걸이

그녀는 진주목걸이를 하고 있다.
Ella lleva un collar de perlas.
에야 예바 운 꼬야르 데 뻬를라스

---

colocar

꼴로까르 　　동 두다, 배치하다, 정렬시키다

어린아이들은 책꽂이에 책을 꽂지 않는다.
Los niños no colocan los libros en la estantería.
로스 니뇨스 노　꼴로깐　로스 리브로스 엔 라 에스딴떼리아

color

꼴**로**르   명 m. 색

내가 좋아하는 색은 녹색이다.
Mi color favorito es verde.
미   꼴로르   파보리또   에스 베르데

coma

꼬마   명 f. 콤마 m. 혼수상태

그녀는 3개월 동안 혼수상태에 빠져있었다.
Ella estuvo en coma durante tres meses.
에야 에스뚜보 엔 꼬마   두란떼   뜨레스 메세스

combinar

꼼비**나**르   동 (+con) 짝 맞추다, 조화시키다

이 셔츠는 그 바지랑 잘 어울린다.
Combina bien esta camisa con ese pantalón.
꼼비나   비엔 에스따 까미사   꼰 에세 빤딸론

comedor

꼬메**도**르   명 m. 식당

여기는 교수 식당이다.
Este es el comedor para los profesores.
에스떼 에스 엘   꼬메도르   빠라 로스 쁘로페소레스

comentario

꼬멘**따**리오   명 m. 해설, 논평, 주석

나는 그의 사생활에 대해 어떤 평가도 하고 싶지 않다.
No quiero hacer ningún comentario sobre su vida privada.
노   끼에로 아쎄르 닝군   꼬멘따리오   소브레 수 비다 쁘리바다

comenzar

꼬멘**싸**르   동 시작하다

미사는 아침 10시에 시작한다.
La misa comienza a las diez de la mañana.
라   미사   꼬미엔싸   알 라스 디에쓰 델 라   마냐나

comer

꼬**메**르　　　　　동 먹다

우리는 토요일마다 외식을 한다.
Los sábados comemos fuera de casa.
로스　사바도스　꼬메모스　푸에라 데　까사

comercial

꼬메르씨**알**　　　　형 상업의

이 상업광고는 매우 인기가 있다.
Este anuncio comercial es muy popular.
에스떼 아눈씨오　꼬메르씨알 에스 무이　뽀뿔라르

cometer

꼬메**떼**르　　　　동 (죄 · 과실을) 범하다, 저지르다

사람들은 모두 실수를 저지른다.
Todo el mundo comete errores.
또도 엘　문도　꼬메떼　에로레스

cómico, -a

꼬미꼬, -까　　　　형 희극의, 익살스런, 웃기는

나는 코믹 영화를 좋아한다.
Me gustan las películas cómicas.
메　구스딴　라스 뻴리꿀라스　꼬미까스

comida

꼬**미**다　　　　명 f. 음식, 점심

타코는 멕시코 전통음식이다.
El taco es la comida típica mexicana.
엘 따꼬 에스 라　꼬미다　띠삐까　메히까나

comisaría

꼬미사**리**아　　　　명 f. 경찰서

역 근처에 경찰서가 있습니까?
¿Hay una comisaría de policía cerca de la estación?
아이 우나　꼬미사리아 데　뽈리씨아 쎄르까 델 라 에스따씨온

comisión

꼬미시**온**　　　　　**명 f.** 위원회, (상업) 수수료

보험 모집원은 판매수당제로 일한다.
El agente de seguros trabaja a comisión.
엘 아헨떼 데 세구로스　뜨라바하 아 꼬미시온

---

como

꼬모　　　　　**전** ~로서, ~처럼

친구로서 너에게 그 사실을 말하는 거야.
Te lo digo como amigo.
뗄 로 디고 꼬모　아미고

---

cómodo, -a

꼬모도, -다　　　　　**형** 편안한, 편리한, 안락한

이 호텔은 매우 편안하다.
Este hotel es muy cómodo.
에스떼 오뗄 에스 무이　꼬모도

---

compañero, -a

꼼빠**녜**로, -라　　　　　**명 m. f.** 동료

다빗과 나는 직장 동료이다.
David y yo somos compañeros de trabajo.
다빗 이 요 소모스　꼼빠녜로스 데 뜨라바호

---

compañía

꼼빠**니**아　　　　　**명 f.** 회사

그녀는 보험회사에서 일한다.
Ella trabaja en una compañía de seguros.
에야 뜨라바하 엔 우나　꼼빠니아 데 세구로스

---

comparar

꼼빠**라**르　　　　　**동** 비교하다

복사본을 원본과 비교해 보았니?
¿Has comparado la copia con el original?
아스 꼼빠라도　라 꼬삐아 꼰 엘 오리히날

compartir

꼼빠르**띠**르   동 분배하다, 함께 나누다

나는 아파트를 함께 쓸 사람을 찾고 있다.
Busco una persona para compartir apartamento.
부스꼬 우나 뻬르소나 빠라 꼼빠르띠르 아빠르따멘또

compasión

꼼빠시**온**   명 f. 불쌍히 여김, 동정

자원봉사자는 대단한 동정심과 연대감을 지닌 사람들이다.
Los voluntarios son gente de gran compasión y solidaridad.
로스 볼룬따리오스 손 헨떼 데 그란 꼼빠시온 이 솔리다리닷

competición

꼼뻬띠씨**온**   동 f. 경쟁, 경기, 시합

100명의 육상선수들이 이 대회에 참가할 예정이다.
Cien atletas van a participar en esta competición.
씨엔 아들레따스 반 아 빠르띠씨빠르 엔 에스따 꼼뻬띠씨온

completo, -a

꼼쁠레또, -따   형 완전한, 완벽한, 만원의, 가득 찬

접수원은 호텔이 만원이라고 말했다.
La recepcionista nos dijo que el hotel estaba completo.
라 레쎕씨오니스따 노스 디호 께 엘 오뗄 에스따바 꼼쁠레또

complicado, -a

꼼쁠리**까**도; -다   형 복잡한, 뒤얽힌, (문제가) 어려운

이 문제는 매우 어렵다.
Este problema es muy complicado.
에스떼 쁘로블레마 에스 무이 꼼쁠리까도

componer

꼼뽀**네**르   동 조립하다, 작곡하다, 수리하다

이 교향곡을 누가 작곡했니?
¿Quién compuso esta sinfonía?
끼엔 꼼뿌소 에스따 심포니아

76 Español Gráfico Crecimiento Vocabulario

comportamiento 꼼뽀르따미**엔**또 **명 m.** 행동, 거동

그의 행동은 무책임하다.
Su comportamiento es irresponsable.
수 꼼뽀르따미엔또 에스 이레스뽄사블레

comprar 꼼쁘**라**르 **동** 사다, 구매하다

영화 티켓을 사기 위해 줄을 서야만 한다.
Hay que hacer cola para comprar los boletos del cine.
아이 께 아쎄르 꼴라 빠라 꼼쁘라르 로스 볼레또스 델 씨네

comprender 꼼쁘렌**데**르 **동** 이해하다

나는 너의 설명을 이해할 수 없어.
No comprendo tu explicación.
노 꼼쁘렌도 뚜 엑쓰쁠리까씨온

compromiso 꼼쁘로**미**소 **명 m.** 약속, 약혼, 타협

이것이 내 약혼반지야.
Este es mi anillo de compromiso.
에스떼 에스 미 아니요 데 꼼쁘로미소

computadora 꼼뿌따**도**라 **명 f.** 컴퓨터

노트북을 사용하는 것이 실용적이다.
Es práctico usar una computadora portátil.
에스 쁘락띠꼬 우사르 우나 꼼뿌따도라 뽀르따띨

común 꼬**문** **형** 공통의, 공동의

사람들은 모두 뭔가 공통점이 있다.
Todas las personas tienen algo en común.
또다스 라스 뻬르소나스 띠에넨 알고 엔 꼬문

comunicación

꼬무니까씨**온**

명 f. 전달, 연락, 통신, 교통, 통신(교통) 기관

폭풍우로 인해 전화 통신이 어려워졌다.
La tormenta dificulta la comunicación por teléfonos.
라 또르멘따 디피꿀따 라 꼬무니까씨온 뽀르 뗄레포노스

con

꼰

전 ~와 함께, ~으로, ~을 가진

나는 내 친구들과 유럽을 여행할 것이다.
Voy a viajar por Europa con mis amigos.
보이 아 비아하르 뽀르 에우로빠 꼰 미스 아미고스

concentrar

꼰쎈뜨라르

동 집중시키다, ~se 집중하다,
생각에 잠기다

나는 독서에 집중하려고 노력했다.
Traté de concentrarme en la lectura.
뜨라떼 데 꼰쎈뜨라르메 엔 라 렉뚜라

concepto

꼰쎕또

명 m. 개념, 판단

그녀는 상황에 대해 잘못된 판단을 하고 있다.
Ella tiene un concepto equivocado de la situación.
에야 띠에네 운 꼰쎕또 에끼보까도 델 라 시뚜아씨온

conciencia

꼰씨엔씨아

명 f. 양심, 도덕 관념, 의식

양심이 없는 사람들이 많다.
Hay mucha gente sin conciencia.
아이 무차 헨떼 신 꼰씨엔씨아

concierto

꼰씨에르또

명 m. 콘서트

오늘 시민공원에서 콘서트가 있다.
Hoy hay un concierto en el parque público.
오이 아이 운 꼰씨에르또 엔 엘 빠르께 뿌블리꼬

conclusión 꽁끌루시**온** **명** f. 결론, (협정 등의) 체결

오전 회의에서 어떤 결론에 도달했나요?
¿Llegaron a alguna conclusión en la reunión de la mañana?
예가론 아 알구나 꽁끌루시온 엔 라 레우니온 델 라 마냐나

---

concreto, -a 꽁끄레또, -따 **형** 구체적인, 특정의

프로젝트 책임자는 구체적인 아이디어를 원한다.
El líder del proyecto quiere ideas concretas.
엘 리데르 델 쁘로옉또 끼에레 이데아스 꽁끄레따스

---

condición 꼰디씨**온** **명** f. 조건, 상태

조건이 나에게 불리했기 때문에 나는 계약서에 서명하지 않았다.
No firmé el contrato porque las condiciones eran
노 피르메 엘 꼰뜨라또 뽀르께 라스 꼰디씨오네스 에란
desfavorables para mí.
데스파보라블레스 빠라 미

---

conducir 꼰두**씨르** **동** 운전하다

운전하실 줄 아세요?
¿Sabe Ud. conducir?
사베 우스뗏 꼰두씨르

---

conducta 꼰**둑**따 **명** f. 행동

청소년들은 반항적인 행동을 한다.
Los adolescentes tienen conductas de rebeldía.
로스 아돌레스쎈떼스 띠에넨 꼰둑따스 데 레벨디아

---

conductor, -a 꼰둑**또**르, -라 **명** m. f. 운전자

운전자는 장애물을 보지 못했다.
El conductor no vio el obstáculo.
엘 꼰둑또르 노 비오 엘 옵스따꿀로

conferencia

꼼뻬**렌**씨아 　　**명 f.** 회의

오늘 우리 대학에서 스페인문학에 관한 강연이 있다.

Hoy hay una conferencia sobre la literatura española
오이 아이 우나　꼼뻬렌씨아　소브레 라 리떼라뚜라 에스빠뇰라

en mi universidad.
엔 미　우니베르시닷

---

confesar

꼼뻬**사**르 　　**동** 고백하다

그는 공개적으로 그녀에 대한 자신의 사랑을 고백하기로 결심했다.

Él decidió confesar públicamente su amor por ella.
엘 데씨디오 꼼뻬사르　뿌블리까멘떼　수 아모르 뽀르 에야

---

confiar

꼼피**아**르 　　**동** 믿다, 신뢰하다

나는 의사들을 거의 믿지 않는다.

Yo confío poco en los médicos.
요 꼼피오 뽀꼬 엔 로스 메디꼬스

---

confirmar

꼼피르**마**르 　　**동** 확실히 하다, 확인하다

너는 공항에 가기 전에 예약을 확인해봐야만 할 거야.

Deberías confirmar la reservación antes de ir al aeropuerto.
데베리아스 꼼피르마르 라 레세르바씨온 안떼스 데 이르 알 아에로뿌에르또

---

conflicto

꼼플**릭**또 　　**명 m.** 투쟁, 분쟁, 갈등, 문제

그들은 항상 의견 충돌이 있다.

Ellos siempre tienen un conflicto de opinión.
에요스 시엠쁘레 띠에넨 운 꼼플릭또 데 오삐니온

---

confundir

꼼푼**디**르 　　**동** 혼동하다

우리는 자유와 방종을 혼동한다.

Confundimos la libertad con el libertinaje.
꼼푼디모스 라 리베르땃 꼰 엘 리베르띠나헤

---

80 Español Gráfico Crecimiento Vocabulario

congelador

꽁헬라**도**르 　　　　**명 m.** 냉동고

냉동고에 얼음이 많이 있다.
Hay mucho hielo en el congelador.
아이　무초　이엘로 엔 엘　꽁헬라도르

conmigo

꼼**미**고 　　　　**전** 나와 함께

나와 함께 서점에 갈 수 있니?
¿Puedes ir a la librería conmigo?
뿌에데스 이르 알 라 리브레리아　꼼미고

conmover

꼼모**베**르 　　　　**동** ~의 마음을 동요시키다, 감동시키다

그의 연설은 청중에게 감동을 주었다.
Su discurso conmovió al público.
수 디스꾸르소　꼼모비오　알 뿌블리꼬

conocer

꼬노**쎄**르 　　　　**동** (사람, 장소를) 알다

우리는 소피아를 잘 안다.
Conocemos bien a Sofía.
꼬노쎄모스　비엔 아 소피아

conquistar

꽁끼스**따**르 　　　　**동** 정복하다

에르난 코르테스는 아스테카 제국을 정복했다.
Hernán Cortés conquistó el Imperio azteca.
에르난　꼬르떼스 꼰끼스또　엘 임뻬리오　아스떼까

consecuencia

꼰세꾸**엔**씨아 　　　　**명 f.** 결과, 중대함

전쟁은 항상 비극적인 결과를 가져온다.
La guerra siempre trae consecuencias trágicas.
라 게라　시엠쁘레 뜨라에　꼰세꾸엔씨아스　뜨라히까스

conseguir

꼰세**기**르　　　　　⑧ 얻다, 획득하다

내가 장학금을 받기 위해서는 좋은 성적을 거둘 필요가 있다.
Necesito obtener buenas notas para conseguir **una beca.**
네쎄시또　옵떼네르　부에나스　노따스　빠라　꼰세기르　　우나　베까

---

consejo

꼰**세**호　　　　　⑲ m. 충고

엄마는 항상 내게 좋은 충고를 해주신다.
Mi madre siempre me da buenos consejos**.**
미　마드레　시엠쁘레　메　다　부에노스　꼰세호스

---

conservador, -a

꼰세르바**도**르, -라　⑱ 보수적인 ⑲ m. f. 보수주의자

보수주의자들은 동성 간의 결혼을 반대한다.
Los conservadores **se oponen al matrimonio entre**
로스　꼰세르바도레스　세　오뽀넨　알　마뜨리모니오　엔뜨레
homosexuales.
오모쎅수알레스

---

conservar

꼰세르**바**르　　　　　⑧ 보존하다, 보관하다

다음 세대를 위해서 우리는 밀림을 보존해야만 한다.
Debemos conservar **la selva para las próximas generaciones.**
데베모스　꼰세르바르　라　셀바　빠라　라스　쁘록씨마스　헤네라씨오네스

---

considerar

꼰시데**라**르　　　　⑧ 숙고하다, 생각하다, 간주하다

나는 달리를 진정한 천재라고 생각한다.
Considero **a Dalí un verdadero genio.**
꼰시데로　아　달리　운　베르다데로　헤니오

---

consolar

꼰솔**라**르　　　　　⑧ 위로하다

그들은 미망인을 위로한다.
Ellos consuelan **a la viuda.**
에요스　꼰수엘란　알 라　비우다

---

constante
꼰스**딴**떼   🔶형 끊임없는, 변함없는, 일정한

아카풀코는 기온이 일 년 내내 변함이 없다.
En Acapulco la temperatura es constante todo el año.
엔 아까뿔꼬 라 뗌뻬라뚜라 에스 꼰스딴떼 또도 엘 아뇨

---

construir
꼰스뜨루**이**르   🔶동 건설하다

그들은 다리를 건설하고 있다.
Ellos están construyendo un puente.
에요스 에스딴 꼰스뜨루옌도 운 뿌엔떼

---

cónsul/consulesa
꼰술/꼰술**레**사   🔶명 m. f. 영사

영사는 우리를 파티에 초대했다.
El cónsul nos invitó a la fiesta.
엘 꼰술 노스 임비또 아 라 피에스따

---

consultar
꼰술**따**르   🔶동 의논하다, ~의 진료를 받다

그것을 결정하기 전에 나의 가장 친한 친구와 의논할 것이다.
Antes de decidirlo voy a consultar con mi mejor amigo.
안떼스 데 데씨디를로보이 아 꼰술따르 꼰 미 메호르 아미고

---

consumir
꼰수**미**르   🔶동 소비하다

크리스마스에 사람들은 1년 중 가장 많이 소비한다.
En la Navidad la gente consume más que durante el
엔 라 나비닷 라 헨떼 꼰수메 마스 께 두란떼 엘
resto del año.
레스또 델 아뇨

---

contacto
꼰**딱**또   🔶명 m. 접촉, 연락, 연고, 접점

나는 단지 내 목록에 연락처를 추가하고 싶다.
Solo quiero agregar un contacto a mi lista.
솔로 끼에로 아그레가르 운 꼰딱또 아 미 리스따

C

contador, -a

꼰따**도**르, -라　　**명** m. f. 회계사

그는 우리 회사의 회계사이다.
Él es el contador de nuestra compañía.
엘 에스 엘 꼰따도르 　데 누에스뜨라 꼼빠니아

contar

꼰**따**르　　**동** 세다, 말하다, (+con) 의지하다

나는 잠을 잘 수 없을 때 양을 센다.
Yo cuento ovejas cuando no puedo dormir.
요 꾸엔또 오베하스 꾸안도 　노 뿌에도 도르미르

contemporáneo, -a

꼰뗌뽀라네오, -아　　**형** 동시대의, 현대의

그들은 동시대 작가들이다.
Ellos son los escritores contemporáneos.
에요스 손 로스 에스끄리또레스 　꼰뗌뽀라네오스

contenido

꼰떼**니**도　　**명** m. 내용, 내용물

나는 책 내용의 요약문을 이해할 수 없다.
No puedo entender el resumen del contenido del libro.
노 뿌에도 엔뗀데르 엘 　레수멘 델 꼰떼니도 델 리브로

contento, -a

꼰**뗀**또, -따　　**형** 만족한

우리는 결과에 만족한다.
Estamos contentos con los resultados.
에스따모스 꼰뗀또스 꼰 로스 레술따도스

contestar

꼰떼스**따**르　　**동** 대답하다

전화 좀 받아주시겠어요?
¿Puede contestar el teléfono, por favor?
뿌에데 꼰떼스따르 엘 뗄레포노 뽀르 파보르

continuar

꼰띠누**아**르   동 계속하다

그녀는 계속 피아노를 친다.
Ella continúa tocando el piano.
에야 꼰띠누아 또깐도 엘 삐아노

contra

꼰뜨라   전 ~를 향하여, ~에 반대하여

모두가 너에게 반대한다.
Todos están contra ti.
또도스 에스딴 꼰뜨라 띠

contraseña

꼰뜨라**세**냐   명 f. 비밀번호, 암호

내 비밀번호를 잊었다.
Olvidé mi contraseña.
올비데 미 꼰뜨라세냐

contrato

꼰뜨라**또**   명 m. 계약

제안을 수락한 후에 고용 계약서에 서명했다.
Firmé mi contrato de trabajo tras aceptar la oferta.
피르메 미 꼰뜨라또 데 뜨라바호 뜨라스 아쎕따르 라 오페르따

contribuir

꼰뜨리부**이**르   동 공헌하다, 기여하다, 기부하다

우리는 사회 문제를 해결하는데 기여해야 한다.
Tenemos que contribuir a solucionar los problemas sociales.
떼네모스 께 꼰뜨리부이르 아 솔루씨오나르 로스 쁘로블레마스 소씨알레스

controlar

꼰뜨롤**라**르   동 지배하다, 통제하다, 관리하다, 억제하다

의사는 내가 몸무게를 조절해야만 한다고 말했다.
El médico me dijo que tenía que controlar mi peso.
엘 메디꼬 메 디호 께 떼니아 께 꼰뜨롤라르 미 뻬소

convencer

꼼벤**쎄**르

(동) 납득시키다, 설득시키다

나는 부모님을 설득해야만 한다.
Tengo que convencer a mis padres.
뗑고 께 꼼벤쎄르 아 미스 빠드레스

---

conveniente

꼼베니**엔**떼

(형) 편리한, 적당한, 합당한

당신의 변호사에게 상담하시는 것이 좋다.
Es conveniente que consulte con su abogado.
에스 꼼베니엔떼 께 꼰술떼 꼰 수 아보가도

---

conversar

꼼베르**사**르

(동) 대화하다

음악소리가 너무 커서 우리는 대화를 나눌 수가 없다.
La música está tan alta que no podemos conversar.
라 무시까 에스따 딴 알따 께 노 뽀데모스 꼼베르사르

---

convertir

꼼베르**띠**르

(동) (+en) ~로 변환하다, 개종시키다

마술사가 손수건을 비둘기로 변하게 했다.
El mágico convirtió el pañuelo en una paloma.
엘 마히꼬 꼼비르띠오 엘 빠뉴엘로 엔 우나 빨로마

---

cooperación

꼬오뻬라씨**온**

(명) (f.) 협력, 협동

협력은 사회 복지를 향상시키는 우리의 가장 중요한 무기이다.
La cooperación es nuestra arma más valiosa para
라 꼬오뻬라씨온 에스 누에스뜨라 아르마 마스 발리오사 빠라
mejorar el bienestar de la sociedad.
메호라르 엘 비엔에스따르 델 라 소씨에닷

---

copa

꼬빠

(명) (f.) (다리가 긴) 와인 잔

우리는 샴페인 한잔하고 있다.
Bebemos una copa de champaña.
베베모스 우나 꼬빠 데 참빠냐

copiar

꼬삐**아**르   동 복사하다

이것을 다시 복사해야만 한다.
Tengo que copiar esto otra vez.
땡고   께   꼬삐아르 에스또 오뜨라 베쓰

corazón

꼬라**손**   명 m. 마음, 심장

이사벨이 바로 그의 마음을 정복한 여인이다.
Isabel es la mujer que conquistó su corazón.
이사벨 에스 라 무헤르 께   꼰끼스또   수 꼬라쏜

corbata

꼬르**바**따   명 f. 넥타이

내 남편은 항상 넥타이를 맨다.
Mi esposo siempre se pone corbata.
미 에스뽀소 시엠쁘레 세 뽀네 꼬르바따

cordero

꼬르**데**로   명 m. 새끼 양

양고기는 특별한 맛을 지닌다.
La carne de cordero tiene un sabor especial.
라 까르네 데 꼬르데로 띠에네 운 사보르 에스뻬씨알

cordial

꼬르디**알**   형 마음에서 우러난, 진심의, 정중한

연사는 방청객에게 정중히 인사한다.
El conferenciante da saludos cordiales a los oyentes.
엘   꼼뻬렌씨안떼   다 살루도스 꼬르디알레스 알 로스 오옌떼스

correcto, -a

꼬**렉**또, –따   형 정확한, 결점이 없는, 정직한

그는 정직한 정치인이다.
Él es un político correcto.
엘 에스 운 뽈리띠꼬 꼬렉또

corregir

꼬레**히**르   동 정정하다, 고치다

이 보고서를 수정해줄 수 있겠니?

¿Me puedes corregir este informe?
메   뿌에데스   꼬레히르   에스떼   임포르메

---

correo

꼬레오   명 m. 우편, 우체국

이 편지를 등기우편으로 보내고 싶습니다.

Quiero enviar esta carta por correo certificado.
끼에로   엔비아르   에스따   까르따   뽀르   꼬레오   쎄르띠피까도

---

correr

꼬레르   동 달리다

나는 일주일에 세 번 한 시간씩 달린다.

Yo corro una hora tres veces a la semana.
요   꼬로   우나   오라   뜨레스   베쎄스   알라   세마나

---

corriente

꼬리**엔**떼   형 흐르는, 현재의, 평범한 명 f. 흐름, 기류, 전류

내 애인은 평범한 외모의 남자이다.

Mi novio es un hombre de aspecto corriente.
미   노비오 에스 운   옴브레   데   아스뻭또   꼬리엔떼

---

cortar

꼬르**따**르   동 자르다

우리는 두 달에 한 번씩 잔디를 깎는다.

Cortamos el césped cada dos meses.
꼬르따모스   엘   쎄스뻿   까다   도스   메세스

---

cortés

꼬르**떼**스   형 예의 바른, 공손한

그 웨이터는 예의가 바르다.

El camarero es cortés.
엘   까마레로   에스   꼬르떼스

cortina

꼬르**띠**나　　　**명** **f.** 커튼

우리는 창문 커튼을 달지 않았다.
No tenemos cortinas en las ventanas.
노　떼네모스　꼬르띠나스　엔 라스　벤따나스

corto, -a

꼬르또, –따　　　**형** 짧은

짧은 여행이다.
Es un viaje corto.
에스 운 비아헤 꼬르또

cosa

꼬사　　　**명** **f.** 일, 사물, 것, 물건

나는 오늘 해야 할 일이 많다.
Hoy tengo muchas cosas que hacer.
오이 뗑고　무차스　꼬사스　께 아쎄르

cosecha

꼬**세**차　　　**명** **f.** 수확

수확의 시기이다.
Estamos en la época de la cosecha.
에스따모스　엔 라　에뽀까 델 라　꼬세차

costa

꼬스따　　　**명** **f.** 해안

지중해의 터키 연안에는 해변이 많이 있다.
En la costa turca del Mediterráneo hay muchas playas.
엔 라 꼬스따 뚜르까 델　메디떼라네오　아이 무차스　쁠라야스

costar

꼬스**따**르　　　**동** 비용이 들다, 값이 ～이다

이 볼펜은 얼마입니까?
¿Cuánto cuesta este bolígrafo?
꾸안또　꾸에스따 에스떼　볼리그라포

costumbre

꼬스**뚬**브레 　　 명 f. 풍습, 습관

낮잠은 가장 널리 퍼진 지중해 관습 중 하나이다.
La siesta es una de las costumbres mediterráneas
라 시에스따 에스 우나 델 라스 　꼬스뚬브레스 　메디떼라네아스
más extendidas.
마스 엑스뗀디다스

---

cotidiano, -a

꼬띠**디**아노, -나 　　 형 일상의, 매일의

한 시간 뛰는 것은 내 일상생활이다.
Correr una hora es mi vida cotidiana.
꼬레르 우나 오라 에스 미 비다 꼬띠디아나

---

creativo, -a

끄레아**띠**보, -바 　　 형 창조적인, 창의적인, 독창적인

그는 창의적인 사람이라 항상 좋은 아이디어를 지니고 있다.
Él es creativo y siempre tiene buenas ideas.
엘 에스 끄레아띠보 이 시엠쁘레 　띠에네 부에나스 이데아스

---

crecer

끄레**쎄**르 　　 동 성장하다, 상승하다

그 아이는 많이 컸다.
El niño ha crecido mucho.
엘 니뇨 아 끄레씨도 무초

---

crecimiento

끄레씨미**엔**또 　　 명 m 성장

세계 경제는 보다 견고한 성장을 보여주고 있다.
La economía mundial muestra un crecimiento más sólido.
라 에꼬노미아 　문디알 　무에스뜨라 운 끄레씨미엔또 마스 솔리도

---

crédito

끄**레**디또 　　 명 m 신용, 외상 판매, (수업의) 학점

대학과정을 마치려면 20학점이 필요하다.
Necesito veinte créditos para completar la carrera.
네쎄시또 베인떼 끄레디또스 빠라 꼼쁠레따르 라 까레라

---

creer

끄레**에**르   통 믿다, 생각하다

나는 네 어머니가 80세라고 믿을 수 없어, 아주 젊어 보이신다.

No puedo creer que tu madre tiene ochenta años; se
노 뿌에도 끄레에르 께 뚜 마드레 띠에네 오첸따 아뇨스 세

ve muy joven.
베 무이 호벤

crema

끄레**마**   명 f. 크림

너는 항상 자외선 차단 크림을 발라야 한다.

Tienes que ponerte siempre crema protectora solar.
띠에네스 께 뽀네르떼 시엠쁘레 끄레마 쁘로떽또라 솔라르

criar

끄리**아**르   통 키우다, 기르다, 교육하다

그의 할머니는 세 자녀를 홀로 키우셨다.

Su abuela crió a tres hijos sola.
수 아부엘라 끄리오 아 뜨레스 이호스 솔라

crimen

끄리**멘**   명 m. 범죄

시장은 용서받을 수 없는 범죄를 저질렀다.

El alcalde cometió un crimen imperdonable.
엘 알깔데 꼬메띠오 운 끄리멘 임뻬르도나블레

crisis

끄리**시**스   명 f. 위기

경제 위기는 대중의 불만을 증폭시켰다.

La crisis económica ha aumentado el descontento popular.
라 끄리시스 에꼬노미까 아 아우멘따도 엘 데스꼰뗀또 뽀쁠라르

criticar

끄리띠**까**르   통 비평하다, 비난하다

정치인들의 부패를 많이 비판한다.

Critican mucho la corrupción de los políticos.
끄리띠깐 무초 라 꼬룹씨온 델 로스 뽈리띠꼬스

C

cruce

끄루쎄　　　　　명 m. 교차로, 사거리

교차로에서 두 대의 자동차가 충돌했다.
Dos automóviles chocaron en el cruce.
도스　아우또모빌레스　초까론　엔 엘 끄루쎄

---

crucero

끄루쎄로　　　　　명 m. 유람선

카리브해 일주 유람선이 방금 자메이카에 도착했다.
El crucero por el Caribe acaba de llegar a Jamaica.
엘 끄루쎄로 뽀르 엘　까리베 아까바 데 예가르 아 하마이까

---

crudo, -a

끄루도, -다　　　　　형 날것의, 익지 않은

나는 생선회를 싫어한다.
No me gusta el pescado crudo.
노 메 구스따 엘 뻬스까도 끄루도

---

cruel

끄루엘　　　　　형 잔인한, 비인간적인

한국전쟁은 잔인했다.
La Guerra Coreana fue cruel.
라 게라　꼬레아나 푸에 끄루엘

---

cruz

끄루쓰　　　　　명 f. 십자가

내 남자친구가 십자가가 달린 금목걸이를 내게 선물했다.
Mi novio me regaló un collar de oro con una cruz.
미 노비오 메 레갈로 운 꼬야르 데 오로 꼰 우나 끄루쓰

---

cruzar

끄루싸르　　　　　동 횡단하다

길을 건너서 우회전하셔야 합니다.
Tiene que cruzar la calle y dar vuelta a la derecha.
띠에네 께 끄루싸르 라 까예 이 다르 부엘따 알 라 데레차

cuadro

꾸**아**드로 　　　　**명 m.** 그림 액자

나는 이 그림 액자를 거실 벽에 걸 것이다.
Voy a colgar este cuadro en la pared de la sala.
보이 아 꼴가르 에스떼 꾸아드로 엔 라 빠렛 델 라 살라

---

cuando

꾸**안**도 　　　　**접** ~할 때

그는 15세였을 때 스페인에 살았다.
Cuando él tenía 15 años, vivía en España.
꾸안도 엘 떼니아 낀쎄 아뇨스 비비아 엔 에스빠냐

---

cuarto, -a

꾸**아**르또, –따 　**형** 1/4, 4번째의 **명 m.** 방

그의 방은 지저분하다.
Su cuarto está desordenado.
수 꾸아르또 에스따 데스오르데나도

---

cubierto, -a

꾸비**에**르또, –따 　**형** (+de) ~로 덮인 **명 m.** (나이프, 스푼, 포크) 1인 세트

산이 눈으로 덮여 있다.
Las montañas están cubiertas de nieve.
라스 몬따냐스 에스딴 꾸비에르따스 데 니에베

---

cucaracha

꾸까**라**차 　　　　**명 f.** 바퀴벌레

빗자루로 바퀴벌레를 죽였다.
Ella mató la cucaracha con una escoba.
에야 마또 라 꾸까라차 꼰 우나 에스꼬바

---

cuchara

꾸**차**라 　　　　**명 f.** 숟가락

숟가락 하나만 갖다 주세요.
Tráigame una cuchara, por favor.
뜨라이가메 우나 꾸차라 뽀르 파보르

cuchillo

꾸**치**요 　　　　명 m. 나이프, 칼

이 칼은 날이 매우 날카롭다.
Este cuchillo está muy afilado.
에스떼　꾸치요　에스따　무이　아필라도

---

cuello

꾸**에**요 　　　　명 m. 목

그 여자의 목은 아름답다.
Esa mujer tiene un hermoso cuello.
에사　무헤르　띠에네　운　에르모소　꾸에요

---

cuenta

꾸**엔**따 　　　　명 f. 계산서, 계정

계좌를 열고 싶습니다.
Quiero abrir una cuenta.
끼에로　아브리르 우나　꾸엔따

---

cuero

꾸**에**로 　　　　명 m. 가죽

그의 배낭은 천과 가죽으로 만들어졌다.
Su mochila es de tela y cuero.
수　모칠라　　에스 데 뗄라 이 꾸에로

---

cuerpo

꾸**에**르뽀 　　　　명 m. 신체, 몸, 단체

테니스를 치는 것은 전신을 위한 훌륭한 운동이다.
Practicar tenis es un ejercicio estupendo para el
쁘락띠까르　떼니스 에스 운 에헤르씨씨오 에스뚜뻰도　 빠라 엘
cuerpo entero.
꾸에르뽀 엔떼로

---

cueva

꾸**에**바 　　　　명 f. 동굴, 지하실

곰들은 동굴에서 잔다.
Los osos duermen en la cueva.
로스　오소스　두에르멘　엔 라　꾸에바

94 Español Gráfico Crecimiento Vocabulario

cuidado

꾸이**다**도   명 m 조심, 주의

모직 옷은 조심해서 세탁해야 해.
Debes lavar la ropa de lana con cuidado.
데베스 라바르 라 로빠 데 라나 꼰 꾸이다도

cuidar

꾸이**다**르   동 돌보다, 도와주다, 간병하다

내가 저녁을 준비하는 동안 아이들을 돌볼 수 있니?
¿Puedes cuidar a los niños mientras hago la cena?
뿌에데스 꾸이다르 아 로스 니뇨스 미엔뜨라스 아고 라 쎄나

culpa

꿀빠   명 f 실수, 잘못, 죄, 과실

내 실수로 CD가 깨졌다.
Se ha roto el disco compacto por mi culpa.
세 아 로또 엘 디스꼬 꼼빡또 뽀르 미 꿀빠

cultivar

꿀띠**바**르   동 경작하다, 재배하다, 양식하다

그리스인들은 들판에서 올리브를 재배한다.
Los griegos cultivan aceitunas en los campos.
로스 그리에고스 꿀띠반 아쎄이뚜나스 엔 로스 깜뽀스

cultural

꿀뚜**랄**   형 문화의

문화센터에서 댄스 수업을 제공한다.
El centro cultural ofrece clases de baile.
엘 쎈뜨로 꿀뚜랄 오프레쎄 끌라세스 데 바일레

cumbre

꿈브레   명 f 정상

우리는 마침내 정상에 도달했다.
Finalmente llegamos a la cumbre.
피날멘떼 예가모스 알 라 꿈브레

cumpleaños

꿈쁠레**아**뇨스　　명 m. 생일

내일이 내 생일이다.
Mañana es mi cumpleaños.
마냐나　에스 미　꿈쁠레아뇨스

cuñado, -a

꾸**냐**도, –다　　명 m. f. 처형, 매형, 시누이, 올케

나는 두 명의 상냥한 올케가 있다.
Tengo dos cuñadas **muy simpáticas.**
뗑고　도스　꾸냐다스　무이　심빠띠가스

curar

꾸**라**르　　동 치료하다

두통을 치료하는 뭔가가 있니?
¿Tienes algo para curar **el dolor de cabeza?**
띠에네스 알고　빠라　꾸라르　엘 돌로르 데　까베싸

curioso, -a

꾸리**오**소, –사　　형 호기심이 강한

호기심이 강한 여행자는 전통 한식을 먹었다.
El viajero curioso **comió la típica comida coreana.**
엘 비아헤로　꾸리오소　꼬미오 라 띠삐까　꼬미다　꼬레아나

curso

꾸르소　　명 m. 과정, 코스

여름 코스는 6월에 시작해 7월에 끝난다.
El curso **de verano empieza en junio y termina en julio.**
엘 꾸르소 데 베라노　엠뻬에싸　엔 후니오 이 떼르미나 엔 훌리오

curva

꾸르바　　명 f. 곡선, (도로의) 커브

운전자는 커브를 보지 못해서 길에서 벗어났다.
El conductor no vio la curva **y salió del camino.**
엘　곤둑또르　　노 비오 라 꾸르바 이 살리오 델 까미노

D

dama

다마　　　　　　명 f. 부인

부인용 옷 코너가 어디에 있나요?
¿Dónde está la sección de ropa para damas?
돈데　에스따　라　섹씨온　데　로빠　빠라　다마스

daño

다뇨　　　　　　명 m. 손해, 피해, 병, 상처

이 새 신발이 발에 상처를 낸다.
Estos zapatos nuevos me hacen daño en los pies.
에스또스　싸빠또스　누에보스　메　아쎈　다뇨　엔 로스 삐에스

dar

다르　　　　　　동 주다

네게 내 주소를 줄게.
Te doy mi dirección.
떼 도이 미　디렉씨온

dato

다또　　　　　　명 m. 자료, 데이터

당신의 개인정보를 쓰셔야 합니다.
Tiene que escribir sus datos personales.
띠에네　께　에스끄리비르　수스　다또스　　뻬르소날레스

de

데　　　　　　　전 ~의, ~로부터, ~에 대해서

우리는 그녀에 대해서 말한다.
Hablamos de ella.
아블라모스　데 에야

debajo

데**바**호 　　　**부** (+de) ~의 밑에

테이블 밑에 고양이가 있다.
Debajo de la mesa hay un gato.
데바호　델 라 메사　아이 운 가또

---

deber

데**베**르 　　　**동** 빚지다, (+inf.) ~해야만 한다

우리는 열심히 일해야만 한다.
Debemos trabajar con ahínco.
데베모스　뜨라바하르　꼰　아인꼬

---

débil

데빌 　　　**형** 약한, 쇠약한, 심약한

이것이 그의 약점이다.
Esto es su punto débil.
에스또 에스 수 뿐또　데빌

---

decepcionar

데쎕시오**나**르 　　　**동** 실망시키다

그의 이기적인 행동이 나를 실망시켰다.
Él me decepcionó con su actitud egoísta.
엘 메　데쎕씨오노　꼰 수 악띠뜻 에고이스따

---

decidir

데씨**디**르 　　　**동** 결심하다

우리는 가난한 사람들을 도와주기로 결심했다.
Decidimos ayudar a los pobres.
데씨디모스　아유다르 알 로스 뽀브레스

---

decir

데**씨**르 　　　**동** 말하다

그녀는 내게 작별 인사도 없이 떠났다.
Ella se fue sin decirme adiós.
에야 세 푸에 신 데씨르메　아디오스

decisión

데씨시**온**   **명** **f.** 결심, 결정

우리는 지금 결정을 내려야만 한다.
Tenemos que tomar una decisión ahora.
떼네모스 　께 또마르 우나 　데씨시온 　아오라

---

declarar

데끌라**라르**   **동** 밝히다, 공포하다, 신고하다

신고할 것이 아무 것도 없습니다.
No tengo nada que declarar.
노 　뗑고 　나다 　께 　데끌라라르

---

decorar

데꼬**라르**   **동** 꾸미다, 장식하다

나는 내 방을 미니멀 스타일로 장식하길 좋아한다.
Me gusta decorar mi habitación en estilo minimalista.
메 구스따 데꼬라르 미 아비따씨온 엔 에스띨로 미니말리스따

---

dedicar

데디**까르**   **동** ~se (+a) ~에 종사하다, 헌신하다

졸업한 후에 어떤 일에 종사할 거니?
¿A qué vas a dedicarte después de graduarte?
아 께 바스 아 데디까르떼 데스뿌에스 데 그라두아르떼

---

dedo

데도   **명** **m.** 손가락

그녀는 긴 손가락을 지녔다.
Ella tiene dedos largos.
에야 띠에네 데도스 라르고스

---

defecto

데**펙또**   **명** **m.** 결함, 결점, 단점, 부족

그의 가장 나쁜 단점은 거만함이다.
Su peor defecto es la soberbia.
수 뻬오르 데펙또 에스 라 소베르비아

defender

데펜**데**르   **동** 방어하다, 지키다

그들은 적들로부터 도시를 방어하였다.
Ellos defendieron la ciudad contra los enemigos.
에요스 데펜디에론 라 씨우닷 꼰뜨라 로스 에네미고스

dejar

데**하**르   **동** 놓아두다, ~하게 하다, ~에서 떠나다

나의 부모님은 내가 친구들과 여행하는 것을 허락하지 않는다.
Mis padres no me dejan viajar con mis amigos.
미스 빠드레스 노 메 데한 비아하르 꼰 미스 아미고스

delante

델**란**떼   **전** (+de) ~의 앞에

건물 앞에서 누군가 개와 함께 산책하고 있다.
Alguien pasea con un perro delante del edificio.
알기엔 빠세아 꼰 운 뻬로 델란떼 델 에디피씨오

deletrear

델레뜨레**아**르   **동** 또박또박 한 자씩 말하다

당신의 성을 한자씩 또박또박 말씀해주시겠어요?
¿Podría deletrear su nombre?
뽀드리아 델레뜨레아르 수 놈브레

delgado, -a

델**가**도, -다   **형** 마른, 날씬한

그녀는 전보다 더 말랐다.
Ella está más delgada que antes.
에야 에스따 마스 델가다 께 안떼스

delicado, -a

델리**까**도, -다   **형** 섬세한, 미묘한, 민감한

이 문제는 매우 민감하다.
Este asunto es muy delicado.
에스떼 아순또 에스 무이 델리까도

delicioso, -a

델리씨**오**소, -사 　형 맛있는, 매우 맛 좋은

요리사들은 맛있는 전통음식을 준비한다.
Los cocineros preparan deliciosos platos típicos.
로스　꼬씨네로스　　뻬레빠란　　델리씨오소스　뽈라또스 띠삐꼬스

D

---

demanda

데**만**다 　명 f. 청구, 수요, 요구

노조는 정부에게 일자리를 요구한다.
Los sindicatos hacen una demanda de trabajo al gobierno.
로스 신디까또스　아쎈　우나　데만다　데 뜨라바호 알 고비에르노

---

demasiado, -a

데마시**아**도, -다 　형 너무 많은, 지나친 부 지나치게

그녀는 너무 많은 옷을 산다.
Ella compra demasiada ropa.
에야　꼼쁘라　　데마시아다　　로빠

---

democracia

데모끄라씨아 　명 f. 민주주의, 민주국가

민주주의는 정치적 이상이다.
La democracia es el ideal político.
라 데모끄라씨아　에스 엘　이데알　뽈리띠꼬

---

demostrar

데모스뜨**라**르 　동 드러내다, 보이다

그에게 내 마음을 보여줄 거야.
Le voy a demostrar mi corazón.
레 보이 아　데모스뜨라르　미　꼬라손

---

dentista

덴**띠**스따 　명 m. f. 치과의사

치과의사가 내 사랑니를 뽑았다.
El dentista me sacó la muela del juicio.
엘 덴띠스따 메　샤꼬 라 무엘라　델 후이씨오

---

dentro

덴뜨로　　　　**(부)** 안에, 안으로 **(전)** (+de) ~의 안에

비행기는 한 시간 내에 출발할 예정이다.
El avión va a salir dentro de una hora.
엘 아비온 바 아살리르 덴뜨로 데 우나 오라

denunciar

데눈씨아르　　　　**(동)** 신고하다, 고발하다

그는 자전거 도난을 신고했다.
Denunció el robo de su bicicleta.
데눈씨오 엘 로보 데 수 비씨끌레따

departamento

데빠르따멘또　　　　**(명)(m.)** 과, 부서

나는 인사 부서의 팀장이다.
Soy jefe del departamento de personal.
소이 헤페 델 데빠르따멘또 데 뻬르소날

dependiente, -a

데뻰디엔떼, -따　　　　**(명)(m.)(f.)** 점원

우리는 영어를 하는 점원을 한 명 구하고 있다.
Estamos buscando un dependiente que hable inglés.
에스따모스 부스깐도 운 데뻰디엔떼 께 아블레 잉글레스

deporte

데뽀르떼　　　　**(명)(m.)** 운동, 스포츠

경쟁을 위한 스포츠와 건강을 유지하기 위한 스포츠가 있다.
Hay deportes para competir y hay deportes para
아이 데뽀르떼스 빠라 꼼뻬띠르 이 아이 데뽀르떼스 빠라
estar en forma.
에스따르 엔 포르마

deportista

데뽀르띠스따　　　　**(형)** 운동을 좋아하는
(명)(m.)(f.) 스포츠맨

그는 운동을 매우 좋아하는데 특히 축구를 좋아한다.
Él es muy deportista y le encanta sobre todo jugar al fútbol.
엘 에스 무이 데뽀르띠스따 이 레 엔깐따 소브레 또도 후가르 알 풋볼

depositar

데뽀시**따**르   동 맡기다, 예금하다

나는 돈을 은행에 예치했다.
Deposité mi dinero en el banco.
데뽀시떼 미 디네로 엔 엘 방꼬

deprimido, -a

데쁘리**미**도, -다   형 우울한, 풀이 죽은, 슬픔에 젖은

나는 하루 종일 우울했다.
Estuve deprimido todo el día.
에스뚜베 데쁘리미도 또도 엘 디아

deprisa

데쁘**리**사   부 서둘러, 급히

그렇게 급히 어딜 가니?
¿Adónde vas tan deprisa?
아돈데 바스 딴 데쁘리사

derecho, -a

데**레**초, -차   형 오른쪽의 명 m. 권리, 법 부 곧장

우리는 무상교육의 권리를 지닌다.
Tenemos derecho a la enseñanza gratuita.
떼네모스 데레초 알 라 엔세냔싸 그라뚜이따

derribar

데리**바**르   동 헐다, 철거하다, 무너뜨리다, 쓰러뜨리다

노후된 건물을 철거할 것이다.
Van a derribar un edificio viejo.
반 아 데리바르 운 에디피씨오 비에호

derrotar

데로**따**르   동 쳐부수다

10 - 0

우리 팀이 중국 팀을 이겼다.
Nuestro equipo derrotó al chino.
누에스뜨로 에끼뽀 데로또 알 치노

desafortunado, -a

데사포르뚜**나**도, –다 　📘 불운한, 운이 없는, 불행한

당신들에게 불행한 소식을 전하겠습니다.
Les doy una desafortunada noticia.
레스 도이 우나　데사포르뚜나다　노띠씨아

desaparecer

데사빠레**쎄**르　　📙 사라지다, 없어지다

마술사가 무대에서 사라졌다.
El mago desapareció del escenario.
엘 마고　데사빠레씨오　델　에쎄나리오

desarrollo

데사**로**요　　📗m. 발달, 개발, 발육, 전개

산업의 발달이 환경을 악화시켰다.
El desarrollo industrial ha empeorado el medio ambiente.
엘 데사로요　인두스뜨랄 아 엠뻬오라도　엘 메디오 암비엔떼

desastre

데**사**스뜨레　　📗m. 재해, 재앙, 재난

홍수는 시골에 재해를 가져왔다.
Las inundaciones fueron un desastre para el campo.
라스　이눈다씨오네스　푸에론　운　데사스뜨레 빠라 엘 깜뽀

desayunar

데사유**나**르　　📙 아침밥을 먹다

때때로 우리는 추로와 코코아로 아침식사를 한다.
A veces desayunamos chocolate con churros.
아 베쎄스　데사유나모스　초꼴라떼　꼰　추로스

descansar

데스깐**사**르　　📙 쉬다, 휴식하다

지금은 쉴 시간이다.
Ahora es la hora de descansar.
아오라 에슬라 오라 데　데스깐사르

descargar

데스까르**가**르

통 (짐을) 내리다, ~에서 면제하다, (데이터를) 내려받기 하다

내가 보낸 파일을 다운로드 했니?

¿Ya descargaste los archivos que te mandé?
야 데스까르가스떼 로스 아르치보스 께 떼 만데

(D)

descendiente

데쎈디**엔**떼

명 m. f. 후손, 자손

이 원주민들은 마야족의 후손이다.

Estos indígenas son descendientes de los mayas.
에스또스 인디헤나스 손 데쎈디엔떼스 델 로스 마야스

descompuesto, -a

데스꼼뿌**에**스또, –따

형 분해된, 망가진, 고장난

트럭이 망가져서 카센터에 있다.

El camión está descompuesto y está en el taller.
엘 까미온 에스따 데스꼼뿌에스또 이 에스따 엔 엘 따예르

desconocido, -a

데스꼬노**씨**도, –다

형 낯선, 알지 못하는, 미지의
명 m. f. 낯선 사람

낯선 사람이 상점으로 들어왔다.

El desconocido entró a la tienda.
엘 데스꼬노씨도 엔뜨로 알 라 띠엔다

describir

데스끄리**비**르

통 묘사하다, 서술하다, 그리다

증인은 사고를 서술한다.

El testigo describe el accidente.
엘 떼스띠고 데스끄리베 엘 악씨덴떼

descubrir

데스꾸브리르

통 발견하다

10.12

콜럼버스는 1492년 10월 12일에 아메리카를 발견했다.

Colón descubrió América el 12 de octubre de 1492.
꼴론 데스꾸브리오 아메리까 엘 도쎄 데 옥뚜브레 데 밀 꾸아뜨로씨엔또스 노벤따 이 도스

D

descuento
데스꾸**엔**또

명 m. 가격 인하, 할인

10% DC

현금으로 지불하면 우리에게 얼마의 할인을 해주나요?
¿Cuánto descuento nos da si pagamos al contado?
꾸안또　데스꾸엔또　노스 다 씨　빠가모스　알　꼰따도

desde
데스데

전 (장소) ~로 부터, (시간, 순서, 범위 등) ~부터

나는 오늘부터 일찍 도착할 거야.
Desde hoy llegaré temprano.
데스데　오이　예가레　뗌쁘라노

desear
데세**아르**

동 원하다

나는 세계일주하기를 원한다.
Deseo viajar por todo el mundo.
데세오 비아하르　보르　또도 엘　문도

desempleo
데셈**쁠레**오

명 m. 실업, 실직

실업은 유럽연합이 가지고 있는 주요 문제 중 하나이다.
El desempleo es uno de los principales problemas que
엘　데셈쁠레오　에스 우노 데 로스　쁘린씨빨레스　쁘로블레마스 께
tiene la Unión Europea.
띠에네 라 우니온　에우로뻬아

desesperado, -a
데세스**뻬라**도, ‒다

형 절망의, 희망이 없는, 필사의

이제는 난 뭘 해야 할지 모르겠다. 나는 절망에 빠졌다.
Ya no sé qué hacer, estoy desesperado.
야 노 쎄 께　아쩨르, 에스또이　데세스뻬라도

desgracia
데스그**라**씨아

명 f. 불행, 불운, 재난

불행이 그에게 계속된다.
La desgracia le persigue.
라 데스그라씨아 레　뻬르시게

---

desierto

데시**에**르또   몡 m. 사막, 불모지

다양한 종류의 사막들이 존재한다.
Existen diferentes tipos de desiertos.
엑씨스뗀 디페렌떼스 띠뽀스 데 데시에르또스

desilusionar

데스일루시오**나**르   동 환멸을 느끼게 하다, 실망시키다

시험의 결과가 그의 부모님을 실망시켰다.
El resultado del examen desilusionó a sus padres.
엘 레술따도 델 엑싸멘 데스일루씨오노 아 수스 빠드레스

desmayar

데스마**야**르   동 기절시키다, ~se 실신하다

권투선수는 상대 선수를 한방에 기절시켰다.
El boxeador desmayó a su rival de un golpe.
엘 복쎄아도르 데스마요 아 수 리발 데 운 골뻬

desnudar

데스누**다**르   동 옷을 벗기다, ~se 옷을 벗다

그는 샤워하기 위해 옷을 벗었다.
Él se desnudó para ducharse.
엘 세 데스누도 빠라 두차르세

desodorante

데소도**란**떼   몡 m. 탈취제

그는 겨드랑이에 탈취제를 뿌리고 있다.
Él se está echando desodorante en las axilas.
엘 세 에스따 에찬도 데소도란떼 엔 라스 악씰라스

desordenado, -a

데스오르데**나**도, -다   형 무질서한, 방탕한, 단정치 못한

나는 지저분한 방이 싫다.
No me gusta la habitación desordenada.
노 메 구스따 라 아비따씨온 데스오르데나다

despacho
데스**빠**초 　　　　**명** m. 사무실

변호사는 우리를 사무실에서 기다린다.
El abogado nos espera en el despacho.
엘　아보가도　노스　에스뻬라　엔　엘　데스빠초

despacio
데스**빠**씨오 　　　　**부** 천천히, 신중히, 작은 소리로

너는 더 천천히 운전해야만 해.
Debes conducir más despacio.
데베스　꼰두씨르　마스　데스빠씨오

despedida
데스**뻬디**다 　　　　**명** f. 이별, 작별, 환송

우리는 마지막 날에 송별회를 한다.
El último día tenemos una cena de despedida.
엘　울띠모　디아　떼네모스　우나　쎄나　데　데스뻬디다

despejado, -a
데스**뻬하**도, -다 　　　　**형** 맑은, 쾌청한, 구름 한 점 없는

하늘이 맑게 개었다.
El cielo está despejado.
엘　씨엘로　에스따　데스뻬하도

despertar
데스**뻬르따**르 　　　　**동** 깨우다, ~se 깨다

아이가 엄마를 깨운다.
El niño despierta a su mamá.
엘　니뇨　데스삐에르따 아 수　마마

despistado, -a
데스**삐스따**도, -다 　　　　**형** 멍한, 방심 상태의, 덜렁대는

그녀는 매우 덜렁대서 항상 무언가를 잃어버린다.
Ella es muy despistada, siempre olvida algo.
에야 에스 무이　데스삐스따다　시엠쁘레　올비다　알고

despreciar

데스쁘레씨**아**르　　**통** 경멸하다, 경시하다, 무시하다

인종이 다르다는 이유로 사람들을 경시해서는 안 된다.
No hay que despreciar a las personas por ser de distinta raza.
노 아이 께 데스쁘레씨아르 알 라스 뻬르소나스 뽀르 세르 데 디스띤따 라싸

después

데스뿌**에**스　　**부** 후에, 나중에

나중에 나는 유럽 여행을 하고 싶어.
Después quiero viajar por Europa.
데스뿌에스　끼에로　비아하르 뽀르　에우로빠

destacado, -a

데스따**까**도, 다　　**형** 걸출한, 뛰어난, 눈에 띄는

그 학생은 매우 훌륭하다.
Ese alumno es muy destacado.
에세　알룸노　에스 무이　데스따까도

destino

데스**띠**노　　**명 m.** 운명, 숙명, 용도, 목적지

내 운명은 네 손에 달려 있다.
Mi destino está en tus manos.
미　데스띠노　에스따 엔 뚜스 마노스

destornillador

데스또르니야**도**르　　**명 m.** 드라이버

이 그림을 달기 위해서는 드라이버가 필요하다.
Necesito un destornillador para colgar este cuadro.
네쎄시또　운　데스또르니야도르　빠라 꼴가르 에스떼 꾸아드로

destruir

데스루**이**르　　**통** 파괴시키다

파괴시키는 것이 건설하는 것보다 더 쉽다.
Destruir es más fácil que construir.
데스뜨루이르 에스 마스　파씰　께　꼰스뜨루이르

desván

데스**반** 　　　명 m. 다락방

나는 선물을 다락방에 두었다.
Dejé los regalos en el desván.
데헤 로스 레갈로스 엔 엘 데스반

---

desventaja

데스벤**따**하 　　　명 f. 단점, 결점

태양에너지의 단점은 무엇입니까?
¿Cuáles son las desventajas de la energía solar?
꾸알레스 쏜 라스 데스벤따하스 델 라 에네르히아 솔라르

---

detallado, -a

데따**야**도, -다 　　　형 상세한, 자세한

교수님이 우리에게 자세한 설명을 해주었다.
El profesor nos dio una explicación detallada.
엘 쁘로페소르 노스 디오 우나 엑쓰쁠리까씨온 데따야다

---

detective

데떽**띠**베 　　　명 m. f. 탐정, 형사

형사는 살인자를 찾기 위해 모든 단서를 분석했다.
El detective analizó todas las pistas para poder
엘 데떽띠베 아날리쏘 또다스 라스 삐스따스 빠라 뽀데르
encontrar al asesino.
엔꼰뜨라르 알 아세시노.

---

detergente

데떼르**헨**떼 　　　명 m. 세제

이 세제는 이전의 세제보다 냄새가 좋다.
Este detergente huele mejor que el anterior.
에스떼 데떼르헨떼 우엘레 메호르 께 엘 안떼리오르

---

detrás

데뜨**라**스 　　　부 뒤에, 뒤에서, (+de) ~의 뒤에

정원이 집 뒤에 있다.
El jardín está detrás de la casa.
엘 하르딘 에스따 데뜨라스 델 라 까사

deuda

데우다   명 f. 빚, 채무, 부채

아르헨티나의 대외 부채는 매우 높다.
La deuda externa de Argentina es altísima.
라 데우다 엑쓰떼르나 데 아르헨띠나 에스 알띠시마

devolver

데볼베르   동 돌려주다, 반환하다

나는 내일 이 책을 도서관에 반납할 것이다.
Mañana voy a devolver este libro a la biblioteca.
마냐나 보이 아 데볼베르 에스떼 리브로 알 라 비블리오떼까

día

디아   명 m. 날, 일

내 상사는 매일 제시간에 사무실에 도착한다.
Todos los días mi jefe llega a tiempo a la oficina.
또도스 로스 디아스 미 헤페 예가 아 띠엠뽀 알 라 오피씨나

diabético, -a

디아베띠꼬, -까   명 m. f. 당뇨병 환자

당뇨병 환자를 위한 특별한 음식이 있나요?
¿Tienen alguna comida especial para diabéticos?
띠에넨 알구나 꼬미다 에스뻬씨알 빠라 디아베띠꼬스

diablo

디아블로   명 m. 악마, 교활한 사람, 장난
꾸러기, 말썽꾼

그 아이는 장난꾸러기이다.
Ese niño es un diablo.
에세 니뇨 에스 운 디아블로

diálogo

디알로고   명 m. 대화, 대담, 교섭, 회담

평화 회담은 다시 실패했다.
Los diálogos de paz fracasaron otra vez.
로스 디알로고스 데 빠쓰 프라까사론 오뜨라 베쓰

D

diamante
디아**만**떼 　　　명 m. 다이아몬드

내 남편은 내게 아름다운 다이아몬드 반지를 선물했다.
Mi esposo me regaló un anillo con un precioso diamante.
미 에스뽀소 메 레갈로 운 아니요 꼰 운 쁘레씨오소 디아만떼스

---

diario, -a
디**아**리오, -아 　　형 매일의 명 m. 일기, 일간지

나는 하루에 8시간 일한다.
Trabajo ocho horas diarias.
뜨라바호 오초 오라스 디아리아스

---

diarrea
디아**레**아 　　　명 f. 설사

제게 설사에 먹을 뭔가를 처방해 주시겠어요?
¿Me puede recetar algo contra la diarrea?
메 뿌에데 레쎄따르 알고 꼰뜨라 라 디아레아

---

dibujo
디**부**호 　　　명 m. 그림, 삽화

내 동생은 만화영화를 본다.
Mi hermano menor ve dibujos animados.
미 에르마노 메노르 베 디부호스 아니마도스

---

diccionario
딕씨오**나**리오 　　명 m. 사전

나는 스페인어-영어 사전을 사용한다.
Utilizo un diccionario español-inglés.
우띨리쏘 운 딕씨오나리오 에스빠뇰 잉글레스

---

dictado
딕**따**도 　　　명 m. 구술, 받아쓰기

오늘 우리는 스페인어 수업에서 받아쓰기를 했다.
Hoy en la clase de español hicimos un dictado.
오이 엔 라 끌라세 데 에스빠뇰 이씨모스 운 딕따도

dictador, -a

딕따**도**르, -라　　명 m. f. 독재자

대부분의 독재자들은 쿠데타를 통해 권력을 잡는다.
La mayoría de los dictadores llegan al poder por
라 마요리아 델 로스 딕따도레스 예간 알 뽀데르 뽀르
golpes de estado.
골뻬스 데 에스따도

didáctico, -a

디**닥**띠꼬, -까　　형 교육의, 교수법의

무료교재를 제공하는 웹사이트가 많이 있다.
Hay muchos sitios de Internet que ofrecen materiales
아이 무초스 시띠오스 데 인떼르넷 께 오프레쎈 마떼리알레스
didácticos gratuitos.
디닥띠꼬스 그라뚜이또스

diente

디**엔**떼　　명 m. 이, 치아

나는 거의 항상 식사 후에 이를 닦는다.
Casi siempre me lavo los dientes después de comer.
까시 시엠쁘레 메 라보 로스 디엔떼스 데스뿌에스 데 꼬메르

dieta

디**에**따　　명 f. 식이요법, 다이어트

나는 체중을 줄이기 위해서 다이어트 중이다.
Estoy a dieta para adelgazar.
에스또이 아 디에따 빠라 아델가싸르

diferente

디페**렌**떼　　형 다른, 차이가 있는, 여러 가지의

내 배낭은 색까지도 네 것과 다르다.
Mi mochila es diferente de la tuya hasta en el color.
미 모칠라 에스 디페렌떼 델 라 뚜야 아스따 엔 엘 꼴로르

difícil

디**피**씰　　형 어려운

그 문제는 매우 어렵다.
Ese problema es muy difícil.
에세 쁘로블레마 에스 무이 디피씰

D

digestión

디헤스띠**온** 　명 f. 소화

나는 지금 소화불량이다.
Tengo una mala digestión.
뗑고　우나　말라　디헤스띠온

dinero

디네로 　명 m. 돈

우리 계좌에 돈이 얼마 있니?
¿Cuánto dinero hay en nuestra cuenta?
꾸안또　디네로　아이　엔　누에스뜨라　꾸엔따

dios, -a

디오스, -사 　명 m. f. (신화 등의) 신, 여신

제우스는 그리스 신들의 아버지이다.
Zeus es el padre de los dioses griegos.
쎄우스 에스 엘 빠드레 데 로스　디오세스 그리에고스

diploma

디쁠로마 　명 m. 수료증, 졸업 증서

각 학생은 졸업장을 받았다.
Cada estudiante ha recibido su diploma.
까다　에스뚜디안떼　아　레씨비도　수　디쁠로마

diplomático, -a

디쁠로마띠꼬, -까 　형 외교적인 명 m. f. 외교관

내 친구의 아버지는 외교관이다.
El padre de mi amiga es diplomático.
엘　빠드레 데 미 아미가 에스 디쁠로마띠꼬

diputado, -a

디뿌따도, -다 　명 m. f. 의원, 국회의원

국회의원들은 항상 서로 싸운다.
Los diputados se pelean siempre.
로스 디뿌따도스 세　뻴레안　시엠쁘레

dirección

디렉씨**온**   명 f. 주소

당신에게 제 주소를 드리겠습니다.
Le doy mi dirección.
레 도이 미   디렉씨온

---

directo, -a

디**렉**또, –따   형 일직선의, 직행의, 직접의

마드리드 행 직항 비행기가 8시에 출발한다.
El vuelo directo para Madrid sale a las ocho.
엘 부엘로   디렉또   빠라   마드릿 살레 알 라스·오초

---

director, -a

디렉**또**르, –라   명 m. f. 교장, 국장, 감독

우리는 내일 교장 선생님을 방문할 것이다.
Mañana vamos a visitar a la directora de la escuela.
마냐나   바모스 아 비시따르 알 라   디렉또라   델 라 에스꾸엘라

---

dirigir

디리**히**르   동 지도하다, 지휘하다
~se (+a) ~로 향하다

점심 식사 후, 우리는 다음 목적지로 향할 것이다.
Después del almuerzo, nos dirigiremos al siguiente destino.
데스뿌에스 델   알무에르쏘 노스   디리히레모스 알 시기엔떼   데스띠노

---

disciplina

디씨쁠리나   명 f. 규율, 훈육, 훈련, 단련

그 선생님은 이 학교에서 훈육을 담당하고 있다.
Ese maestro se encarga de la disciplina en esta escuela.
에세 마에스뜨로 세 엔까르가 델 라 디씨쁠리나 엔 에스따 에스꾸엘라

---

discípulo, -a

디**씨**뿔로, –라   명 m. f. 제자, 문하생

예수님의 제자는 12사도였다.
Los discípulos de Jesús fueron los doce apóstoles.
로스   디씨뿔로스   데 헤수스 푸에론 로스 도쎄 아뽀스똘레스

discoteca

디스꼬**떼**까　　　명 f. 디스코텍

부모님은 내가 디스코텍에 가는 것을 허락하지 않는다.
Mis padres no me permiten ir a la discoteca.
미스 빠드레스 노 메　빼르미뗀 이르 알 라　디스꼬떼까

---

discreto, -a

디스끄**레**또, -따　　　형 신중한, 조심성이 많은, 비밀을 지키는

내 올케는 내 동생보다 더 신중한 사람이다.
Mi cuñada es más discreta que mi hermano.
미　꾸냐다 에스 마스　디스끄레따 께 미　에르마노

---

disculpar

디스꿀**빠**르　　　동 용서하다

늦게 도착해서 죄송합니다.
Discúlpeme por llegar tarde.
디스꿀뻬메　뽀르 예가르 따르데

---

discurso

디스**꾸**르소　　　명 m. 연설, 강연, 담론

대통령은 환영 연설을 할 것이다.
El presidente va a dar un discurso de bienvenida.
엘　쁘레시덴떼　바 아 다르 운　디스꾸르소 데　비엔베니다

---

discutir

디스꾸**띠**르　　　동 토론하다, 토의하다

수업에서 우리는 인권에 대해 토론했다.
En la clase discutimos sobre los derechos humanos.
엔 라 끌라세　디스꾸띠모스 소브레 로스 데레초스　우마노스

---

diseñar

디세**냐**르　　　동 디자인하다, 설계하다

그 호텔은 멕시코 건축가에 의해 설계되었다.
El hotel fue diseñado por un arquitecto mexicano.
엘 오뗄 푸에 디세냐도　뽀르 운　아르끼떽또　메히까노

diseño

디세뇨 　　　🟩 m. 디자인, 제도, 설계

우리에게 여러 가지 디자인의 신부드레스를 보여주었다.
Nos han mostrado varios diseños de vestidos de novia.
노스 안 모스뜨라도 바리오스 디세뇨스 데 베스띠도스 데 노비아

---

disfrutar

디스프루따르 　　🟩 (~de) 누리다, 향유하다, 즐기다

나는 야외 테라스에서 커피를 즐긴다.
Disfruto de un café en la terraza al aire libre.
디스프루또 데 운 까페 엔 라 떼라싸 알 아이레 리브레

---

disminuir

디스미누이르 　　🟩 줄이다, 감하다, 삭감하다

경찰관은 우리에게 속도를 줄이라고 요청한다.
El policía nos pide disminuir la velocidad.
엘 뽈리씨아 노스 삐데 디스미누이르 라 벨로씨닷

---

disparar

디스빠라르 　　🟩 발사하다, 발포하다, 과도하게
　　　　　　　　　　상승시키다

그는 마지막 총알을 발사했다.
Disparó su última bala.
디스빠로 수 울띠마 발라

---

disponible

디스뽀니블레 　　🟩 자유로이 사용할 수 있는

하나 남은 빈방은 더블룸입니다.
La única habitación disponible es una doble.
라 우니까 아비따씨온 디스뽀니블레 에스 우나 도블레

---

dispuesto, -a

디스뿌에스또, –따 　🟩 준비가 된, 배치된

이제 주문하시겠습니까?
¿Están ya dispuestos a hacer el pedido?
에스딴 야 디스뿌에스또스 아 아쎄르 엘 뻬디도

---

distancia

디스**딴**씨아   **명 f.** 거리, 차이

우리는 20분 거리에 있다.
Estamos a una distancia de veinte minutos.
에스따모스 아 우나 디스딴씨아 데 베인떼 미누또스

---

distinguir

디스**띵기**르   **동** 구별하다, 특징짓다, 분간하다

선과 악을 구별하는 것은 쉽지 않다.
No es fácil distinguir entre el bien y el mal.
노 에스 파씰 디스띵기르 엔뜨레 엘 비엔 이 엘 말

---

distinto, -a

디스**띤**또, -따   **형** ~과 다른, 상이한, 명확한

지금은 상황이 완전히 다르다.
Ahora la situación es totalmente distinta.
아오라 라 시뚜아씨온 에스 또딸멘떼 디스띤따

---

distraído, -a

디스뜨라**이**도, -다   **형** 재미있는, 방심한, 주의력이 산만한

그녀는 매우 주의가 산만한다.
Ella es muy distraída.
에야 에스 무이 디스뜨라이다

---

distribuir

디스뜨리부**이**르   **동** 분배하다, 배급하다

우리 우편 집배원은 정오 이전에 우편물을 배달한다.
Nuestro cartero distribuye el correo antes de mediodía.
누에스뜨로 까르떼로 디스뜨리부예 엘 꼬레오 안떼스 데 메디오디아

---

divertido, -a

디베르**띠**도, -다   **형** 재미있는, 즐겁게 하는, 유쾌한

이 영화는 매우 재미있다.
Esta película es muy divertida.
에스따 뻴리꿀라 에스 무이 디베르띠다

divertir

디베르**띠**르   동 즐겁게 하다, ~se 즐기다

어린이들이 놀이공원에서 즐긴다.
Los niños se divierten en el parque de atracciones.
로스 니뇨스 세 디비에르뗀 엔 엘 빠르께 데 아뜨락씨오네스

dividir

디비**디**르   동 (+en) 나누다, (+entre, por) 나눗셈하다

우리는 거실을 두 부분으로 나누었다.
Hemos dividido la sala de estar en dos partes.
에모스 디비디도 라 살라 데 에스따르 엔 도스 빠르떼스

divorciado, -a

디보르씨**아**도   명 m. f. 이혼남(녀)

그녀는 이혼남과 교제중이다.
Ella está saliendo con un divorciado.
에야 에스따 살리엔도 꼰 운 디보르씨아도

doblar

도블**라**르   동 두 배로 하다, 접다, (모퉁이를) 돌다, (영화) 더빙하다

스페인어로 더빙된 영화이다.
Es la película doblada al español.
에스 라 뻴리꿀라 도블라다 알 에스빠뇰

doctor, -a

독**또**르, -라   명 m. f. 박사

그의 여자 친구는 경제학 박사이다.
Su novia es doctora en economía.
수 노비아 에스 독또라 엔 에꼬노미아

documento

도꾸**멘**또   명 m. 문서, 서류, 증명서

신분증명서를 가지고 가시나요?
¿Lleva el documento de identidad?
예바 엘 도꾸멘또 데 이덴띠닷

dólar

돌라르 　　　　명 m. 달러

오늘 달러가 얼마입니까?
¿A cuánto está el dólar hoy?
아　꾸안또　에스따 엘　돌라르　오이

doler

돌레르 　　　　동 아프다

나는 허리가 아프다.
Me duele la cintura.
메　두엘레 라　씬뚜라

dolor

돌로르 　　　　명 m. 고통

나는 이 고통을 참을 수가 없다.
No puedo aguantar este dolor.
노　뿌에도　아구안따르 에스떼 돌로르

doméstico, -a

도메스띠꼬, -까 　형 가정의, 국내의, 사람의 손에서 자란

나는 마드리드에서는 국내선을 타고 바르셀로나로 갈 것이다.
En Madrid tomaré un vuelo doméstico a Barcelona.
엔　마드릿 또마레　운 부엘로　도메스띠꼬 아　바르셀로나

domicilio

도미씰리오 　　명 m. 주소, 거주지

소포가 내 주소로 배송되었다.
El paquete fue enviado a mi domicilio.
엘　빠께떼　푸에 엔비아도 아 미　도미씰리오

donar

도나르 　　　　동 기부하다, 기증하다

작가는 자신의 모든 책을 시립도서관에 기부했다.
El escritor donó todos sus libros a la biblioteca municipal.
엘 에스끄리또르 도노 또도스 수스 리브로스 알 라 비블리오떼까 무니씨빨

dorado, -a
도라도, -다 　　**(형)** 금색의, 금도금의

나의 황금기를 살고 있다.
Estoy viviendo mi edad dorado.
에스또이 비비엔도 미 에닷 도라다

dormir
도르미르 　　**(동)** 자다

하루에 적어도 6시간은 자야한다.
Hay que dormir por lo menos seis horas al día.
아이 께 도르미르 뽀르 로 메노스 세이스 오라스 알 디아

dormitorio
도르미또리오 　　**(명) (m.)** 침실

내 집에는 세 개의 침실과 두 개의 욕실이 있다.
Mi casa tiene tres dormitorios y dos baños.
미 까사 띠에네 뜨레스 도르미또리오스 이 도스 바뇨스

drogadicto, -a
드로가딕또, -따 　　**(명) (m.) (f.)** 마약중독자

그 동네에는 마약에 중독된 젊은이들이 많이 있다.
En ese barrio hay muchos jóvenes drogadictos.
엔 에세 바리오 아이 무초스 호베네스 드로가딕또스

duchar
두차르 　　**(동)** 샤워시키다, ~se 샤워하다

나는 항상 찬물로 샤워한다.
Siempre me ducho con agua fría.
시엠쁘레 메 두초 꼰 아구아 프리아

dudar
두다르 　　**(동)** 의심하다, 주저하다, 망설이다

그녀가 내일 올지 의심스럽다.
Dudo que ella venga mañana.
두도 께 에야 벵가 마냐나

dueño, -a

두**에**뇨, -냐   명 m. f. 주인

나는 내 운명의 주인이다.
Soy el dueño de mi destino.
소이 엘 두에뇨 데 미 데스띠노

dulce

둘**세**   형 단, 달콤한 명 m. 사탕

이 케이크는 매우 달다.
Este pastel está muy dulce.
에스떼 빠스뗄 에스따 무이 둘세

durante

두**란**떼   전 ~동안에

나는 방학동안 일할 것이다.
Voy a trabajar durante las vacaciones.
보이 아 뜨라바하르 두란떼 라스 바까씨오네스

durar

두**라**르   동 계속하다, 지속하다

축구경기는 90분간 계속된다.
Un partido de fútbol dura noventa minutos.
운 빠르띠도 데 풋볼 두라 노벤따 미누또스

duro, -a

두로, -라   형 딱딱한, 단단한 부 열심히

돌처럼 딱딱해요.
Esto está duro como una piedra.
에스또 에스따 두로 꼬모 우나 삐에드라

E

echar

에**차**르 　動 던지다, 넣다, 부어 넣다

나는 커피에 약간의 설탕을 넣는다.
Yo echo un poco de azúcar en el café.
요 에초 운 뽀꼬 데 아쑤까르 엔 엘 까페

económico, -a

에꼬**노**미꼬, –까 　形 경제의, 경제적, 절약이 되는, 싼

우리는 경제 위기를 극복해야만 한다.
Tenemos que superar la crisis económica.
떼네모스 께 수뻬라르 라 끄리시스 에꼬노미까

edad

에**닷** 　名 m. 나이, 연령, 시대

내 아들은 나이에 비해 키가 크다.
Para su edad, mi hijo es alto.
빠라 수 에닷 미 이호 에스 알또

edificio

에디**피**씨오 　名 m. 건물

그 현대적인 건물들은 환상적이다.
Esos edificios modernos son fantásticos.
에소스 에디피씨오스 모데르노스 손 판따스띠꼬스

educado, -a

에두**까**도, –다 　形 교육을 잘 받은, 예의 바른,
교양 있는, 품행이 단정한

그는 매우 교양 있는 젊은이다.
Es un joven muy educado.
에스 운 호벤 무이 에두까도

E

efecto
에**펙**또   **명 m.** 효과, 효능, 결과

학대는 아동의 발달에 부정적인 영향을 미친다.
El maltrato tiene un efecto negativo en el desarrollo del niño.
엘 말뜨라또 띠에네 운 에펙또 네가띠보 엔 엘 데사로효 델 니뇨

---

ejecutivo, -a
에헤꾸**띠**보, –바   **명 m. f.** 중역, 간부, 임원

임원들은 매우 높은 급여를 받는다.
Los ejecutivos gozan de salarios muy altos.
로스 에헤꾸띠보스 고싼 데 살라리오스 무이 알또스

---

ejercicio
에헤르**씨**씨오   **명 m.** 연습, 운동

건강을 유지하기 위해서는 운동을 해야만 한다.
Para estar en forma hay que hacer ejercicio.
빠라 에스따르 엔 포르마 아이 께 아쎄르 에헤르씨씨오

---

ejército
에**헤**르씨또   **명 m.** 군대

군대가 언제 철수합니까?
¿Cuándo se retira el ejército?
꾸안도 세 레띠라 엘 에헤르씨또

---

electricidad
엘렉뜨리씨**닷**   **명 f.** 전기, 전력

이 에어컨은 전력을 많이 소비한다.
Este aire acondicionado consume mucha electricidad.
에스떼 아이레 아꼰디씨오나도 꼰수메 무차 엘렉뜨리씨닷

---

electrodoméstico
엘렉뜨로도**메**스띠꼬   **명 m.** 가정 전기 제품

전자제품들은 집안일을 용이하게 한다.
Los electrodomésticos facilitan las tareas caseras.
로스 엘렉뜨로도메스띠꼬스 파씰리딴 라스 따레아스 까세라스

elegante

엘레**간**떼 · 형 우아한, 기품 있는, 세련된

오늘밤에 우아한 드레스를 입어야만합니까?
¿Debo ponerme un vestido elegante esta noche?
데보   뽀네르메   운 베스띠도   엘레간떼 에스따 노체

elegir

엘레**히**르 · 동 선택하다, 선출하다

시민들은 지난주에 새 시장을 선출했다.
Los ciudadanos eligieron al nuevo alcalde la semana pasada.
로스 씨우다다노스 엘리히에론 알 누에보 알깔데 라 세마나 빠사다

elemento

엘레**멘**또 · 명 m. 요소, 원소

불은 4대 원소중의 하나이다.
El fuego es uno de los cuatro elementos.
엘 푸에고 에스 우노 데 로스 꾸아뜨로   엘레멘또스

elevador

엘레바**도**르 · 명 m. 엘리베이터

엘리베이터가 작동하지 않으면 계단으로 내려가세요.
Si no funciona el elevador, baje por la escalera.
시 노 푼씨오나 엘 엘레바도르, 바헤 뽀를 라 에스깔레라

embajada

엠바**하**다 · 명 f. 대사관

나는 항상 찬물로 샤워한다.
Mi amiga trabaja en la Embajada de España.
미 아미가 뜨라바하 엔 라 엠바하다 데 에스빠냐

emergencia

에메르**헨**씨아 · 명 f. (병원에서) 긴급 상황, 비상사태

그들은 의사가 올 때까지 응급실에서 기다렸다.
Ellos esperaron en la sala de emergencia hasta que vino el médico.
에요스 에스뻬라론 엔 라 살라 데 에메르헨씨아 아스따 께 비노 엘 메디꼬

E

emocionante
에모씨오**난**떼 · 형 감동적인, 감격적인

어머니와 아들의 재회는 매우 감동적이었다.
El reencuentro entre la madre y el hijo fue muy emocionante.
엘 레엔꾸엔뜨로 엔뜨레 라 마드레 이 엘 이호 푸에 무이 에모씨오난떼

---

empacar
엠빠**까**르 · 동 포장하다, 짐을 꾸리다

나는 모든 선물을 포장해야만 한다.
Tengo que empacar todos los regalos.
뗑고 께 엠빠까르 또도스 로스 레갈로스

---

empeorar
엠뻬오**라**르 · 동 악화되다

유럽의 경제가 요즘 악화되고 있다.
La economía de Europa va empeorando estos días.
라 에꼬노미아 데 에우로빠 바 엠뻬오란도 에스또스 디아스

---

empezar
엠뻬**싸**르 · 동 시작하다

수업은 오전 9시에 시작한다.
La clase empieza a las nueve de la mañana.
라 끌라세 엠삐에싸 알 라스 누에베 델 라 마냐나

---

empleado, -a
엠쁠레**아**도, -다 · 명 m. f. 직원

그 사무실에는 21명의 여직원들이 있다.
Hay veintiuna empleadas en esa oficina.
아이 베인띠우나 엠쁠레아다스 엔 에사 오피씨나

---

empresa
엠쁘**레**사 · 명 f. 회사, 기업

그녀는 그 회사에서 계속 일하고 있다.
Ella sigue trabajando en esa empresa.
에야 시게 뜨라바한도 엔 에사 엠쁘레사

---

empujar

엠뿌**하**르 　　　　🔵 밀다, 밀치다, 떠밀다

나를 밀지 마!
¡No me empujes!
노　메　엠뿌헤스

enamorado, -a

에나모**라**도, -다　🔵 사랑에 빠진

내 사촌은 내 가장 친한 친구에게 사랑에 빠졌다.
Mi primo está enamorado de mi mejor amiga.
미　쁘리모　에스따　에나모라도　데 미　메호르　아미가

encantar

엔깐**따**르 　　　　🔵 현혹시키다, 매혹시키다, 무척 좋아하다

나는 밖이 추울 때 핫초코를 마시는 것을 무척 좋아한다.
Me encanta tomar un chocolate caliente cuando hace frío afuera.
메　엔깐따　또마르 운　초꼴라떼 깔리엔떼 꾸안도 아쎄 프리오 아푸에라

encargar

엔까르**가**르 　　　　🔵 임무를 맡기다

팀장은 프로젝트를 그녀에게 맡겼다.
El jefe le encargó a ella el proyecto.
엘 헤페 레　엔까르고 아 에야 엘　쁘로옉또

encender

엔쎈**데**르 　　　　🔵 커다, 전기 스위치를 넣다, 점등하다, 방화하다

나는 사무실에 도착하면 컴퓨터를 켠다.
Al llegar a mi oficina, enciendo mi computadora.
알 예가르 아 미 오피씨나　엔씨엔도　미　꼼뿌따도라

encontrar

엔꼰뜨**라**르 　　　　🔵 찾다, 발견하다

마침내 내 차 열쇠를 찾았다.
Al fin encontré la llave del coche.
알 핀　엔꼰뜨레　라 야베 델 꼬체

enemigo, -a

에네**미**고, -가　　**명** m. f. 적, 원수

나는 우리가 원수가 되는 것을 원치 않는다.
No quiero que seamos enemigos.
노　끼에로　께　세아모스　에네미고스

---

energía

에네르**히**아　　**명** f. 에너지, 활력

이제 태양에너지를 이용하여 전기를 생산할 수 있다.
Ahora pueden utilizar la energía solar para crear electricidad.
아오라 뿌에덴 우띨리싸르 라 에네르히아 솔라르 빠라 끄레아르 엘렉뜨리씨닷

---

enfadar

엔파**다**르　　**동** 화나게 하다, ~se 화내다, 성내다

내게 화내지 마라, 내 잘못이 아니야.
No te enfades conmigo, no tengo la culpa.
노　떼　엔파데스　꼼미고　　노　뗑고　라　꿀빠

---

enfermero, -a

엔페르**메**로, -라　　**명** m. f. 간호사

간호사는 진료실에서 의사를 기다린다.
La enfermera espera al doctor en el consultorio.
라　엔페르메라　에스뻬라　알　독또르　엔　엘　꼰술또리오

---

enfermo, -a

엔**페**르모, -마　　**형** 아픈

나는 일주일 내내 아팠다.
Estuve enfermo toda la semana.
에스뚜베　엔페르모　또다 라 세마나

---

enfrente

엔프**렌**떼　　**부** 정면에, 맞은편에

나는 레스토랑 앞에 차를 주차했다.
He aparcado el coche enfrente del restaurante.
에　아빠르까도 엘　꼬체　　엔프렌떼　델　레스따우란떼

engañar

엔가**냐**르　　　　동 속이다

중고차 판매원이 나를 속였다.
El vendedor de autos usados me engañó.
엘 벤데도르 데 아우또스 우사도스 메 엔가뇨

engordar

엔고르**다**르　　　　동 살찌게 하다, 살찌다

나는 이번 여름에 살이 2킬로로 쪘다.
He engordado dos kilos este verano.
에 엔고르다도 도스 낄로스 에스떼 베라노

enojado, -a

에노**하**도, -다　　　형 화가 난

엘레나는 내게 화가 나 있다.
Elena está enojada conmigo.
엘레나 에스따 에노하다 꼼미고

enorme

에**노**르메　　　　형 거대한, 막대한

성가정 성당은 거대한 교회이다.
La Sagrada Familia es una iglesia enorme.
라 사그라다 파밀리아 에스 우나 이글레시아 에노르메

ensalada

엔살**라**다　　　　명 f. 샐러드

나는 참치샐러드를 먹었다.
Me comí una ensalada de atún.
메 꼬미 우나 엔살라다 데 아뚠

enseguida

엔세**기**다　　　　부 즉시, 당장에, 곧

즉시 돌아올게.
Volveré enseguida.
볼베레 엔세기다

E

enseñar

엔세**냐**르 　　동 가르치다, 보여주다

교수님은 우리에게 문법을 가르치신다.
La profesora nos enseña la gramática.
라　쁘로페소라　노스　엔세냐　라　그라마띠까

---

entender

엔뗀**데**르 　　동 이해하다

나는 네가 내게 설명해준 모든 것을 이해한다.
Entiendo todo lo que me has explicado.
엔띠엔도　또도 로 께 메 아스　엑쓰쁠리까도

---

entero, -a

엔**떼**로, -라 　　형 완전한, 전부의

나는 그 책을 전부 복사했다.
He fotocopiado el libro entero.
에　포또꼬삐아도　엘 리브로　엔떼로

---

entonces

엔**똔**쎄스 　　부 그러면, 그럼, 그때, 그 당시

그럼, 우리가 지금 뭘 해야 하죠?
Entonces, ¿qué hacemos ahora?
엔똔쎄스　　께　아쎄모스　아오라

---

entrada

엔뜨**라**다 　　명 f. 입장권, 입구

나는 무료입장권 한 장을 얻었다.
Conseguí una entrada gratis.
꼰세기　우나　엔뜨라다　그라띠스

---

entrar

엔뜨**라**르 　　동 들어가다

우리가 여기로 들어가도 됩니까?
¿Podemos entrar por aquí?
뽀데모스　엔뜨라르　뽀르　아끼

---

entre

엔뜨레 　　　전 ~의 사이에

그녀와 나 사이에는 비밀이 없다.
Entre ella y yo no hay secretos.
엔뜨레 에야 이 요 노 아이 세끄레또스

E

entregar

엔뜨레가르 　　　동 건네주다

가능한 빨리 보고서를 제출해야 한다.
Tengo que entregar el informe cuanto antes.
뗑고 께 엔뜨레가르 엘 임포르메 꾸안또 안떼스

entrevista

엔뜨레비스따 　　　명 f. 인터뷰

인터뷰는 어땠어?
¿Cómo te fue en la entrevista?
꼬모 떼 푸에 엔 라 엔뜨레비스따

enviar

엔비아르 　　　동 보내다

제게 팜플렛을 보내주시겠습니까?
¿Podría enviarme un folleto?
뽀드리아 엔비아르메 운 포예또

envidiar

엔비디아르 　　　동 시기 · 질투하다, 부러워하다

저는 당신의 건강이 부럽습니다.
Envidio su salud.
엔비디오 수 살룻

envolver

엔볼베르 　　　동 포장하다

이 시계를 포장해주실 수 있나요?
¿Puede envolverme este reloj?
뿌에데 엔볼베르메 에스떼 렐로흐

E

episodio
에삐**소**디오

명 m. 사건, 에피소드, (연속물의) 1회분

시즌 2에서 네가 가장 좋아하는 에피소드는 뭐니?
¿Cuál es tu episodio favorito de la segunda temporada?
꾸알 에스 뚜 에삐소디오 파보리또 델 라 세군다 뗌뽀라다

época
에뽀까

명 f. 시대, 계절, 시기

그 시기에 나는 학생이었다.
Yo era estudiante en esa época.
요 에라 에스뚜디안떼 엔 에사 에뽀까

equipaje
에끼**빠**헤

명 m. 짐, 수하물

제 짐을 어디서 찾을 수 있습니까?
¿Dónde puedo recoger mi equipaje?
돈데 뿌에도 레꼬헤르 미 에끼빠헤

equipo
에**끼**뽀

명 m. 팀

축구팀은 11명의 선수로 이루어진다.
Un equipo de fútbol tiene once jugadores.
운 에끼뽀 데 풋볼 띠에네 온쎄 후가도레스

equivocar
에끼보**까**르

동 ~se 실수하다, 잘못하다

죄송합니다. 제가 실수했습니다.
Perdone, me equivoqué.
빼르도네 메 에끼보께

error
에**로**르

명 m. 실수

똑같은 실수를 다시는 안 할 것이다.
No voy a repetir el mismo error.
노 보이 아 레뻬띠르 엘 미스모 에로르

escalera

에스깔레라   명 f. 계단, 사다리

계단으로 올라가야만 한다.
Hay que subir por la escalera.
아이 께 수비르 뽀를 라 에스깔레라

---

escándalo

에스깐달로   명 m. 추문, 스캔들

스캔들은 그의 경력을 망쳤다.
El escándalo arruinó su carrera.
엘 에스깐달로 아루이노 수 까레라

---

escanear

에스까네아르   동 스캔하다

이 서류를 제게 스캔해 주시겠습니까?
¿Me puede escanear este documento?
메 뿌에데 에스까네아르 에스떼 도꾸멘또

---

escapar

에스까빠르   동 도주하다, 피하다, ~se (몰래) 빠져 나가다, 새어 나오다

경찰이 도착했을 때 도둑은 이미 도주해버렸다.
Cuando llegó la policía, el ladrón se había escapado.
꾸안도 예고 라 뽈리씨아 엘 라드론 세 아비아 에스까빠도

---

escenario

에쎄나리오   명 m. (극장의) 무대, 스테이지

감독이 무대에 나타났다.
El director apareció en el escenario.
엘 디렉또르 아빠레씨오 엔 엘 에쎄나리오

---

esclavo, -a

에스끌라보, -바   명 m. f. 노예

그 영화는 18세기의 노예의 비극적 운명을 이야기하고 있다.
La película relata el trágico destino de los esclavos en
라 뻴리꿀라 렐라따 엘 뜨라히꼬 데스띠노 델 로스 에스끌라보스 엔
el siglo XVIII.
엘 시글로 디에씨오초

escoger

에스꼬헤르　　🅥 선택하다

안전한 비밀번호를 선택해야 합니다!
¡Debe escoger una contraseña segura!
데베　에스꼬헤르 우나　　꼰뜨라세냐　　세구라

esconder

에스꼰데르　　🅥 숨기다

아이는 선물을 침대 밑에 숨겼다.
El niño escondió su regalo debajo de la cama.
엘 니뇨　에스꼰디오 수 레갈로　데바호　 델 라 까마

escribir

에스끄리비르　　🅥 쓰다

그녀는 파란색 볼펜으로 편지를 쓴다.
Ella escribe la carta con el bolígrafo azul.
에야 에스끄리베 라 까르따　꼰 엘　볼리그라포　 아쑬

escritor, -a

에스끄리또르, -라　🅜 🅼 🅕 작가

이사벨 아옌데는 저명한 작가이다.
Isabel Allende es una escritora muy conocida.
이사벨　 아옌데　에스 우나 에스끄리또라 무이　꼬노씨다

escuchar

에스꾸차르　　🅥 듣다

나는 공원을 산책하면서 노래를 듣는다.
Yo escucho las canciones paseando por el parque.
요 에스꾸초 라스 깐씨오네스　　 빠세안도　 뽀르 엘 빠르께

escuela

에스꾸엘라　　🅜 🅕 학교

우리는 때때로 학교 식당에서 점심식사를 한다.
Almorzamos en la cafetería de la escuela a veces.
알모르싸모스　　엔 라 까페떼리아 델 라 에스꾸엘라 아 베쎄스

esencial

에센씨**알**

⑱ 본질적인, 불가결의, 필수적인, 매우 중요한

중요한 것은 양이 아니고 질이다.
Lo esencial no es la cantidad sino la calidad.
로 에센씨알 노 에스 라 깐띠닷 시노 라 깔리닷

esforzar

에스포르**싸**르

⑧ ~se (+en, por) ~에 힘쓰다, 노력하다

수백 명의 소방관이 화재를 진압하기 위해 노력하고 있다.
Cientos de bomberos se esfuerzan por apagar un incendio.
씨엔또스 데 봄베로스 세 에스푸에르싼 뽀르 아빠가르 운 인쎈디오

eso

에소

⑪ (지시대명사의 중성형) 그것

그것이 내가 원하는 것이다.
Eso es lo que quiero.
에소 에스 로 께 끼에로

espacio

에스**빠**씨오

⑲ m. 공간, 우주 공간, 여백

나는 여행 중인데 여행 가방에 공간이 부족하다.
Estoy de viaje y no tengo mucho espacio en mi maleta.
에스또이 데 비아헤 이 노 뗑고 무초 에스빠씨오 엔 미 말레따

espalda

에스**빨**다

⑲ f. 등

나는 등이 무척 아프다.
Me duele muchísimo la espalda.
메 두엘레 무치시모 라 에스빨다

espantar

에스빤**따**르

⑧ 놀라게 하다, 무섭게 하다

천둥은 아이들을 놀라게 했다.
Los truenos espantaron a los niños.
로스 뜨루에노스 에스빤따론 알 로스 니뇨스

especial

에스뻬씨**알**　　혱 특별한, 독특한

우리는 특별한 계획이 없다.
No tenemos planes especiales.
노　떼네모스　쁠라네스　에스뻬씨알레스

específico, -a

에스뻬씨**피**꼬, –까　　혱 명확한, 뚜렷한, 구체적인

정부는 구체적인 대책을 세워야 한다.
El gobierno debe tomar medidas específicas.
엘　고비에르노　데베　또마르　메디다스　에스뻬씨피까스

espectáculo

에스뻭**따**꿀로　　몡 m. 쇼, 구경거리, 경관

나는 이 버라이어티쇼를 좋아한다.
Me gusta este espectáculo de variedades.
메　구스따 에스떼　에스뻭따꿀로　데　바리에다데스

espectador, -a

에스뻭**따**도르, –라　　몡 m. f. 관객, 관중

어제 콘서트에는 관객이 많았다.
Hubo muchos espectadores en el concierto de ayer.
우보　무초스　에스뻭따도레스 엔 엘 꼰씨에르또 데 아예르

espejo

에스**뻬**호　　몡 m. 거울

여자아이가 거울을 보고 있다.
La niña se está mirando en el espejo.
라　니냐 세 에스따 미란도　엔 엘 에스뻬호

esperar

에스뻬**라**르　　동 기다리다, 희망하다

박사님이 나를 진료실에서 기다린다.
El doctor me espera en el consultorio.
엘　독또르　메　에스뻬라 엔 엘　꼰술또리오

espía

에스**삐**아   명 m. f. 스파이, 간첩

스파이가 문서를 태웠다.
El espía quemó los documentos.
엘 에스삐아 께모 로스 도꾸멘또스

espuma

에스**뿌**마   명 f. 거품

거품이 순식간에 사라졌다.
La espuma se desvaneció en un instante.
라 에스뿌마 세 데스바네씨오 엔 운 인스딴떼

esquiar

에스끼**아**르   동 스키 타다

나는 올겨울에 스키를 배울 것이다.
Voy a aprender a esquiar el invierno que viene.
보이 아 아쁘렌데르 아 에스끼아르 엘 임비에르노 께 비에네

esquina

에스**끼**나   명 f. 코너, 모퉁이

그 코너에는 아주 좋은 디스코텍이 있다.
Hay una buenísima discoteca en esa esquina.
아이 우나 부에니시마 디스꼬떼까 엔 에사 에스끼나

establecer

에스따블레**쎄**르   동 설립하다, 확립하다, 제정
하다, 수립하다

르네상스
인간의 존엄

르네상스는 인간의 존엄성을 확립했다.
El Renacimiento estableció la dignidad del hombre.
엘 레나씨미엔또 에스따블레씨오 다 디그니닷 델 옴브레

estación

에스따씨**온**   명 f. 역, 계절

XX지하철

전철역에서 만나자.
Nos vemos en la estación de metro.
노스 베모스 엔 라 에스따씨온 데 메뜨로

★★★ estacionamiento

에스따씨오나미**엔**또　명 m. 주차장

나는 공영주차장에 차를 주차했다.
Estacioné mi coche en un estacionamiento público.
에스따씨오네 미 꼬체 엔 운 에스따씨오나미엔또 뿌블리꼬

★★★ estadio

에스**따**디오　명 m. 경기장, 스타디움

우리 좌석은 경기장의 상단에 있다.
Nuestros asientos están en el nivel superior del estadio.
누에스뜨로스 아시엔또스 에스딴 엔 엘 니벨 수뻬리오르 델 에스따디오

★★★ estado

에스**따**도　명 m. 상태, 주(州)

알래스카는 미국에서 가장 큰 주이다.
Alaska es el estado más grande de los Estados Unidos.
알라스까 에스 엘 에스따도 마스 그란데 데 로스 에스따도스 우니도스

★★★ estantería

에스딴떼**리**아　명 f. 선반, 책꽂이

책꽂이가 문 옆에 있다.
La estantería está al lado de la puerta.
라 에스따떼리아 에스따 알 라도 델 라 뿌에르따

★★★ estar

에스**따**르　동 있다

PM 1:00

오늘 오후에 어디에 있었니?
¿Dónde has estado esta tarde?
돈데 아스 에스따도 에스따 따르데

★★★ estatura

에스따**뚜**라　명 f. 신장, 키

그들의 신장은 평균이다.
Ellos son de estatura promedio.
에요스 손 데 에스따뚜라 쁘로메디오

★★★ este

에스떼 　　　명 m. 동쪽

태양은 동쪽에서 떠오른다.
El sol sale por el este.
엘 솔 살레 뽀르 엘 에스떼

★★★ estilo

에스띨로 　　　명 m. 양식, 방식, 스타일

각자 자신의 스타일이 있다.
Cada uno tiene su propio estilo.
까다 우노 띠에네 수 쁘로삐오 에스띨로

★★★ estimar

에스띠마르 　　　동 존경하다, 판단하다, 평가하다

학생들은 그들의 교수를 매우 존경한다.
Los alumnos estiman mucho a su profesor.
로스 알룸노스 에스띠만 무초 아 수 쁘로페소르

★★ estimular

에스띠물라르 　　　동 격려하다, 자극하다, 증진시키다

카페인은 신경계를 자극한다.
La cafeína estimula el sistema nervioso.
라 까페이나 에스띠물라 엘 시스떼마 네르비오소

★★★ esto

에스또 　　　대 이것(중성형)

이것은 무엇인가요?
¿Qué es esto?
께 에스 에스또

★★ estómago

에스또마고 　　　명 m. 위

나는 배가 무척 아프다.
Me duele muchísimo el estómago.
메 두엘레 무치시모 엘 에스또마고

estrategia

에스뜨라**떼**히아 명 f. 전략, 작전, 전술

그들은 전략을 짜기 위해 모였다.

Ellos se reunieron para planear la estrategia.
에요스 세 레우니에론 빠라 쁠라네아르 라 에스뜨라떼히아

estrecho, -a

에스뜨**레**초, –차 형 폭이 좁은, (옷이) 꼭 낀, 긴밀한

마을에는 아주 좁은 길들이 많다.

En los pueblos hay calles muy estrechas.
엔 로스 뿌에블로스 아이 까예스 무이 에스뜨레차스

estrella

에스뜨**레**야 명 f. 별, 스타

별들이 밤하늘에 다이아몬드처럼 빛나고 있다.

Las estrellas brillan como diamantes en el cielo nocturno.
라스 에스뜨레야스 브리얀 꼬모 디아만떼스 엔 엘 씨엘로 녹뚜르노

estrenar

에스뜨레**나**르 동 처음으로 쓰다, 개봉하다

오늘 이 정장 옷을 처음 입는다.

Hoy estreno este traje.
오이 에스뜨레노 에스떼 뜨라헤

estreñimiento

에스뜨레니미**엔**또 명 m. 변비

나는 규칙적인 식단을 따르지 않으면 변비에 걸린다.

Si no sigo una dieta regular, tengo estreñimiento.
시 노 시고 우나 디에따 레굴라르 뗑고 에스뜨레니미엔또

estrés

에스뜨**레**스 명 m. 스트레스

녹차는 스트레스 해소에 매우 유익하다.

El té verde es muy beneficioso para aliviar el estrés.
엘 떼 베르데 에스 무이 베네피씨오소 빠라 알리비아르 엘 에스뜨레스

estricto, -a

에스뜨릭또, -따 **형** 엄격한, 엄정한

나의 부모님은 매우 엄격하시다.
Mis padres son muy estrictos.
미스 빠드레스 손 무이 에스뜨릭또스

estudiante

에스뚜디안떼 **명 m. f.** 학생

대학생들은 미래를 위해 열심히 공부해야만 한다.
Los estudiantes universitarios deben estudiar mucho
로스 에스뚜디안떼스 우니베르시따리오스 데벤 에스뚜디아르 무초
para el futuro.
빠라 엘 푸뚜로

estudiar

에스뚜디아르 **동** 공부하다, 연구하다, 조사하다

공부하는 것이 너의 의무이다.
Estudiar es tu deber.
에스뚜디아르 에스 뚜 데베르

estufa

에스뚜파 **명 f.** 난로, 스토브, 레인지

그녀는 레인지 위에 팬을 올려놓았다.
Ella puso la sartén sobre la estufa.
에야 뿌소 라 사르뗀 소브레 라 에스뚜파

estupendo, -a

에스뚜뻰도, -다 **형** 엄청난, 굉장한, 매우 좋은

이 호텔에는 매우 좋은 수영장이 있다.
Este hotel tiene una piscina estupenda.
에스떼 오뗄 띠에네 우나 삐씨나 에스뚜뻰다

estúpido, -a

에스뚜삐도, -다 **형** 무지한, 어리석은, 우둔한, 명청한

네가 지금 직장을 그만둔다면 어리석은 사람이다.
Eres un estúpido si abandonas tu trabajo ahora.
에레스 운 에스뚜삐도 시 아반도나스 뚜 뜨라바호

etapa

에**따**빠 　 **명** **f.** 기간, 시대, 시기, 단계

협상은 결정적인 단계에 들어섰다.
Las negociaciones entraron en una etapa crucial.
라스　네고씨아씨오네스　엔뜨라론　엔　우나　에따빠　끄루씨알

eterno, -a

에**떼**르노, -나 　 **형** 영원한, 불후의, 불변의

모두가 영원한 평화를 원한다.
Todos desean la paz eterna.
또도스　데세안　라　빠쓰　에떼르나

euro

에**우**로 　 **명** **m.** 유로

그녀는 1년에 약 십만 유로를 번다.
Ella gana unos cien mil euros al año.
에야　가나　우노스　씨엔　밀　에우로스　알　아뇨

europeo, -a

에우로**뻬**오, -아 　 **형** 유럽의 **명** **m.** **f.** 유럽인

유럽인들은 와인 마시는 것을 좋아한다.
A los europeos les gusta beber vino.
알　로스　에우로뻬오스　레스　구스따　베베르　비노

evento

에**벤**또 　 **명** **m.** 행사, 이벤트, 사건, (우연히) 일어난 일

문화 행사

우리 회사는 다양한 문화 행사를 후원한다.
Nuestra compañía respalda diversos eventos culturales.
누에스뜨라　꼼빠니아　레스빨다　디베르소스　에벤또스　꿀뚜랄레스

evidencia

에비**덴**씨아 　 **명** **f.** 명백함, 증거

이 증거는 그들을 설득하기에 충분할 것이다.
Esta evidencia bastará para convencerlos.
에스따　에비덴씨아　바스따라　빠라　꼼벤쎄를로스

evitar

에비**따**르   동 피하다

교통체증을 피하려면 여기에서 좌회전해.
Gira aquí a la izquierda si quieres evitar el tráfico.
히라 아끼 알 라 이쓰끼에르다 시 끼에레스 에비따르 엘 뜨라피꼬

---

exacto, -a

엑**싹**또. –따   형 정확한, 옳은, 엄밀한

당신에게 정확한 주소를 적어드릴게요.
Le apuntaré la dirección exacta.
레 아뿐따레 라 디렉씨온 엑싹따

---

exagerar

엑싸헤**라**르   동 과장하다, 허풍 떨다

당신이 상황을 너무 과장하는 것 같네요.
Me parece que está exagerando la situación.
메 빠레쎄 께 에스따 엑싸헨란도 라 시뚜아씨온

---

examen

엑**싸**멘   명 m. 시험

틀림없이 그녀는 시험에 합격할 것이다.
Seguramente, ella aprobará el examen.
세구라멘떼 에야 아쁘로바라 엘 엑싸멘

---

excavar

엑스까**바**르   동 파다, 굴착하다, (유적을)발굴하다

고고학자들은 고대 유적을 발굴했다.
Los arqueólogos excavaron las antiguas ruinas.
로스 아르께올로고스 엑쓰까바론 라스 안띠구아스 루이나스

---

excelente

엑쎌**렌**떼   형 탁월한, 우수한, 훌륭한

그의 영어는 훌륭하다.
Su inglés es excelente.
수 잉글레스 에스 엑쎌렌떼

---

excepto

엑**쎕**또 　　　　전 ~을 제외하고

너만 제외하고 모두가 내 생각에 동의한다.
Todos, solo excepto tú, están de acuerdo conmigo.
또도스　솔로　엑쎕또　뚜　에스딴　데　아꾸에르도　꼼미고

---

excursión

엑스꾸르시**온** 　　　명 f. 소풍, 여행

날씨가 나빠도 우리는 소풍을 갈 것이다.
A pesar del mal tiempo, vamos a ir de excursión.
아　빼사르　델　말　띠엠뽀　바모스　아 이르 데 엑스꾸르시온

---

excusa

엑스**꾸**사 　　　　명 f. 변명

동물학대에 대해서는 변명의 여지가 없다.
No hay excusa para el maltrato de los animales.
노　아이　엑스꾸사　빠라　엘　　말뜨라또　델　로스　아니말레스

---

exigir

엑씨**히**르 　　　　동 강요하다, 요구하다

일은 인내심을 요구한다.
El trabajo exige paciencia.
엘　뜨라바호　엑씨헤　빠씨엔씨아

---

existir

엑씨스**띠**르 　　　동 존재하다, 실재하다, 있다

언어와 문화는 밀접한 관련이 있다.
Existe un vínculo estrecho entre el idioma y la cultura.
엑씨스떼 운　반꿀로　에스뜨레초 엔뜨레 엘　이디오마 이 라 꿀뚜라

éxito

엑씨또 　　　　명 m. 성공

프로젝트의 성공은 탁월한 실행에 달려 있다.
El éxito de un proyecto depende de una excelente ejecución.
엘 엑씨또 데 운　쁘로옉또 데뻰데　데 우나 엑쎌렌떼 에헤꾸씨온

---

144 Español Gráfico Crecimiento Vocabulario

expedir

엑스뻬**디**르

동 발송하다, 보내다, (증명서 등을) 발급하다

회사는 지난 월요일에 주문서를 발송했다.
La empresa expidió el pedido el pasado lunes.
라 엠쁘레사 엑쓰뻬디오 엘 뻬디도 엘 빠사도 루네스

experiencia

엑스뻬리**엔**씨아

명 **f.** 경험

특별한 경험이었다.
Fue una experiencia extraordinaria.
푸에 우나 엑스뻬리엔씨아 엑쓰뜨라오르디나리아

explicar

엑스쁠리**까**르

동 설명하다

이 문제를 내게 설명해줄 수 있겠니?
¿Me puedes explicar este problema?
메 뿌에데스 엑스쁠리까르 에스떼 쁘로블레마

exploración

엑스쁠로라씨**온**

명 **f.** 탐사, 탐험

정부는 남극 탐사 프로젝트를 지원한다.
El gobierno apoya el proyecto para la exploración de
엘 고비에르노 아뽀야 엘 쁘로옉또 빠라 라 엑쓰쁠로라씨온 데
Antártida.
안따르띠다

explosión

엑스쁠로시**온**

동 **f.** 폭발

수많은 사람이 폭발로 사망했다.
Numerosas personas murieron por la explosión.
누메로사스 뻬르소나스 무리에론 뽀를 라 엑스쁠로시온

exposición

전시회

엑스뽀시씨**온**

명 **f.** 전시회

전시회에 나와 같이 갈래?
¿Me acompañas a la exposición?
메 아꼼빠냐스 알 라 엑스뽀시씨온

expresar

엑스쁘레**사**르 　　　동 표현하다

나는 내가 느끼는 것을 표현할 수 없다.
No puedo expresar lo que siento.
노　뿌에도　엑스쁘레사르　로　께　시엔또

expulsar

엑스뿔**사**르 　　　동 추방시키다

그는 학교에서 퇴학당했다.
Él fue expulsado del colegio.
엘　푸에　엑스뿔사도　델　꼴레히오

exterior

엑스떼리**오**르 　　　형 외부의, 바깥쪽의, (방 등이) 길가 쪽의

우리는 길가 쪽의 아파트를 사기로 결정했다.
Decidimos comprar un departamento exterior.
데씨디모스　꼼쁘라르　운　데빠르따멘또　엑스떼리오르

extrañar

엑스뜨라**냐**르 　　　동 이상하게 여기다, 그리워하다

나는 브라질에 사는 형제들을 그리워한다.
Extraño mucho a mis hermanos que viven en Brasil.
엑스뜨라뇨　무초　아　미스　에르마노스　께　비벤　엔　브라실

extranjero, -a

엑스뜨랑**헤**로, −라 　　　형 외국의 명 m. f. 외국인

뉴욕에는 외국인들이 많이 산다.
Viven muchos extranjeros en Nueva York.
비벤　무초스　엑스뜨랑헤로스　엔　누에바　요륵

extraño, -a

엑스뜨라**뇨**, −냐 　　　형 이상한, 기묘한, 괴상한, 터무니없는

이상한 소리가 들린다.
Se oye un ruido extraño.
세 오예　운　루이도　엑스뜨라뇨

F

fábrica

파브리까　　명 f. 공장

여기에는 신발 공장이 많다.
Aquí hay muchas fábricas de zapatos.
아끼 아이 무차스 파브리까스 데 씨빠또스

fácil

파씰　　형 쉬운

그녀는 스페인어가 쉽다고 말한다.
Ella dice que el español es fácil.
에야 디쎄 께 엘 에스빠뇰 에스 파씰

facultad

파꿀땃　　명 f. 능력, (대학의) 학부

법과대학은 어디에 있습니까?
¿Dónde está la Facultad de Derecho?
돈데 에스따 라 파꿀땃 데 데레초

falda

팔다　　명 f. 치마

그녀는 항상 짧은 치마를 입는다.
Ella siempre se pone la falda corta.
에야 시엠쁘레 세 뽀네 라 팔다 꼬르따

falsedad

팔세닷　　명 f. 허위, 거짓, 위조, 날조, 문서 위조

그는 다른 무엇보다도 거짓을 싫어한다.
Él odia la falsedad más que cualquier otra cosa.
엘 오디아 라 팔세닷 마스 께 꾸알끼에르 오뜨라 꼬사

F

★ faltar

팔따르 ⑤ 부족하다, 결석하다

나는 지난달에 수업에 세 번 결석했다.
Falté a clase tres veces el mes pasado.
팔떼 아 끌라세 뜨레스 베쎄스 엘 메스 빠사도

★ familia

파밀리아 ⑲ f. 가족

크리스마스이브에는 가족들이 함께 식사를 한다.
En la Nochebuena las familias comen juntas.
엔 라 노체부에나 라스 파밀리아스 꼬멘 훈따스

★ familiar

파밀리아르 ⑱ 가정의, 익숙해진 ⑲ m. 친척

가정 경제를 개선해야만 한다.
Hay que mejorar la economía familiar.
아이 께 메호라르 라 에꼬노미아 파밀리아르

★ famoso, -a

파모소, -사 ⑱ 유명한

내 친구는 그 유명한 여배우를 안다.
Mi amigo conoce a esa actriz famosa.
미 아미고 꼬노쎄 아 에사 악뜨리쓰 파모사

★ fantástico, -a

판따스띠꼬, -까 ⑱ 환상적인

나는 환상적인 휴가를 보내고 있다.
Estoy pasando unas vacaciones fantásticas.
에스또이 빠산도 우나스 바까씨오네스 판따스띠까스

★ farmacia

파르마씨아 ⑲ f. 약국

일요일마다 약국을 엽니까?
¿Abren las farmacias los domingos?
아브렌 라스 파르마씨아스 로스 도밍고스

fatigado, -a

파띠**가**도, -다   형 지친, 기진맥진한

내 딸은 학교에서 지쳐서 돌아온다.
Mi hija llega fatigada **de la escuela.**
미 이하 예가   파디가다   엘 라 에스꾸엘라

favor

파보르   명 m. 호의, 은혜, 도움

그녀는 자기 친구의 호의를 받아들였다.
Ella aceptó el favor **de su amigo.**
에야 아쎕또 엘 파보르 데 수 아미고

favorito, -a

파보**리**또, -따   형 마음에 드는, 아주 좋아하는

내가 가장 좋아하는 색은 초록색이야.
Mi color favorito **es verde.**
미 꼴로르   파보리또 에스 베르데

fe

페   명 f. 믿음, 신뢰, 신용

사랑이 없는 믿음은 쓸모가 없다.
La fe **sin amor no vale nada.**
라 페 신 아모르 노 발레 나다

fecha

페차   명 f. 날짜

너의 생년월일은 며칠이니?
¿Cuál es tu fecha **de nacimiento?**
꾸알 에스 뚜 페차 데 나씨미엔또

felicitar

펠리씨**따**르   동 축하하다

너의 생일을 축하해.
Te felicito **por tu cumpleaños.**
떼 펠리씨또 뽀르 뚜 꿈쁠레아뇨스

feliz

펠리쓰 · 형 행복한

나는 여기서 매우 행복하게 살고 있다.
Vivo muy feliz aquí.
비보 무이 펠리쓰 아끼

fenómeno

페노메노 · 명 m. 현상

무지개는 자연 현상이다.
El arcoíris es un fenómeno natural.
엘 아르꼬이리스 에스 운 페노메노 나뚜랄

feo, -a

페오, -아 · 형 못생긴, 보기 싫은

너는 내가 못생겼다고 생각하니?
¿Crees que soy feo?
끄레에스 께 소이 페오

ferrocarril

페로까릴 · 명 m. 철도, 기차

철도 선로가 있는 도로 교차로에는 경고 신호가 있다.
Los cruces de una carretera con vías de ferrocarril cuentan
로스 끄루쎄스 데 우나 까레떼라 꼰 비아 데 페로까릴 꾸엔딴
con señales de advertencia.
꼰 세냘레스 데 아드베르뗀씨아

ficción

픽씨온 · 명 f. 허구, 공상, 픽션

너는 공상과학 영화를 좋아하니?
¿Te gustan las películas de ciencia ficción?
떼 구스딴 라스 뻴리꿀라스 데 씨엔씨아 픽씨온

fidelidad

피델리닷 · 명 f. 충실함, 성실함, 정확함

이 반지를 내 사랑과 충실의 표시로 받아줘.
Recibe este anillo en señal de mi amor y fidelidad.
레씨베 에스떼 아니요 엔 세냘 데 미 아모르 이 피델리닷

fiebre

피**에**브레   명 f. 열, 신열, 발열

아이가 열이 많이 난다.
El niño tiene mucha fiebre.
엘 니뇨 띠에네 무차 피에브레

---

fiesta

피**에**스따   명 f. 파티, 축제

오늘밤에 파티에 올 거니?
¿Vienes a la fiesta esta noche?
비에네스 알 라 피에스따 에스따 노체

(F)

---

fijo, -a

피호, -하   형 단단한, 고정된, 정해진, 정사원의

그는 결코 고정 직업을 갖지 못했다.
Nunca tuvo un empleo fijo.
눈까 뚜보 운 엠쁠레오 피호

---

fila

필라   명 f. 열, 줄, 대열

나는 마지막 줄에 앉는 것을 선호한다.
Prefiero sentarme en la última fila.
쁘레피에로 센따르메 엔 라 울띠마 필라

---

fin

핀   명 m. 끝, 마지막, 종료

우리는 주말마다 늦게 잠자리에 든다.
Los fines de semana nos acostamos tarde.
로스 피네스 데 세마나 노스 아꼬스따모스 따르데

---

final

피**날**   형 끝의 명 m. 끝, 마지막

욕실은 복도 끝에 있다.
El cuarto de baño está al final del pasillo.
엘 꾸아르또 데 바뇨 에스따 알 피날 델 빠시오

F

⭐ financiero, -a
피난씨**에**로, –라 🔶 재정의, 금융의

그 회사는 재정적인 문제가 있다.
La compañía tiene problemas financieros.
라 꼼빠니아 띠에네 쁘로블레마스 피난씨에로스

⭐ fino, -a
피노, –나 🔶 가는, 세밀한, 세련된, 질이 좋은

그녀의 피부는 비단결처럼 곱다.
Ella tiene la piel tan fina que parece seda.
에야 띠에네 라 삐엘 딴 피나 께 빠레쎄 세다

⭐ firmar
피르**마**르 🔶 서명하다

사장은 계약서에 서명했다.
El presidente firmó el contrato.
엘 쁘레시덴떼 피르모 엘 꼰뜨라또

⭐ firme
피르메 🔶 견고한, 확고한

우리의 목적의식은 확고하다.
Estamos firmes en los propósitos.
에스따모스 피르메스 엔 로스 쁘로뽀시또스

⭐ flaco, -a
플**라**꼬, –까 🔶 여윈, 살이 빠진, 마른

몇몇 여자 모델들은 지나치게 말랐다.
Algunas modelos están demasiado flacas.
알구나스 모델로스 에스딴 데마시아도 플라까스

⭐ flexibilidad
플렉시빌리**닷** 🔶 f. 유연함, 융통성, 유연성

융통성의 부족은 발전의 장애가 된다.
La falta de flexibilidad es un obstáculo para el progreso.
라 팔따 데 플렉씨빌리닷 에스 운 옵스따꿀로 빠라 엘 쁘로그레소

152 Español Gráfico Crecimiento Vocabulario

flojo, -a

플로호, -하　　**형** 느슨한, 무기력한, 게으른, 나태한

나는 게으른 사람들을 보는 것이 싫다.
No me gusta ver a las personas flojas.
노　메　구스따 베르 아 라스 뻬르소나스　플로하스

flor

플로르　　**명 f.** 꽃

꿀벌들이 꽃 사이에서 날아다닌다.
Las abejas vuelan entre las flores.
라스 아베하스 부엘란　엔뜨레 라스 플로레스

fluir

플루이르　　**동** 흐르다

강이 조용히 흐르고 있다.
El río fluye tranquilamente.
엘 리오 플루예 뜨랑낄라멘떼

folclórico, -a

폴끌로리꼬, -까　　**형** 민속의

그녀는 자신의 지역의 민요를 공부하고 있다.
Ella está estudiando los cantos folclóricos de su región.
에야 에스따 에스뚜디안도 로스 깐또스 폴끌로리꼬스 데 수 레히온

fondo

폰도　　**명 m.** 바닥, 밑바닥, 자본, 자금, 펀드

배는 바닥으로 가라앉았다.
El barco se hundió hasta el fondo.
엘 바르꼬 세 운디오　아스따 엘　폰도

forma

포르마　　**명 f.** 모양, 형태, 양식, 형식

너의 삶의 방식은 내 방식과는 매우 다르다.
Tu forma de vivir es muy distinta de la mía.
뚜　포르마 데 비비르 에스 무이 디스띤따 델 라 미아

F

formal
포르**말**

혱 형식적인, 정식의, 공식적인

그들은 형식적인 인사를 나누었다.
Ellos intercambiaron saludos formales.
에요스 인떼르깜비아론   살루도스   포르말레스

---

fortalecer
포르딸레**쎄르**

동 강화시키다, 단련하다, 튼튼하게 하다

명상과 묵상은 정신을 강화시킨다.
La meditación y la contemplación fortalecen **el espíritu.**
라 메디따씨온 이 라 꼰뗌쁠라씨온   포르딸레쎈 엘 에스삐리뚜

---

fortuna
포르**뚜**나

명 f. 운, 운수, 운명, 재산, 부

그는 복권에서 큰돈을 벌었다.
Él ganó una fortuna **en la lotería.**
엘 가노 우나   포르뚜나 엔 라 로떼리아

---

foto
포또

명 f. 사진(fotografía)

나는 내 유아 사진을 모두 보관하고 있다.
Conservo todas mis fotos **infantiles.**
꼰세르보   또다스 미스 포뚜스 임판띨레스

---

fotocopiar
포또꼬삐**아르**

동 복사하다

나는 노트필기를 복사하고 있다.
Estoy fotocopiando **mis apuntes.**
에스또이   포또꼬삐안도   미스 아뿐떼스

---

fracaso
프라**까**소

명 m. 실패, 패배, 좌절

새 영화 개봉은 실패로 끝났다.
El estreno de su nueva película resultó un fracaso.
엘 에스뜨레노 데 수 누에바 뻴리꿀라 레술또 운 프라까소

frágil

프라힐　　　🔲 형 깨지기 쉬운, 쉽게 부서지는

이 상자들은 깨지기 쉽다.
Estas cajas son frágiles.
에스따스 까하스 손　프라힐레스

franco, -a

프랑꼬, -까　　　🔲 형 솔직한, 숨김없는

나는 네게 정직하고 싶다.
Quiero ser franco contigo.
끼에로 세르　프랑꼬　꼰띠고

frase

프라세　　　🔲 명 ⓕ 어구, 문장

나는 이 문장을 이해하지 못한다.
No entiendo esta frase.
노　엔띠엔도　에스따 프라세

frecuencia

프레꾸엔씨아　　　🔲 명 ⓕ 빈번함, 잦음

스페인사람들은 자주 와인을 마신다.
Los españoles beben vino con frecuencia.
로스　에스빠뇰레스　베벤　비노　꼰　프레꾸엔씨아

fregadero

프레가데로　　　🔲 명 ⓜ (부엌의) 싱크대, 개수대

그녀는 더러운 접시를 싱크대에 넣었다.
Ella puso los platos sucios en el fregadero.
에야　뿌소　로스　쁠라또스 수씨오스　엔　엘　프레가데로

freno

프레노　　　🔲 명 ⓜ 브레이크

브레이크가 작동하지 않는다.
El freno no está funcionando.
엘　프레노　노　에스따　푼씨오난도

F

frente
프렌떼　　　**명** **m.** 정면 **f.** 이마, (기상) 전선

그는 딸의 이마에 키스했다.
Él besó a su hija en la frente.
엘　베소　아　수　이하　엔　라　프렌떼

fresa
프레사　　　**명** **f.** 딸기

나는 딸기세이크를 주문할 것이다.
Voy a pedir un licuado de fresa.
보이　아　뻬디르　운　리꾸아도　데　프레사

fresco, -a
프레스꼬, -까　　　**형** 신선한, 시원한

생선은 매우 신선하다.
El pescado está muy fresco.
엘　뻬스까도　에스따　무이　프레스꼬

frijol
프리홀　　　**명** **m.** 콩

아이들은 콩을 좋아하지 않는다.
A los niños no les gustan los frijoles.
알　로스　니뇨스　노　레스　구스딴　로스　프리홀레스

frío, -a
프리오, -아　　　**형** 추운 **명** **m.** 추위

이번 겨울은 매우 춥다.
Este invierno hace mucho frío.
에스떼　인비에르노　아쎄　무초　프리오

frito, -a
프리또, -따　　　**형** 기름에 튀긴

내 딸은 감자튀김을 매우 좋아한다.
A mi hija le encantan las patatas fritas.
아　미　이하　레　엔깐딴　라스　빠따따스　프리따스

fruta

프루따   명 f. 과일

내가 가장 좋아하는 과일은 수박이다.
Mi fruta favorita es la sandía.
미 프루따 파보리따 에스 라 산디아

---

fuego

푸에고   명 m. 불

축제는 화려한 불꽃놀이로 끝났다.
El festival terminó con una espectacular exhibición
엘 페스띠발 떼르미노 꼰 우나 에스뻭따꿀라르 엑쓰이비씨온
de fuegos artificiales.
데 푸에고스 아르띠피씨알레스

---

fuente

푸엔떼   명 f. 샘, 우물, 분수

광장 한가운데 거대한 분수가 있다.
Hay una fuente enorme en medio de la plaza.
아이 우나 푸엔떼 에노르메 엔 메디오 델 라 쁠라싸

---

fuera

푸에라   부 밖에서

나는 외식을 좋아한다.
Me gusta comer fuera.
메 구스따 꼬메르 푸에라

---

fuerte

푸에르떼   형 튼튼한, 강한, 힘이 센

그는 나이가 많지만 힘이 세다.
Aunque él es muy viejo, es fuerte.
아운께 엘 에스 무이 비에호 에스 푸에르떼

---

fugar

푸가르   동 ~se 도망하다, 도주하다, 달아나다

어제 세 사람이 감옥에서 탈출했다.
Ayer tres hombres se fugaron de la cárcel.
아예르 뜨레스 옴브레스 세 푸가론 델 라 까르쎌

fumar

푸마르　　　　⑤ 담배를 피우다

흡연은 건강에 좋지 않다.
Fumar es malo para la salud.
푸마르 에스 말로 빠라 라 살룻

funcionar

푼씨오나르　　　　⑤ 작동하다, 작용하다

이 응용프로그램은 최신 버전의 프로그램에서만 작동한다.
Esta aplicación solo funciona con la última versión
에스따 아쁠리까씨온 솔로 푼씨오나 꼰 라 울띠마 베르시온
del programa.
델 쁘로그라마

fundamental

푼다멘딸　　　　⑥ 기본적인, 근본적인, 중요한

이해는 기본이다.
La comprensión es fundamental.
라 꼼쁘렌시온 에스 푼다멘딸

fundar

푼다르　　　　⑤ 세우다, 창설하다, 설립하다

그들은 학교를 설립했다.
Ellos fundaron una escuela.
에요스 푼다론 우나 에스꾸엘라

fútbol

풋볼　　　　⑱ ⓜ. 축구

당신들은 언제 축구를 하십니까?
¿Cuándo juegan ustedes al fútbol?
꾸안도 후에간 우스떼데스 알 풋볼

futuro

푸뚜로　　　　⑱ ⓜ. 미래

우리는 미래를 위해서 저축을 해야만 한다.
Debemos ahorrar dinero para el futuro.
데베모스 아오라르 디네로 빠라 엘 푸뚜로

G

gafas
★★★

가파스   명 f. 안경

나는 네 선글라스가 맘에 든다.
Me gustan tus gafas de sol.
메 구스딴 뚜스 가파스 데 솔

galería
★★★

갈레리아   명 f. 갤러리, 발코니, 테라스

건물의 1층에 갤러리가 있다.
El edificio tiene una galería en la planta baja.
엘 에디피씨오 띠에네 우나 갈레리아 엔 라 쁠란따 바하

galleta
★★★

가예따   명 f. 과자

나는 쌀 과자가 먹고 싶다.
Quiero comer las galletas de arroz.
끼에로 꼬메르 라스 가예따스 데 아로쓰

ganar
★★★

가나르   동 이기다, 벌다

그는 한 달에 5백만 달러 이상을 번다.
Él gana más de cinco millones de dólares al mes.
엘 가나 마스 데 씽꼬 미요네스 데 돌라레스 알 메스

garaje
★★★

가라헤   명 m. 차고, 카센터

지하에 차고가 있다.
En el sótano tenemos el garaje.
엔 엘 소따노 떼네모스 엘 가라헤

garantía

가란**띠**아   명 f. 보증, 신용

그 자동차의 보증기간은 1년이다.
El coche tiene una garantía de un año.
엘 꼬체 띠에네 우나 가란띠아 데 운 아뇨

garganta

가르**간**따   명 f. 목구멍

나는 목구멍이 아프다.
Me duele la garganta.
메 두엘레 라 가르간따

gas

가스   명 m. 가스

가스 잠그는 것을 잊었어!
¡Me olvidé de cerrar el gas!
메 올비데 데 쎄라르 엘 가스

gaseosa

가세**오**사   명 f. 탄산음료, 소다수

맥주 대신 탄산음료를 마실 것이다.
Tomaré gaseosa en lugar de cerveza.
또마레 가세오사 엔 루가르 데 쎄르베싸

gasolinera

가솔리**네**라   명 f. 주유소

이 근처에 주유소가 있나요?
¿Hay una gasolinera cerca de aquí?
아이 우나 가솔리네라 쎄르까 데 아끼

gastar

가스**따**르   동 쓰다, 소비하다, 낭비하다

그녀는 백만장자인 것처럼 돈을 쓴다.
Ella gasta dinero como si fuera millonaria.
에야 가스따 디네로 꼬모 시 푸에라 미요나리아

gato, -a

가또, -따 　　(명) m. f. 고양이

나는 고양이가 무섭다.
Me dan miedo los gatos.
메　단　미에도 로스　가또스

general

헤네**랄**　　(형) 일반적인, 전반적인 (명) m. 장군

G

장군은 중동 상황에 대해 대통령에게 보고했다.
El general informó al presidente sobre la situación en
엘　헤네랄　임포르모　알　쁘레시덴떼　소브레 라 시뚜아씨온 엔
el Medio Oriente.
엘　메디오　오리엔떼

generoso, -a

헤네**로**소, -사　　(형) 관대한, 너그러운, 대범한

대체로 스페인사람들은 관대하다.
En general, los españoles son generosos.
엔　헤네랄　로스 에스빠뇰레스 손　헤네로소스

genio

헤니오　　(명) m. 천재, 기질, 근성

그의 아들은 수학 천재이다.
Su hijo es un genio de las matemáticas.
수 이호 에스 운 헤니오 델 라스 마떼마띠까스

gente

헨떼　　(명) f. 사람들(집합명사이므로 항상 단수)

거리에 사람들이 많다.
Hay mucha gente en la calle.
아이 무차　헨떼 엔 라 까예

gerente

헤**렌**떼　　(명) m. f. 지배인, 지점장, 과장

지배인과 이야기하고 싶습니다.
Quiero hablar con el gerente.
끼에로 아블라르 꼰 엘 헤렌떼

G

gigante, -ta

히**간**떼, –따　　형 거대한　명 m. f. 거인

그 거인은 턱수염이 있고 곱슬머리이다.
El gigante tiene barba y el pelo rizado.
엘 히간떼　띠에네 바르바 이 엘 뻴로　리싸도

---

gimnasio

힘**나**시오　　명 m. 체육관, 실내 경기장

나는 퇴근한 후에 체육관에 간다.
Después de salir del trabajo voy al gimnasio.
데스뿌에스 데 살리르 델 뜨라바호 보이 알 힘나시오

---

girar

히**라**르　　동 돌다

첫 번째 길에서 우회전하면 돼.!
Pues giras en la primera calle a la derecha.
뿌에스 히라스 엔 라 쁘리메라 까예 알 라 데레차

---

gitano, -a

히**따**노, –나　　형 집시의　명 m. f. 집시

플라멩코는 집시와 관련이 있다.
El flamenco se asocia con los gitanos.
엘 플라멩꼬　세 아소씨아 꼰 로스　히따노스

---

glorieta

글로리**에**따　　명 f. 로터리

로터리에 도착해서 우회전해라.
Al llegar a la glorieta, gira a la derecha.
알 예가르 알 라　글로리에따 히라 알 라 데레차

---

gobierno

고비**에**르노　　명 m. 정부

콜롬비아 정부는 마약거래와의 전쟁을 벌이고 있다.
El gobierno colombiano lucha contra el narcotráfico.
엘　고비에르노　꼴롬비아노　루차　꼰뜨라 엘　나르꼬뜨라피꼬

golpear

골뻬**아**르   동 때리다, 두들기다

선수는 공을 세게 쳤다.
El jugador golpeó fuerte la pelota.
엘 후가도르 골뻬오 푸에르떼 라 뻴로따

---

gordo, -a

고르도, -다   형 뚱뚱한, 비만한

후안은 날이 갈수록 뚱뚱해진다.
Juan está cada día más gordo.
후안 에스따 까다 디아 마스 고르도

---

gorra

고라   명 f. 모자

야구선수들이 모자를 벗었다.
Los jugadores de béisbol se quitaron las gorras.
로스 후가도레스 데 베이스볼 세 끼따론 라스 고라스

---

gozar

고**싸**르   동 즐거움을 느끼다, (+de) 누리다, 향유하다

일본사람들은 건강을 누린다.
Los japoneses gozan de buena salud.
로스 하뽀네세스 고싼 데 부에나 살룻

---

grabar

그라**바**르   동 조각하다, 녹음하다, 녹화하다, (마음에) 새겨 넣다

녹화파일-다큐

그는 나를 위해 다큐멘터리를 녹화했다.
Él grabó un documental para mí.
엘 그라보 운 도꾸멘딸 빠라 미

---

gracioso, -a

그라**씨오**소, -사   형 사랑스러운, 재미있는, 익살스러운

그 코미디언은 매우 익살스럽다.
Ese comediante es muy gracioso.
에세 꼬메디안떼 에스 무이 그라씨오소

grado

그라도

명 m. 정도, 단계, 알코올의 도수, (온도의 단위) 도

온도가 3도 내려갔다.
La temperatura bajó tres grados.
라 뗌뻬라뚜라 바호 뜨레스 그라도스

---

graduación

그라두아씨온

명 f. 졸업, 학위 수여, 측정, 검사

나는 그의 졸업식에 참석했다.
Asistí a su ceremonia de graduación.
아시스띠 아 수 쎄레모니아 데 그라두아씨온

---

gramática

그라마띠까

명 f. 문법

그녀는 우리에게 스페인어 문법을 가르친다.
Ella nos enseña la gramática del español.
에야 노스 엔세냐 라 그라마띠까 델 에스빠뇰

---

grande

그란데

형 큰, 위대한

토끼는 귀가 크다.
Los conejos tienen orejas grandes.
로스 꼬네호스 띠에넨 오레하스 그란데스

---

granja

그랑하

명 f. 농장, 농원

작년 여름에 나는 농장에서 아르바이트를 했다.
El verano pasado trabajé a medio tiempo en una granja.
엘 베라노 빠사도 뜨라바헤 아 메디오 띠엠뽀 엔 우나 그랑하

---

grasa

그라사

명 f. 지방, 기름기

지방이 없는 음식을 먹는 것이 더 좋다.
Es mejor comer comida sin grasa.
에스 메호르 꼬메르 꼬미다 신 그라사

gratis

그라띠스   형 무료의 부 공짜로, 무료로

그들은 우리에게 무료 아침 식사 쿠폰을 주었다.
Nos dieron un cupón para un desayuno gratis.
노스 디에론 운 꾸뽄 빠라 운 데사유노 그라띠스

---

grave

그라베   형 심각한, 위중한

환자의 상태가 위중하다.
La condición del paciente es grave.
라 곤디씨온 델 빠씨엔떼 에스 그라베

G

---

grifo

그리포   명 m. 수도꼭지

수도꼭지가 자동이다.
El grifo es automático.
엘 그리포 에스 아우또마띠꼬

---

gripe

그리뻬   명 f. 독감

이 약은 독감에 효과가 없다.
Este medicamento no es eficaz contra la gripe.
에스떼 메디까멘또 노 에스 에피까쓰 꼰뜨라 라 그리뻬

---

gris

그리스   형 회색의

그 도시의 분위기는 회색이다.
La ciudad tiene un ambiente gris.
라 씨우닷 띠에네 운 암비엔떼 그리스

---

gritar

그리따르   동 외치다, 소리 지르다

내게 소리 지르지 마!
¡No me grites!
노 메 그리떼스

★★★ grosero, -a

그로**세**로, -라

형 상스러운, 버릇없는
명 m. f. 버릇없는 사람

그의 예의 없는 행동은 부모님을 부끄럽게 했다.
Su comportamiento grosero avergonzó a sus padres.
수　꼼뽀르따미엔또　그로세로　아베르곤쏘 아 수스 빠드레스

★★ grueso, -a

그루**에**소, -사

형 살찐, 굵은, 두꺼운

키가 작고 살찐 남자가 가게로 들어왔다.
Entró en la tienda un hombre bajo y grueso.
엔뜨로 엔 라 띠엔다 운 옴브레　바호 이　그루에소

★★★ grupo

그루**뽀**

명 m. 그룹, 집단

그는 이 그룹에 속해 있다.
Él pertenece a este grupo.
엘　뻬르떼네쎄 아 에스떼　그루뽀

★★★ guantes

구**안**떼스

명 m. 장갑

이 장갑은 누구 거니?
¿De quién son estos guantes?
데　끼엔　손 에스또스 구안떼스

★★ guapo, -a

구**아**뽀, -빠

형 예쁜, 잘생긴

그는 내 친구들 중에서 가장 잘생겼다.
Él es el más guapo de mis amigos.
엘 에스 엘 마스　구아뽀 데 미스 아미고스

★★★ guardar

구아르**다**르

동 보관하다

깨끗한 옷을 옷장에 보관해라!
¡Guarda la ropa limpia en el armario!
구아르다 라 로빠　림삐아 엔 엘 아르마리오

166 Español Gráfico Crecimiento Vocabulario

guerra

게라   명 f. 전쟁

아이들은 전쟁놀이를 좋아한다.
A los niños les gusta jugar a la guerra.
알 로스 니뇨스 레스 구스따 후가르 알 라 게라

---

guía

기아   명 m. f. 안내인

그녀는 관광가이드로 일한 적이 있다.
Ella ha trabajado como guía turística.
에야 아 뜨라바하도 꼬모 기아 뚜리스띠까

---

guisado

기사도   명 m. (고기와 감자를 넣고 끓인) 스튜

우리는 오늘 스튜를 먹을 것이다.
Hoy tenemos guisado para comer.
오이 떼네모스 기사도 빠라 꼬메르

---

guitarra

기따라   명 f. 기타

그녀는 노래를 부르면서 기타를 친다.
Ella toca la guitarra cantando.
에야 또까 라 기따라 깐딴도

---

gustar

구스따르   동 좋아하다

나는 너를 너무 좋아해.
Me gustas mucho.
메 구스따스 무초

---

gusto

구스또   명 m. 미각, 취미, 기쁨

영화감상 취미는 문화 현상이다.
El gusto por el cine es un fenómeno cultural.
엘 구스또 뽀르 엘 씨네 에스 운 페노메노 꿀뚜랄

hábil

아빌

(형) 유능한, 솜씨 있는, 능력 있는

그는 사업에 있어서 매우 능력이 있다.
Él es muy hábil para los negocios.
엘 에스 무이 아빌 빠라 로스 네고씨오스

habitación

아비따씨**온**

(명) (f.) 방, 침실, 객실

내 방은 강을 향하고 있다.
Mi habitación da al río.
미 아비따씨온 다 알 리오

hábito

아비또

(명) (m.) 습관, 버릇

그녀는 손톱을 물어뜯는 습관이 있다.
Ella tiene el hábito de morderse las uñas.
에야 띠에네 엘 아삐또 데 모르데르세 라스 우냐스

hablar

아블라르

(동) 말하다

그녀는 매우 빨리 말한다.
Ella habla muy rápido.
에야 아블라 무이 라삐도

hacer

아쎄르

(동) 하다, 만들다

너 내일 뭐 할 거니?
¿Qué vas a hacer mañana?
께 바스 아 아쎄르   마냐나

hacia

아씨아 　　　　 전 ~쪽으로

어린아이는 자기 방을 향해 달려간다.
La niña corre hacia su cuarto.
라 니냐 꼬레 아씨아 수 꾸아르또

hacienda

아씨**엔**다 　　　　 명 f. 농장, 농원, 재무부

그는 4개의 매우 큰 농장의 주인이다.
Él es el dueño de cuatro haciendas muy grandes.
엘 에스 엘 두에뇨 데 꾸아뜨로 아씨엔다스 무이 그란데스

(H)

hamaca

아**마**까 　　　　 명 f. 해먹(hammock)

해먹에서 자는 것은 아주 꿀맛이다.
Dormir en hamaca es muy rico.
도르미르 엔 아마까 에스 무이 리꼬

hambre

암브레 　　　　 명 f. 배고픔

나는 배가 고프지는 않지만 목이 마르다.
No tengo hambre, pero tengo sed.
노 뗑고 암브레 뻬로 뗑고 셋

hamburguesa

암부르**게**사 　　　　 명 f. 햄버거

아이들은 햄버거를 매우 좋아한다.
A los niños les encantan las hamburguesas.
알 로스 니뇨스 레스 엔깐딴 라스 암부르게사스

harina

아**리**나 　　　　 명 f. 밀가루

이것들은 밀가루 토르티야이다.
Estas son tortillas de harina.
에스따스 손 또르띠야스 데 아리나

harto, -a

아르또, -따   🔶 물린, 싫증이 난, 지긋지긋한

나는 너의 거짓말에 질렸다.
Estoy harto de tus mentiras.
에스또이 아르또 데 뚜스 멘띠라스

hasta

아스따   🔶 ~까지

오늘 우리는 9시까지 일한다.
Hoy trabajamos hasta las nueve.
오이   뜨라바하모스   아스따 라스 누에베

hay

아이   🔶 ~이 있다

영화관 앞에 사람들이 많다.
Delante del cine hay mucha gente.
델란떼   델   씨네   아이   무차   헨떼

hecho, -a

에초, -차   🔶 만들어진

나는 수제 가방을 하나 갖고 있다.
Tengo un bolso hecho a mano.
뗑고   운   볼소   에초 아 마노

helado

엘라도   🔶 m. 아이스크림

네게 바닐라 아이스크림 줄까?
¿Te doy un helado de vainilla?
떼 도이 운   엘라도 데 바이니야

herencia

에렌씨아   🔶 f. 유산, 상속 재산, 유전

아버지는 나에게 많은 상속 재산을 남겼다.
Mi padre me dejó una gran herencia.
미   빠드레 메   데호 우나   그란   에렌씨아

herido, -a

에**리**도, -다

🔵형 다친, 부상당한
🟠명 m. f. 부상자

다행히 아무도 다치지 않았다.
Afortunadamente, nadie resultó herido.
아포르뚜나다멘떼　나디에　레술또　에리도

hermano, -a

에르**마**노, -나

🟠명 m. f. 형제, 자매

형제는 몇 명이세요?
¿Cuántas hermanos tiene usted?
꾸안또스　에르마노스　띠에네　우스뗏

(H)

hermoso, -a

에르**모**소, -사

🔵형 아름다운

이 도시는 매우 아름답다.
Esta ciudad es muy hermosa.
에스따　싸우닷　에스　무이　에르모사

héroe

에로에

🟠명 m. 영웅

너는 나의 영웅이다.
Eres mi héroe.
에레스 미　에로에

heroína

에로**이**나

🟠명 f. 여자 영웅, 여걸, 여주인공

그녀는 여주인공이 되길 원한다.
Ella quiere ser una heroína.
에야　끼에레　세르 우나　에로이나

herramienta

에라미**엔**따

🟠명 f. 연장, 공구, 도구, 무기

상자에는 연장이 많다.
Hay muchas herramientas en la caja.
아이　무차스　에라미엔따스　엔 라 까하

H

hervir

에르**비**르 · ⑧ 끓다, 끓이다

물이 끓기 시작했다.
El agua empezó a hervir.
엘 아구아　엠뻬쏘　아 에르비르

hielo

이**엘**로 · ⑲ ⑩. 얼음

거리는 얼음으로 덮여 있다.
Las calles están cubiertas de hielo.
라스 까예스 에스딴　꾸비에르따스 데 이엘로

hierba

이**에**르바 · ⑲ ⑪. 풀, 허브

말들이 들판에서 풀을 뜯고 있다.
Los caballos comen hierbas en el campo.
로스 까바요스　꼬멘　이에르바스 엔 엘 깜뽀

hierro

이**에**로 · ⑲ ⑩. 철

철은 금보다 단단하다.
El hierro es más duro que el oro.
엘 이에로 에스 마스　두로　께 엘 오로

hígado

이가도 · ⑲ ⑩. 간

알코올은 간에 나쁘다.
El alcohol es malo para el hígado.
엘 알꼬올 에스 말로　빠라 엘 이가도

higiénico, -a

이히**에**니꼬, −까 · ⑱ 보건의, 위생의

화장지가 없어요!
¡No hay papel higiénico!
노 아이　빠뻴　이히에니꼬

hijo, -a

이호, -하 　　명 m. f. 아들, 딸

그는 아들이 둘, 딸이 한명이다.
Él tiene dos hijos y una hija.
엘 띠에네 도스 이호스 이 우나 이하

hilo

일로 　　명 m. 실

나는 여행을 할 때 실과 바늘을 가지고 다닌다.
Cuando viajo, llevo hilo y aguja.
꾸안도　비아호　예보　일로　이　아구하

historia

이스**또**리아 　　명 f. 역사, 이야기

나는 역사에 관심이 있다.
Me interesa la historia.
메　인떼레사　라　이스또리아

hogar

오**가**르 　　명 m. 집, 가정

수 천의 가족이 노숙자가 되었다.
Miles de familias se quedaron sin hogar.
밀레스　데　파밀리아스　세　께다론　신　오가르

hoja

오하 　　명 f. 나뭇잎, (종이) 장

마른 잎들이 나무에서 떨어진다.
Las hojas secas caen de los árboles.
라스　오하스　세까스　까엔　델　로스　아르볼레스

hombre

옴브레 　　명 m. 남자, 사람

이 남자는 취했다.
Este hombre está borracho.
에스떼　옴브레　에스따　보라초

H

hombro

옴브로   명 m. 어깨

나는 오른쪽 어깨가 아프다.
Me duele el hombro derecho.
메 두엘레 엘 옴브로 데레초

honor

오노르   명 m. 명예, 영광

제 집에 당신들을 모시게 되어 영광입니다.
Es un honor recibirles en mi casa.
에스 운 오노르 레씨비를레스 엔 미 까사

honrado, -a

온라도, -다   형 정직한, 성실한, 명예로운

너는 정직한 사람이어야 한다.
Debes ser un hombre honrado.
데베스 세르 운 옴브레 온라도

hora

오라   명 f. 시간

우리 몇 시에 만날까?
¿A qué hora nos vemos?
아 께 오라 노스 베모스

horario

오라리오   명 m. 일정표, 시간표

일정표

우리는 일정이 빡빡하다.
Tenemos un horario apretado.
떼네모스 운 오라리오 아쁘레따도

horizonte

오리쏜떼   명 m. 수평선, 지평선

수평선에 배 한척이 나타났다.
Un barco apareció en el horizonte.
운 바르꼬 아빠레씨오 엔 엘 오리쏜떼

horno

오르노   명 m. 오븐

내가 닭고기를 오븐에 넣은 지 반 시간 된다.
Hace media hora que he metido el pollo en el horno.
아쎄 메디아 오라 께 에 메띠도 엘 뽀요 엔 엘 오르노

---

horóscopo

오로스꼬뽀   명 m. 별자리

너의 별자리는 뭐니?
¿Cuál es tu horóscopo?
꾸알 에스 뚜 오로스꼬뽀

---

horror

오로르   명 m. 공포

나는 공포 영화가 무섭다.
Me dan miedo las películas de horror.
메 단 미에도 라스 뻴리꿀라스 데 오로르

---

hospedar

오스뻬**다**르   동 숙박시키다, ~se 숙박하다, 체류하다

우리는 이 호텔에 투숙할 것이다.
Vamos a hospedarnos en este hotel.
바모스 아 오스뻬다르노스 엔 에스떼 오뗄

---

hospital

오스삐**딸**   명 m. 병원

이 병원의 모든 간호사는 매우 친절하다.
Todas las enfermeras de este hospital son muy amables.
또다스 라스 엠페르메라스 데 에스떼 오스삐딸 손 무이 아마블레스

---

hoy

오이   부 오늘

오늘은 금요일이다.
Hoy es viernes.
오이 에스 비에르네스

huelga

우**엘**가   명 f. 파업, 스트라이크

조종사 파업으로 인해 내 비행기가 취소되었다.
Han cancelado mi vuelo debido a la huelga de pilotos.
안 깐쎌라도 미 부엘로 데비도 알 라 우엘가 데 삘로또스

---

huella

우**에**야   명 f. 발자국, 자국, 흔적

사냥꾼은 사슴의 발자국을 따라갔다.
Los cazadores siguieron las huellas del venado.
로스 까싸도레스 시기에론 라스 우에야스 델 베나도

---

huerta

우**에**르따   명 f. 과수원

이 과수원은 이 지방에서 가장 좋은 사과를 생산한다.
Esta huerta produce las mejores manzanas de la región.
에스따 우에르따 쁘로두쎄 라스 메호레스 만싸나스 델 라 레히온

---

hueso

우**에**소   명 m. 뼈

혹시 뼈가 부러진 적이 있니?
¿Te has roto un hueso alguna vez?
떼 아스 로또 운 우에소 알구나 베쓰

---

huésped

우**에**스뻿   명 m. f. 손님, 투숙객

저는 이 호텔의 투숙객이 아닙니다.
No soy huésped de este hotel.
노 소이 우에스뻿 데 에스떼 오뗄

---

huevo

우**에**보   명 m. 계란, 달걀

나는 반숙 계란을 먹고 싶다.
Quiero comer huevos pasados por agua.
끼에로 꼬메르 우에보스 빠사도스 뽀르 아구아

huir

우**이**르 　　　**동** 도망치다

도둑이 경찰관으로부터 도망치고 있다.
El ladrón está huyendo del policía.
엘 라드론 에스따 우옌도 　델 뽈리씨아

humano, -a

우**마**노, -나 　　**형** 인간의, 인간적인 **명** m. 인간, 사람

그 주인은 직원들에게 매우 인간적인 사람이다.
El dueño es una persona muy humana con sus empleados.
엘 두에뇨 에스 우나 뻬르소나 무이 우마나 　꼰 수스 엠쁠레아도스

humedad

우메**닷** 　　　**명** f. 습기

여름에는 날씨가 매우 덥고 습기가 많다.
En verano hace mucho calor y hay mucha humedad.
엔 베라노 아쎄 　무초 　깔로르 이 아이 무차 　우메닷

humo

우모 　　　**명** m. 연기

건물은 연기로 가득 차 있다.
El edificio está lleno de humo.
엘 에디피씨오 에스따 예노 데 우모

humorístico, -a

우모**리**스띠꼬, -까 　**형** 익살스러운, 해학적인, 유머러스한

CH 11

채널 11에서 코미디 프로그램이 있다.
Hay un programa humorístico en el canal once.
아이 운 쁘로그라마 우모리스띠꼬 엔 엘 까날 온쎄

huracán

우라**깐** 　　　**명** m. 허리케인, 강풍

허리케인이 아이티를 폐허로 만들었다.
El huracán dejó la ciudad de Haití destruida.
엘 우라깐 데호 라 씨우닷 데 아이띠 데스뜨루이다

idea

이**데**아   명 **f.** 사상, 생각

나는 너의 정치사상에 동의하지 않는다.
No estoy de acuerdo con tus ideas políticas.
노 에스또이 데 아꾸에르도 꼰 뚜스 이데아스 뽈리띠까스

ideal

이데**알**   형 이상적인

이상적인 해결책이다.
Es una solución ideal.
에스 우나 솔루씨온 이데알

identidad

이덴띠**닷**   명 **f.** 정체성

우리의 정체성은 무엇입니까?
¿Cuál es nuestra identidad?.
꾸알 에스 누에스뜨라 이덴띠닷

iglesia

이글**레**시아   명 **f.** 교회

나의 가족은 일요일마다 교회에 간다.
Mi familia va a la iglesia los domingos.
미 파밀리아 바 알 라 이글레시아 로스 도밍고스

ignorar

익노**라**르   동 무시하다

내 여자 친구는 나의 경고를 무시한다.
Mi amiga ignora mis advertencias.
미 아미가 익노라 미스 아드베르뗀씨아스

igual

이구**알**

⬡ 같은, 동일한, 똑같은

법은 모든 사람에게 동등하다.
La ley es igual para todos.
라 레이 에스 이구알 빠라 또도스

imagen

이**마**헨

⬡ ⓕ 이미지, 영상

이 이미지를 자세히 보세요.
Vea esta imagen con detalle.
베아 에스따 이마헨 꼰 데따예

imaginar

이마히**나**르

⬡ 상상하다, 생각하다

나는 그가 없이 사는 것을 상상할 수 없다.
No puedo imaginar vivir sin él.
노 뿌에도 이마히나르 비비르 신 엘

imbécil

임**베**씰

⬡ 우둔한, 멍청한, 바보의
⬡ ⓜ ⓕ 바보, 멍청이

바보처럼 행동하지 마라.
No te comportes como un imbécil.
노 떼 꼼뽀르떼스 꼬모 운 임베씰

impacto

임**빡**또

⬡ ⓜ 충격, 영향

그 불행한 소식이 큰 충격을 불러 일으켰다.
La desafortunada noticia provocó gran impacto.
라 데사포르뚜나다 노띠씨아 쁘로보꼬 그란 임빡또

impedir

임뻬**디**르

⬡ 방해하다, 말리다

교통체증 때문에 나는 제시간에 도착하지 못했다.
El atasco me impidió llegar a tiempo.
엘 아따스꼬 메 임뻬디오 예가르 아 띠엠뽀

imperio
임**뻬**리로   명 m. 제국, 왕국

장님들의 제국에서는 애꾸눈이 왕이다.
En el imperio de los ciegos, el tuerto es rey.
엔 엘 임뻬리오 델 로스 씨에고스 엘 뚜에르또 에스 레이

imponer
임뽀**네**르   동 강요하다, (책임을) 지우다

정부는 빈곤층에도 세금을 부과한다.
El gobierno también impone impuestos a los pobres.
엘 고비에르노 땀비엔 임뽀네 임뿌에스또스 알 로스 뽀브레스

importante
임뽀르**딴**떼   형 중요한

부모님께 복종하는 것은 중요하다.
Es importante obedecer a los padres.
에스 임뽀르딴떼 오베데쎄르 알 로스 빠드레스

importar
임뽀르**따**르   동 수입하다, 중요하다

우리는 칠레에서 와인을 수입한다.
Importamos vinos de Chile.
임뽀르따모스 비노스 데 칠레

impresión
임쁘레시**온**   명 f. 인상

첫인상은 매우 중요하다.
La primera impresión es muy importante.
라 쁘리메라 임쁘레시온 에스 무이 임뽀르딴떼

imprimir
임쁘리**미**르   동 프린트하다

이 기계는 분당 60페이지를 프린트할 수 있다.
Este aparato puede imprimir sesenta páginas por minuto.
에스떼 아빠라또 뿌에데 임쁘리미르 세센따 빠히나스 뽀르 미누또

impuesto

임뿌**에**스또   명 m. 세금

수입세가 10퍼센트 오를 것이다.
Los impuestos de importación subirán en un diez por ciento.
로스 임뿌에스또스 데 임뿌르따씨온 수비란 엔 운 디에쓰 뽀르 씨엔또

---

incendio

인**쎈**디오   명 m. 화재

어젯밤에 대형화재가 발생했다.
Hubo un gran incendio anoche.
우보 운 그란 인쎈디오 아노체

---

incidente

인씨**덴**떼   명 m. 사건, 큰 변고, 싸움

사건은 자정에 일어났다.
El incidente tuvo lugar a medianoche.
엘 인씨덴떼 뚜보 루가르 아 메디아노체

---

incluir

잉끌루**이**르   동 포함하다

그 가격은 세금이 포함되어 있습니까?
¿Ese precio incluye impuestos?
에세 쁘레씨오 인끌루예 임뿌에스또스

---

increíble

인끄레**이**블레   형 믿을 수 없는

네가 말하는 것은 믿을 수 없는 일이다.
Es increíble lo que cuentas.
에스 인끄레이블레 로 께 꾸엔따스

---

independiente

인데뻰디**엔**떼   형 독립적인, 독자적인

내 아들은 독립심이 강하다.
Mi hijo es muy independiente.
미 이호 에스 무이 인데뻰디엔떼

indicación

인디까씨**온** **명 f.** 표시, 표지, 지시, 명령

그는 의사의 지시를 따랐다.
Siguió las indicaciones del médico.
시기오 라스 인디까씨오네스 델 메디꼬

---

indigestión

인디헤스띠**온** **명 f.** 소화불량

그녀는 심각한 소화불량으로 고통을 겪고 있다.
Ella sufre una grave indigestión.
에야 수프레 우나 그라베 인디헤스띠온

---

individual

인디비두**알** **형** 개별적인, 개인적인, 개인용의

조식포함 싱글룸을 예약하고 싶습니다.
Quisiera reservar una habitación individual con desayuno.
끼시에라 레세르바르 우나 아비따씨온 인디비두알 꼰 데사유노

---

industria

인**두**스뜨리아 **명 f.** 산업, 산업체, 공장, 제조회사

스페인은 관광 산업에 의존하고 있다.
España depende de la industria del turismo.
에스빠냐 데뻰데 델 라 인두스뜨리아 델 뚜리스모

---

inestable

인에스**따**블레 **형** 불안정한, 변하기 쉬운

국가의 정책이 매우 불안정하다.
La política del país es muy inestable.
라 뽈리띠까 델 빠이스 에스 무이 인에스따블레

---

inflación

임플라씨**온** **명 f.** 팽창, 인플레이션, 통화 팽창

통화가치가 떨어지고 인플레이션이 상승하고 있다.
La moneda pierde valor y la inflación aumenta.
라 모네다 삐에르데 발로르 이 라 임플라씨온 아우멘따

influencia

임플루**엔**씨아   명 f. 영향

그의 그림에서 입체파의 영향이 엿보인다.
En su pintura se observa la influencia del cubismo.
엔 수 삔뚜라 세 옵세르바 라 임플루엔씨아 델 꾸비스모

---

información

임포르마씨**온**   명 f. 정보

오늘날 우리는 인터넷에서 많은 정보를 찾을 수 있다.
Hoy en día, podemos encontrar mucha información
오이 엔 디아 뽀데모스 엔꼰뜨라르 무차 임포르마씨온
en Internet.
엔 인떼르넷

---

informe

임**포**르메   명 m. 보고서

그 보고서는 기밀이다.
El informe es confidencial.
엘 임포르메 에스 꼼피덴씨알

---

ingeniero, -a

잉헤니**에**로, –라   명 m. f. 기술자, 엔지니어

그는 엔지니어가 되고 싶어 한다.
Él quiere ser ingeniero.
엘 끼에레 세르 잉헤니에로

---

inglés, -a

잉글**레**스, –사   형 영국의
명 m. f. 영국사람 m. 영어

그녀는 불어와 영어를 말한다.
Ella habla francés e inglés.
에야 아블라 프란쎄스 에 잉글레스

---

ingreso

잉그**레**소   명 m. 가입, 수입, 소득

너는 소득에 따라 생활해야만 한다.
Debes vivir de acuerdo a tus ingresos.
데베스 비비르 데 아꾸에르도 아 뚜스 잉그레소스

I

inicial
이니씨**알**

형 처음의, 최초의, 어두의
명 f. 머리글자, 이니셜

그녀는 하얀 손수건에 자기의 이니셜을 수놓았다.
Ella bordó sus iniciales en un pañuelo blanco.
에야 보르도 수스 이니씨알레스 엔 운 빠뉴엘로 블랑꼬

inmigrante
임미그**란**떼

명 m. f. 이민자

많은 불법 이민자들이 걸어서 국경을 넘었다.
Muchos de los inmigrantes ilegales cruzaron la
무초스 델 로스 임미그란떼스 일레갈레스 끄루싸론 라
frontera a pie.
프론떼라 아 삐에

inocente
이노**쎈**떼

형 순진한, 결백한

모두가 내가 결백하다는 것을 알고 있다.
Todo el mundo sabe que soy inocente.
또도 엘 문도 사베 께 소이 이노쎈떼

inodoro
이노**도**로

명 m. 수세식 변기

욕실에는 변기, 세면대, 거울이 있다.
En el baño hay un inodoro, un lavabo y un espejo.
엔 엘 바뇨 아이 운 이노도로 운 라바보 이 운 에스뻬호

inolvidable
인올비**다**블레

형 잊을 수 없는

태국에서의 우리의 신혼여행은 잊을 수 없는 일이다.
Nuestra luna de miel en Tailandia fue inolvidable.
누에스뜨라 루나 데 미엘 엔 따일란디아 푸에 인올비다블레

inoportuno, -a
인오뽀르**뚜**노, -나

형 시의 적절치 않은, 시기가 나쁜

파업은 불필요했고 시의적절치 않았다.
El paro fue innecesario e inoportuno.
엘 빠로 푸에 인네쎄사리오 에 인오뽀르뚜노

inscribir

인스끄리**비**르

동 등록시키다, ~se 등록하다, 신청하다

딸을 수영 코스에 등록시킬 것이다.

Voy a inscribir a mi hija en un curso de natación.
보이 아 인스끄리비르 아 미 이하 엔 운 꾸르소 데 나따씨온

---

insecto

인**섹**또

명 m. 곤충, 벌레

바퀴벌레는 더러운 곤충이다.

La cucaracha es un insecto asqueroso.
라 꾸까라차 에스 운 인섹또 아스께로소

---

insinuar

인시누**아**르

동 암시하다, 넌지시 말하다

그녀가 넌지시 말하고 있는 것을 아무도 이해할 수 없었다.

Nadie podía entender lo que ella estaba insinuando.
나디에 뽀디아 엔뗀데르 로 께 에야 에스따바 인시누안도

---

insistir

인시스**띠**르

동 주장하다, 강요하다

소아과의사는 적절한 영양섭취의 중요성을 주장한다.

La pediatra insiste en la importancia de la correcta
라 뻬디아뜨라 인시스떼 엔 라 임뽀르딴씨아 델 라 꼬렉따

alimentación.
알리멘따씨온

---

insomnio

인**솜**니오

명 m. 불면증

나는 불면증으로 고생하고 있다.

Sufro de insomnio.
수프로 데 인솜니오

---

inspector, -a

인스**뻭또**르, -라

명 m. f. 검사관, 검열관

그녀는 검열관에게 자기 수하물을 건네준다.

Ella entrega su equipaje al inspector.
에야 엔뜨레가 수 에끼빠헤 알 인스뻭또르

inspiración

인스삐라씨**온**　　명 f. 영감

그녀는 내 영감의 원천이다.
Ella es mi fuente de inspiración.
에야 에스 미　푸엔떼　데　인스삐라씨온

instalar

인스딸**라**르　　동 설치하다, (사람을) 정착시키다,
~se 정착하다

우리는 별장에 난방을 설치할 생각이다.
Pensamos instalar una calefacción en el chalet.
뻰사모스　인스딸라르　우나　깔레팍씨온　엔 엘 찰렛

instante

인스**딴**떼　　명 m. 순간, 순식간, 눈 깜짝할 사이

그는 잠시 망설였다.
Él vaciló un instante.
엘 바씰로 운 인스딴떼

institución

인스띠뚜씨**온**　　명 f. 제도, 기관, 조직, 기구, 협회

나는 자선 단체를 설립하고 싶다.
Quiero establecer una institución benéfica.
끼에로　에스따블레쎄르 우나　인스띠뚜씨온　베네피까

instrucción

인스뜨룩씨**온**　　명 f. 교육, 지도, 지식, 지시, 지령

나는 항상 상사의 지시를 따른다.
Yo siempre sigo las instrucciones de mi jefe.
요 시엠쁘레　시고 라스 인스뜨룩씨오네스　데 미 헤페

instrumento

인스뜨루**멘**또　　명 m. 악기

피아노는 내가 좋아하는 악기이다.
El piano es mi instrumento preferido.
엘 삐아노 에스 미　인스뜨루멘또　쁘레페리도

insultar

인술**따**르　　　　　　　동 모욕하다, 욕설을 퍼붓다

그녀는 그를 모욕했다.
Ella lo insultó.
에야 로 인술또

inteligente

인뗄리**헨**떼　　　　　　형 영리한, 총명한, 현명한

우리는 똑똑하다.
Somos inteligentes.
소모스　인뗄리헨떼스

intentar

인뗀**따**르　　　　동 시도하다, (+inf.) ~할 작정이다,
　　　　　　　　　　　~할 생각이다

나는 스페인어를 유창하게 할 생각이다.
Yo intento hablar español con fluidez.
요　인뗀또　아블라르　에스빠뇰　꼰　플루이데쓰

intercambiar

인떼르깜비**아**르　　　동 서로 교환하다

게임이 끝날 때 왜 축구선수들이 셔츠를 교환합니까?
¿Por qué los jugadores de fútbol intercambian sus
뽀르 께　로스 후가도레스 데 풋볼　인떼르깜비안 수스
camisetas al final del partido?
까미세따스 알 피날 델 빠르띠도

interés

인떼**레**스　　　　　　명 m. 흥미, 관심, 이자

내 딸은 패션에 관심이 많다.
Mi hija tiene mucho interés en la moda.
미 이하 띠에네 무초　인떼레스 엔 라 모다

interesante

인떼레**산**떼　　　　　형 흥미로운, 재미있는

흥미로운 정보이다.
Es una información interesante.
에스 우나　임포르마씨온　인떼레산떼

interesar

인떼레**사**르 　　동 흥미를 가지게 하다, 재미있게 하다

아이들은 만화영화에 흥미를 가진다.
A los niños les interesan los dibujos animados.
알 로스 니뇨스 레스 인떼레산 로스 디부호스 아니마도스

interior

인떼리**오**르 　　형 내부의, 안쪽의 명 m. 내부

내부 벽은 모자이크로 장식되어 있다.
Las paredes interiores están decoradas con mosaicos.
라스 빠레데스 인떼리오레스 에스딴 데꼬라다스 꼰 모사이꼬스

internacional

인떼르나씨오**날** 　　형 국제적인

많은 국제회의가 제네바에서 열렸다.
Muchas conferencias internacionales han tenido
무차스 꼼페렌씨아스 인떼르나씨오날레스 안 떼니도
lugar en Ginebra.
루가르 엔 히네브라

interpretar

인떼르쁘레**따**르 　　동 해석하다, 연주하다, 통역하다

나는 그의 말을 어떻게 통역해야할지 모르겠다.
No sé cómo interpretar sus palabras.
노 세 꼬모 인떼르쁘레따르 수스 빨라브라스

interrumpir

인떼룸**삐**르 　　동 중단시키다, 저지하다

그녀가 우리의 대화에 끼어들었다.
Ella interrumpió nuestra conversación.
에야 인떼룸삐오 누에스뜨라 꼼베르사씨온

interruptor

인떼룹**또**르 　　명 m. (불)스위치

스위치가 잘못 설치되었다.
El interruptor está mal instalado.
엘 인떼룹또르 에스따 말 인스딸라도

intervalo

인떼르**발**로 　명 m. 간격, 기간

활화산은 주기적으로 분화한다.
El volcán activo entra en erupción en intervalos regulares.
엘　볼깐　악띠보 엔뜨라 엔 에룹씨온　엔 인떼르발로스 레굴라레스

intervenir

인떼르베**니**르 　동 간섭하다, 참견하다, 중재하다

유엔은 분쟁에 개입하기 위해 군대를 파견했다.
Las Naciones Unidas mandaron tropas para
라스　나씨오네스 우니다스　만다론　뜨로빠스 빠라
intervenir en el conflicto.
인떼르베니르 엔 엘　꼼플릭또

íntimo, -a

인띠모, –마 　형 친한, 친밀한, 내심의

그들은 친밀한 관계이다.
Ellos tienen relaciones íntimas.
에요스 띠에넨　렐라씨오네스　인띠마스

introducir

인뜨로두**씨**르 　동 끼워 넣다, 도입하다, 소개하다

커피는 중동에서 유럽으로 소개되었다.
El café fue introducido a Europa desde Oriente Medio.
엘 까페 푸에 인뜨로두씨도 아 에우로빠 데스데 오리엔떼 메디오

introvertido, -a

인뜨로베르**띠**도, –다 　형 내향적인, 내성적인

너는 매우 내성적이다.
Tú eres muy introvertido.
뚜 에레스 무이　인뜨로베르띠도

intuición

인뚜이씨**온** 　명 f. 직감, 직관

나는 직감이 좋다.
Tengo una buena intuición.
뗑고　우나 부에나　인뚜이씨온

inundar

이눈**다**르

동 물에 잠기게 하다, 침수시키다

강이 범람해서 계곡을 침수시켰다.
La crecida del río inundó el valle.
라 끄레씨다 델 리오 이눈도 엘 바예

inventar

임벤**따**르

동 발명하다, 창안하다, 고안하다, 만들어내다

누가 전화를 발명했습니까?
¿Quién inventó el teléfono?
끼엔 임벤또 엘 델레포노

inversión

임베르시**온**

명 f. 투자

교육은 미래에 대한 투자이다.
La educación es una inversión a futuro.
라 에두까씨온 에스 우나 임베르시온 아 푸뚜로

investigar

임베스띠**가**르

동 조사하다, 수사하다, 연구하다, 탐구하다

경찰이 그 문제를 조사하고 있다.
La policía está investigando el asunto.
라 뽈리씨아 에스따 임베스띠간도 엘 아순또

invierno

임비**에**르노

명 m. 겨울

나는 스키를 타기 위해 겨울을 기다린다.
Espero el invierno para esquiar.
에스뻬로 엘 임비에르노 빠라 에스끼아르

invitar

임비**따**르

동 초대하다

내가 너를 저녁식사에 초대할게.
Te invito a cenar.
떼 임비또 아 쎄나르

inyectar

잉엑**따**르 　　　**동** 주사하다

의사는 외과수술 전에 그에게 마취 주사를 놓았다.
El doctor le inyectó la anestesia antes de la intervención.
엘 독또르 레 잉엑또 라 아네스떼시아 안떼스 델 라 인떼르벤씨온

ir

이르 　　　**동** 가다

엄마는 쇼핑가는 것을 좋아하신다.
A mi madre le gusta ir de compras.
아 미 마드레 레 구스따 이르 데 꼼쁘라스

irregular

이레굴**라**르 　　　**형** 불규칙한

내 생리주기가 불규칙하다.
Mi ciclo menstrual es irregular.
미 씨끌로 멘스뜨루알 에스 이레굴라르

irritar

이리**따**르 　　　**동** 화나게 하다, 염증을 일으키게 하다

나는 인후염이 있다.
Tengo la garganta irritada.
뗑고 라 가르간따 이리따다

isla

이슬라 　　　**명** **f.** 섬

쿠바는 아름다운 섬이다.
Cuba es una isla preciosa.
꾸바 에스 우나 이슬라 쁘레씨오사

izquierdo, -a

이쓰끼**에**르도, -다 　　　**형** 왼쪽의

나는 왼발이 아프다.
Me duele el pie izquierdo.
메 두엘레 엘 삐에 이쓰끼에르도

jabón

하**본**

명 m. 비누

내 이웃이 수제 비누 세 개를 내게 선물했다.
Mi vecina me regaló tres pastillas de jabón caseras.
미   베씨나   메   레갈로 뜨레스 빠스띠야스 데   하본   까세라스

---

jalar

할**라**르

동 끌어당기다

나는 나가기 위해 문을 잡아당겼다.
Yo jalé la puerta para salir.
요   할레 라   뿌에르따   빠라   살리르

---

jamás

하**마**스

부 결코 ~않다

나는 마드리드에 가본 적이 결코 없다.
No he estado jamás en Madrid.
노   에 에스따도   하마스 엔   마드릿

---

jamón

하**몬**

명 m. 햄

나는 이베리코 햄을 매우 좋아한다.
Me encanta el jamón ibérico.
메   엔깐따   엘 하몬   이베리꼬

---

jarabe

하**라**베

명 m. 시럽

기침에 이 시럽을 복용해야 한다.
Debes tomar este jarabe para la tos.
데베스 또마르 에스떼 하라베   빠라 라 도스

jardín

하르**딘**   **명 m.** 정원

내 정원에는 사과나무 한 그루가 있다.
Hay un manzano en mi jardín.
아이 운 만싸노 엔 미 하르딘

jefe

헤페   **명 m.** 대장, 팀장, 상사

그는 내 상사이다.
Él es mi jefe.
엘 에스 미 헤페

jersey

헤르**세**이   **명 m.** 스웨터

이 스웨터는 얼마인가요?
¿Qué precio tiene este jersey?
께 쁘레씨오 띠에네 에스떼 헤르세이

joven

호벤   **형** 젊은 **명 m. f.** 젊은이

그의 소설은 젊은이들에게 인기가 있다.
Sus novelas son populares entre los jóvenes.
수스 노벨라스 손 뽀뿔라레스 엔뜨레 로스 호베네스

joya

호야   **명 f.** 보석, 보배

엄마는 보석들을 금고에 보관하신다.
Mi mamá guarda las joyas en la caja fuerte.
미 마마 구 아르다 라스 호야스 엔 라 까하 푸에르떼

jubilado, -a

후빌**라**도, -다   **명 m. f.** 퇴직자

이 도시는 퇴직자들에게 이상적인 장소이다.
Esta ciudad es el lugar ideal para los jubilados.
에스따 싸우닷 에스 엘 루가르 이데알 빠라 로스 후빌라도스

J

juego
후에고

명 **m.** 놀이, 게임, 시합, (기구 등의) 한 벌, 한 세트

놀이는 어린이 교육의 중요한 부분이다.
El juego es una parte importante de la educación de los niños.
엘 후에고 에스 우나 빠르떼 임뽀르딴떼 델 라 에두까씨온 델 로스 니뇨스

---

juez, -a
후에쓰, -싸

명 **m.** **f.** 판사

판사는 선고를 내렸다.
El juez dictó la sentencia.
엘 후에쓰 딕또 라 센뗀씨아

---

jugar
후가르

동 놀다, 경기를 하다

누가 테니스를 잘 칩니까?
¿Quién juega bien al tenis?
끼엔 후에가 비엔 알 떼니스

---

jugo
후고

명 **m.** 주스

나는 오렌지 주스를 좋아한다.
Me gusta el jugo de naranja.
메 구스따 엘 후고 데 나랑하

---

juguete
후게떼

명 **m.** 장난감

어린아이는 자기 방에서 장난감을 가지고 놀고 있다.
El niño está jugando con sus juguetes en su habitación.
엘 니뇨 에스따 후간도 꼰 수스 후게떼스 엔 수 아비따씨온

---

juicio
후이씨오

명 **m.** 판단, 견해, 의견, 판단력

그는 판단력을 잃었다.
Él perdió el juicio.
엘 뻬르디오 엘 후이씨오

jungla

흥글라   명 f. 정글, 밀림

야생동물들은 정글에 산다.
Los animales salvajes viven en la jungla.
로스 아니말레스 살바헤스 비벤 엔 라 흥글라

---

juntar

훈따르   동 합치다, 잇다, 모으다

학생들은 연말 여행을 위해 돈을 모으고 있다.
Los alumnos están juntando fondos para hacer un
로스 알룸노스 에스딴 훈딴도 폰도스 빠라 아쎄르 운
viaje de fin de año.
비아헤 데 핀 데 아뇨

---

junto, -a

훈또, –따   형 뭉친, 함께 하는 부 함께, ~의 옆에

그들은 함께 파티에 도착했다.
Ellos llegaron juntos a la fiesta.
에요스 예가론 훈또스 알 라 피에스따

---

justo, -a

후스또, –따   형 올바른, 정당한, 공정한, 정확한

내 상사는 매우 공정한 사람이다.
Mi jefe es una persona muy justa.
미 헤페 에스 우나 뻬르소나 무이 후스따

---

juventud

후벤뚯   명 f. 청년 시절, 청춘기

청소년 시절로 돌아갈 수 없다.
No se puede volver a los días de la juventud.
노 세 뿌에데 볼베르 알 로스 디아스 델 라 후벤뚯

---

juzgar

후쓰가르   동 심판하다, 판결하다, 판단하다

너는 단 한 번의 실수만으로 그를 판단해서는 안 된다.
No lo puedes juzgar por un solo error.
놀 로 뿌에데스 후쓰가르 뽀르 운 솔로 에로르

kilogramo

킬로그라모   명 m. 킬로그램(=kilo)

다진 고기 1킬로만 주세요.
Deme un kilo de carne picada.
데메 운 킬로 데 까르네 삐까다

kilómetro

킬로메뜨로   명 m. 킬로미터

오늘 나는 5킬로미터를 걸었다.
Hoy yo caminé cinco kilómetros.
오이 요 까미네 씽꼬 킬로메뜨로스

labio

라비오 　　　　　 **명** **m.** 입술

그녀는 입술을 빨갛게 칠한다.
Ella se pinta los labios de rojo.
에야 세 삔따 로스 라비오스 데 로호

laboratorio

라보라**또**리오 　　　 **명** **m.** 실험실, 연구소, 시청각 교실

우리가 어학실습실을 사용할 수 있습니까?
¿Podemos usar el laboratorio de idiomas?
뽀데모스 우사르 엘 라보라또리오 데 이디오마스

lado

라도 　　　　　　 **명** **m.** 옆면, 측면

그 약국은 내 집의 옆에 있다.
La farmacia está al lado de mi casa.
라 파르마씨아 에스따 알 라도 데 미 까사

ladrar

라드**라**르 　　　　 **통** (개가) 짖다

개가 낯선 사람에게 짖는다.
El perro ladra al forastero.
엘 뻬로 라드라 알 포라스떼로

ladrón, -a

라드**론**, -로나 　　　 **명** **m.** **f.** 도둑

경찰은 오늘 아침 도둑을 체포했다.
La policía detuvo al ladrón esta mañana.
라 뽈리씨아 데뚜보 알 라드론 에스따 마냐나

lago
라고 · 명 m. 호수

이 호수의 깊이는 3미터이다.
Este lago tiene tres metros de profundidad.
에스떼 라고 띠에네 뜨레스 메뜨로스 데 쁘로푼디닷

lágrima
라그리마 · 명 f. 눈물

그녀는 기뻐서 눈물을 흘린다.
Ella derrama lágrimas de alegría.
에야 데라마 라그리마스 데 알레그리아

lamentar
라멘**따**르 · 동 슬퍼하다, 애석히 여기다, 미안하게 생각하다

우리는 그의 죽음을 애석해하고 있다.
Lamentamos su fallecimiento.
라멘따모스 수 파예씨미엔또

lámpara
람빠라 · 명 f. 램프, 전등

전등은 소파 옆에 있다.
La lámpara está al lado del sofá.
라 람빠라 에스따 알 라도 델 소파

lana
라나 · 명 f. 모직

이 스웨터는 모직 제품이다.
Este suéter es de lana.
에스떼 수에떼르 에스 데 라나

langosta
랑**고**스따 · 명 f. 가재, 랍스터

나는 랍스터에 알레르기가 있다.
Soy alérgico a la langosta.
소이 알레르히꼬 알 라 랑고스따

lanzar

란**싸**르 　　동 던지다, 발사하다, 쏘아 올리다

그는 새 앨범을 발표했다.
Él lanzó su nuevo álbum.
엘　란쏘　수　누에보　알붐

lápiz

라**삐**쓰 　　명 m. 연필

나는 연필로 쓰는 것을 좋아한다.
Me gusta escribir con lápiz.
메　구스따 에스끄리비르 꼰　라삐쓰

largo, -a

라르고, –가 　　형 (길이가) 긴, (시간이) 긴, 오랜

나는 여름에는 긴바지를 거의 입지 않는다.
En verano casi no me pongo pantalones largos.
엔 베라노 까시 노 메 뽕고 　빤딸로네스 라르고스

lástima

라스띠마 　　명 f. 슬픔, 유감

네가 스키를 탈줄 모른다니 유감이다.
Es una lástima que no sepas esquiar.
에스 우나 라스띠마 께 노 세빠스 에스끼아르

lata

라따 　　명 f. 캔, (통조림의) 깡통

그녀는 가게에서 참치통조림 한 개를 산다.
Ella compra una lata de atún en la tienda.
에야 꼼쁘라 우나 라따 데 아뚠 엔 라 띠엔다

lavadora

라바**도**라 　　명 f. 세탁기

어제 우리는 새 세탁기를 샀다.
Ayer compramos una lavadora nueva.
아예르 꼼쁘라모스 우나 라바도라 누에바

lavandería

라반데**리**아 　　명 f. 빨래방, 세탁서비스

나는 더러운 옷 더미를 빨래방에 가져가야만 한다.
Tengo que llevar un montón de ropa sucia a la lavandería.
뗑고　께　예바르 운　몬똔　데 로빠　수씨아 알 라 라반데리아

lavar

라**바**르 　　동 씻다, 닦다, ~se (자신의 몸의 일부를) 씻다, 닦다

나는 식전에 손을 씻는다.
Me lavo **las manos antes de comer.**
메　라보 라스 마노스　안떼스 데　꼬메르

lección

렉씨**온** 　　명 f. (교과서의) 과, 수업, 교훈

이 책의 첫 과는 매우 쉽다.
La primera lección **de este libro es muy fácil.**
라　쁘리메라　렉씨온　데 에스떼 리브로 에스 무이　파씰

leche

레체 　　명 f. 우유

우유 한 컵 마실래?
¿Quieres beber un vaso de leche?
끼에레스 베베르 운 바소 데 레체

lechuga

레**추**가 　　명 f. 상추

나는 정원에서 상추를 재배한다.
Yo cultivo lechuga en el jardín.
요　꿀띠보　레추가　엔 엘 하르딘

leer

레**에**르 　　동 읽다

나는 아침에 신문을 읽는다.
Yo leo el periódico por la mañana.
요 레오 엘　뻬리오디꼬　뽀를 라　마냐나

lejos

레호스 **(부)** 멀리에

내 집은 직장에서 멀리 있다.
Mi casa está lejos de mi oficina.
미 까사 에스따 레호스 데 미 오피씨나

lengua

렝구아 **(명) (f.)** 혀, 언어

나는 내 혀를 깨물었다.
Me mordí la lengua.
메 모르디 라 렝구아

lentes

렌떼스 **(명) (m.)** 안경, 렌즈

나는 콘택트렌즈를 낀 채로 잠이 들어버렸다.
Me quedé dormido con los lentes de contacto.
메 께데 도르미도 꼰 로스 렌떼스 데 꼰딱또

L

lento, -a

렌또, –따 **(형)** 느린 **(부)** 천천히

그는 너무 느리게 운전하고 있다.
Él está conduciendo demasiado lento.
엘 에스따 꼰두씨엔도 데마시아도 렌또

león

레온 **(명) (m.)** 사자

사자는 밀림의 왕이다.
El león es el rey de la jungla.
엘 레온 에스 엘 레이 델 라 훙글라

letra

레뜨라 **(명) (f.)** 글자, 문자, 필체, 노래 가사

그 노래의 가사를 아십니까?
¿Sabe la letra de esa canción?
사베 라 레뜨라 데 에사 깐씨온

★ levantar

레반**따**르 　 图 일으키다, 들다, ~se 일어나다

나는 주중에는 일찍 일어나야만 한다.
Debo levantarme temprano entre semana.
데보　레반따르메　뗌쁘라노　엔뜨레　세마나

★ ley

레이 　 명 f. 법, 법률, 법규

법은 모든 사람에게 동등하다.
La ley es igual para todos.
라 레이 에스 이구알 빠라 또도스

★ leyenda

레**옌**다 　 명 f. 전설

마라도나는 축구의 전설이다.
Maradona es una leyenda del fútbol.
마라도나　에스 우나　레옌다　델　풋볼

★ libre

리브레 　 형 한가한, 자유로운

오늘 한가하니?
¿Estás libre hoy?
에스따스 리브레 오이

★ librería

리브레**리**아 　 명 f. 서점

서점은 신문 가판대 근처에 있다.
La librería está cerca del quiosco de periódicos.
라 리브레리아 에스따 쎄르까 델　끼오스꼬 데　뻬리오디꼬스

★ libreta

리브**레**따 　 명 f. 수첩, 통장

기자는 자신의 수첩에 무언가를 적고 있다.
El periodista está escribiendo algo en su libreta.
엘　뻬리오디스따 에스따 에스끄리비엔도　알고　엔 수　리브레따

libro

리브로   명 m. 책

그 책을 내게 돌려줘.
Devuélveme ese libro.
데부엘베메   에세   리브로

líder

리데르   명 m. f. 리더, 대장, 반장

나는 이 팀의 리더이다.
Soy el líder de este equipo.
소이 엘 리데르 데 에스떼 에끼뽀

ligero, -a

리헤로, –라   형 (무게가) 가벼운, (영양분이) 적은

오늘은 뭔가 가벼운 것을 먹고 싶어.
Hoy quiero comer algo ligero.
오이   끼에로   꼬메르   알고   리헤로

límite

리미떼   명 m. 경계, 한계, 국경, 제한

어떤 나라에서는 고속도로에서 속도 제한이 없다.
En algunos países no hay límite de velocidad en las autopistas.
엔 알구노스 빠이세스 노 아이 리미떼 데 벨로씨닷 엔 라스 아우또삐스따스

limón

리몬   명 m. 레몬

레몬은 시다.
Los limones son ácidos.
로스 리모네스 손 아씨도스

limpiar

림삐아르   동 청소하다, 깨끗하게 하다, ~se 닦다

그녀는 지금 집 청소를 하고 있다.
Ella está limpiando la casa ahora.
에야 에스따 림삐안도 라 까사 아오라

L

limpio, -a
림삐오, -아　　　**형** 깨끗한, 청결한, 선명한

방이 깨끗하다.
La habitación está limpio.
라　아비따씨온　에스따　림삐아

lindo, -a
린도, -다　　　**형** 예쁜, 귀여운, 사랑스러운

그녀는 매우 사랑스러운 여자이다.
Ella es una chica muy linda.
에야 에스 우나　치까　무이　린다

línea
리네아　　　**명 f.** 줄, 선, 노선

12번째 줄에 틀린 철자가 있다.
En la línea doce hay un error ortográfico.
엔 라 리네아　도쎄 아이 운　에로르　오르또그라피꼬

líquido, -a
리끼도, -다　　　**형** 액체의 **명 m.** 액체, 유동식

이 투명한 액체에는 독이 들어있다.
Este líquido transparente contiene veneno.
에스떼　리끼도　　뜨란스빠렌떼　　꼰띠에네　　베네노

lista
리스따　　　**명 f.** 리스트, 목록, 출석부

식당 입구에 가격표가 있다.
A la puerta del restaurante está la lista de precios.
알 라 뿌에르따 델　레스따우란떼 에스따 라 리스따 데 쁘레씨오스

listo, -a
리스또, -따　　　**형** 영리한, 민첩한, 준비된

나는 그녀가 영특한지 모르겠다.
No sé si ella es lista.
노 세 시 에야 에스 리스따

literatura

리떼라**뚜**라　　명 f. 문학

우리는 스페인 문학을 공부한다.
Estudiamos la literatura española.
에스뚜디아모스 라　리떼라뚜라　에스빠뇰라

litro

리뜨로　　명 m. 리터

나는 아침에 1리터의 우유를 마신다.
Yo tomo un litro de leche en la mañana.
요　또모　운 리뜨로　데　레체　엔　라　마냐나

llamar

야**마**르　　동 부르다, 전화하다, ~se 이름이
　　　　　　　~이다

당신의 이름은 무엇입니까?
¿Cómo se llama usted?
꼬모　세　야마　우스뗏

llanta

얀따　　명 f. 타이어

내 차의 타이어 한 개가 펑크가 났다.
Se me pinchó una llanta.
세　메　삔초　우나　얀따

llanura

야**누**라　　명 f. 평원, 평야

동물들이 평원을 가로질러 달리고 있다.
Los animales están corriendo a través de la llanura.
로스 아니말레스 에스딴　꼬리엔도　아 뜨라베스 델 라 야누라

llave

야베　　명 f. 열쇠

집 열쇠가 어디에 있니?
¿Dónde están las llaves de la casa?
돈데　에스딴 라스 야베스 델 라 까사

L

llavero

야**베**로   명 m. 열쇠 고리, 키 홀더

내 친구가 내게 열쇠고리를 선물했다.
Mi amigo me regaló un llavero.
미 아미고 메 레갈로 운 야베로

---

llegar

예**가**르   동 도착하다, 도달하다

대체로 몇 시에 사무실에 도착하십니까?
¿A qué hora llega a la oficina generalmente?
아 께 오라 예가 알 라 오피씨나 헤네랄멘떼

---

lleno, -a

예노. -나   형 (+de) ~로 가득 찬

하늘에 별이 가득하다.
El cielo está lleno de estrellas.
엘 씨엘로 에스따 예노 데 에스뜨레야스

---

llevar

예**바**르   동 가지고 가다, 데리고 가다

누가 너를 공항에 데려다주니?
¿Quién te lleva al aeropuerto?
끼엔 떼 예바 알 아에로뿌에르또

---

llorar

요**라**르   동 울다, 슬퍼하다

어린아이들이 동시에 운다.
Los niños lloran al mismo tiempo.
로스 니뇨스 요란 알 미스모 띠엠뽀

---

llover

요**베**르   동 비가 내리다

오늘 비가 많이 내릴 예정이다.
Hoy va a llover mucho.
오이 바 아 요베르 무초

---

local

로깔

형 장소의, 지방의 **명** m. 시설, 점포

지역신문은 보수 후보를 지지한다.
El periódico local apoya al candidato conservador.
엘 뻬리오디꼬 로깔 아뽀야 알 깐디다또 꼰세르바도르

loco, -a

로꼬, –까

형 미친
명 m. f. 미친 사람, 정신병자

그는 미친 사람처럼 행동한다.
Él actúa como un loco.
엘 악뚜아 꼬모 운 로꼬

locutor, -a

로꾸또르, –라

명 m. f. 아나운서, 뉴스 캐스터

오늘의 뉴스

그는 텔레비전 뉴스 아나운서로 일하고 있다.
Él trabaja como locutor de noticias de la televisión.
엘 뜨라바하 꼬모 로꾸또르 데 노띠씨아스 델 라 뗄레비시온

(L)

lógico, -a

로히꼬, –까

형 논리적인, 당연한

그의 대답은 논리적이었다.
Su respuesta fue lógica.
수 레스뿌에스따 푸에 로히까

lograr

로그라르

동 성취하다, 달성하다

합격

그는 라틴어 시험을 통과했다.
Él logró aprobar el latín.
엘 로그로 아쁘로바르 엘 라띤

lotería

로떼리아

명 f. 복권

복권에 당첨이 된다면 나는 일을 그만둘 것이다.
Si me toca la lotería, dejaré de trabajar.
시 메 또까 라 로떼리아 데하레 데 뜨라바하르

L

luchar

루**차**르 　　　⑧ 싸우다, 겨루다

여성의 권익을 위해서 싸워야만 한다.
Hay que luchar por los derechos de la mujer.
아이 께 루차르 뽀르 로스 데레초스 델 라 무헤르

---

luego

루**에**고 　　　⑨ 후에, 나중에

나중에 말해줄게.
Te lo digo luego.
뗄 로 디고 루에고

---

lugar

루**가**르 　　　⑨ ⑩ 장소, 곳

이 도시에서 가장 아름다운 곳은 어디입니까?
¿Cuál es el lugar más bonito de esta ciudad?
꾸알 에스 엘 루가르 마스 보니또 데 에스따 씨우닷

---

lujoso, -a

루**호**소, -사 　　　⑱ 사치스러운, 호화로운, 고급스러운

신랑 신부는 매우 호화로운 연회를 열었다.
Los novios ofrecieron un banquete muy lujoso.
로스 노비오스 오프레씨에론 운 방께떼 무이 루호소

---

luna

루나 　　　⑨ ⑪ 달

달이 길을 비추고 있다.
La luna ilumina el camino.
라 루나 일루미나 엘 까미노

---

luz

루쓰 　　　⑨ ⑪ 빛, (전기의) 전류

열린 창문으로 빛이 들어오고 있다.
La luz entra por la ventana abierta.
라 루쓰 엔뜨라 뽀를 라 벤따나 아비에르따

madera

마**데**라 　　　 명 f. 나무, 목재

이 문은 나무로 만들어졌다.
Esta puerta es de madera.
에스따　뿌에르따 에스 데　　마데라

---

madre

마드레 　　　 명 f. 어머니

나의 어머니는 꽃꽂이를 가르치신다.
Mi madre enseña arreglo floral.
미　 마드레　 엔세냐　아레글로　 플로랄

---

madrina

마드**리**나 　　　 명 f. 대모

대모님이 맛있는 케이크를 준비하셨다.
La madrina preparó una deliciosa tarta.
라　마드리나　　쁘레빠로　우나　　델리씨오사 따르따

---

madrugada

마드루**가**다 　　　 명 f. 새벽

엄마는 새벽 4시에 일어나신다.
Mi mamá se levanta a las cuatro de la madrugada.
미　 마마　세　레반따 알 라스 꾸아뜨로 델 라　마드루가다

---

maduro, -a

마**두**로, –라 　　　 형 익은, 성숙한

과일이 이제는 익었다.
La fruta ya está madura.
라 프루따 야 에스따　마두라

M

maestro, -a

마에스뜨로, -라 　명 m. f. 교사, 선생, 명인, 달인

선생님은 항상 우리에게 과제를 돌려주신다.
El maestro siempre nos devuelve las tareas.
엘 마에스뜨로　시엠쁘레　노스　데부엘베　라스　따레아스

magnífico, -a

마그니피꼬, -까 　형 장엄한, 훌륭한, 멋진, 장대한, 호화로운

이 풍경은 웅장하다.
Este paisaje es magnífico.
에스떼　빠이사헤 에스 마그니피꼬

maleta

말레따 　명 f. 트렁크, 여행용 가방

나는 지금 여행 짐을 싸야만 한다.
Tengo que hacer la maleta ahora.
뗑고　께 아쎄르 라　말레따　아오라

maltratar

말뜨라따르 　동 학대하다, 거칠게 다루다

사람들은 동물을 학대해서는 안 된다.
La gente no debe maltratar a los animales.
라 헨떼 노　데베　말뜨라따르 알 로스 아니말레스

mañana

마냐나 　명 f. 아침, 오전 　부 내일

내일 나는 휴가를 떠날 것이다.
Mañana voy a ir de vacaciones.
마냐나　보이 아 이르 데　바까씨오네스

mancha

만차 　명 f. 얼룩

이 얼룩은 빠지지 않는다.
Esta mancha no se quita.
에스따　만차 노 세 끼따

mandar

만다르　　　⑧ 보내다, 명령하다

네게 내 새 아파트 사진을 보내줄게.
Te mandaré una foto de mi nuevo piso.
떼 만다레 우나 포또 데 미 누에보 삐소

manejar

마네하르　　　⑧ 운전하다, 조정하다

운전 조심해.
Maneja con cuidado.
마네하 꼰 꾸이다도

manera

마네라　　　⑲ ⓕ 방식, 방법

행복하기 위한 방법은 많은 것 같다.
Parece que hay muchas **maneras** de ser felices.
빠레쎄 께 아이 무차스 마네라스 데 세르 펠리쎄스

manifestación

마니페스따씨온　　　⑲ ⓕ 시위, 집회

노조가 시위에 참여했습니까?
¿El sindicato participó en la **manifestación**?
엘 신디까또 빠르띠씨뽀 엔 라 마니페스따씨온

mano

마노　　　⑲ ⓕ 손

나는 이 실크 블라우스를 손으로 빨아야 한다.
Tengo que lavar a **mano** esta blusa de seda.
뗑고 께 라바르 아 마노 에스따 블루사 데 세다

manta

만따　　　⑲ ⓕ 모포, 담요, 여행용의 휴대 모포

밤에는 추워서 나는 양모 담요가 필요하다.
Necesito una **manta** de lana porque hace frío en la noche.
네쎄시또 우나 만따 데 라나 뽀르께 아쎄 프리오 엔 라 노체

（M）

mantener
만떼**네**르

(동) 지속하다, 유지하다

그들은 끈끈한 우정을 유지하고 있다.
Ellos mantienen una estrecha amistad.
에요스 만띠에넨 우나 에스뜨레차 아미스땃

mantequilla
만떼**끼**야

(명) (f.) (식탁용) 버터

나는 치즈보다 버터를 더 좋아한다.
Me gusta más la mantequilla que el queso.
메 구스따 마스 라 만떼끼야 께 엘 께소

manzana
만**싸**나

(명) (f.) 사과, (거리의) 블록

아침에 사과를 먹는 것은 좋다.
Es bueno comer manzanas por la mañana.
에스 부에노 꼬메르 만싸나스 뽀를 라 마냐나

mapa
마빠

(명) (m.) 지도

나는 세계지도가 필요하다.
Necesito un mapa del mundo.
네쎄시또 운 마빠 델 문도

maquillar
마끼**야**르

(동) 화장을 해주다, ~se 화장하다, 메이크업하다

그녀는 매일 아침 화장을 한다.
Ella se maquilla todas las mañanas.
에야 세 마끼야 또다스 라스 마냐나스

máquina
마끼나

(명) (f.) 기계

나는 재봉틀을 사고 싶다.
Quiero comprar una máquina de coser.
끼에로 꼼쁘라르 우나 마끼나 데 꼬세르

mar

마르
명 m. 바다

방이 바다를 향해서 우리는 무척 마음에 들었다.
Nos gustó mucho el cuarto porque daba al mar.
노스 구스또 무초 엘 꾸아르또 뽀르께 다바 알 마르

---

maravilloso, -a

마라비요소, -사
형 경이적인, 훌륭한, 멋진

나는 너와 오늘 멋진 하루를 보냈다.
He pasado un día maravilloso contigo.
에 빠사도 운 디아 마라비요소 꼰띠고

---

marca

마르까
명 f. 브랜드

XX명품점

내 동네에는 유명한 브랜드 의류 매장이 있다.
En mi barrio hay una tienda de ropa de marca muy conocida.
엔 미 바리오 아이 우나 띠엔다 데 로빠 데 마르까 무이 꼬노씨다

---

marcador

마르까도르
명 m. 스코어, 스코어보드, 매직펜

2 - 0

최종 스코어는 2대 0이었다.
El marcador final fue de dos a cero.
엘 마르까도르 피날 푸에 데 도스 아 세로

---

marchar

마르차르
동 ~se 행진하다, 가다, 떠나다, 출발하다

나는 오후 4시에 여기서 출발할 것이다.
Me marcharé de aquí a las cuatro de la tarde.
메 마르차레 데 아끼 알 라스 꾸아뜨로 델 라 따르데

---

marco

마르꼬
명 m. 틀, 테두리, 액자, 사진틀

창문틀은 나무로 만들어졌다.
El marco de la ventana es de madera.
엘 마르꼬 델 라 벤따나 에스 데 마데라

M

mareo

마레오   명 m. 현기증, 멀미

나는 배가 고프면 어지러워진다.
Cuando tengo hambre, me da mareo.
꾸안도   뗑고   암브레   메 다   마레오

---

marido

마리도   명 m. 남편

내 남편은 아주 훌륭한 요리사이다.
Mi marido es muy buen cocinero.
미   마리도   에스 무이   부엔   꼬씨네로

---

marinero

마리네로   형 항해의, 선원의 명 m. 선원

선원들은 선장에게 복종해야만 한다.
Los marineros deben obedecer al capitán.
로스   마리네로스   데벤   오베데쎄르 알   까삐딴

---

marisco

마리스꼬   명 m. 해산물

나는 해산물로 만든 요리를 좋아한다.
Me gustan los platos hechos a base de mariscos.
메   구스딴 로스   쁠라또스   에초스 아 바세 데   마리스꼬스

---

marrón

마론   형 갈색의

이 갈색 구두는 얼마인가요?
¿Cuánto valen estos zapatos marrones?
꾸안또   발렌   에스또스   싸빠또스   마로네스

---

martillo

마르띠요   명 m. 망치

망치는 도구 상자에 있다.
El martillo está en la caja de herramientas.
엘 마르띠요   에스따 엔 라 까하 데   에라미엔따스

masaje

마**사**헤

명 m. 마사지

등을 마사지해줄까?
¿Te doy un masaje en la espalda?
떼 도이 운 마사헤 엔 라 에스빨다

máscara

마스까라

명 f. 탈, 가면, 복면, 마스크

검은 마스크를 쓴 영웅은 배트맨이다.
El héroe con la máscara negra es Batman.
엘 에로에 꼰 라 마스까라 네그라 에스 밧맨

matador

마따**도**르

명 m. 투우사, 살인범

황소를 죽였을 때 사람들이 투우사에게 박수를 보냈다.
La gente aplaudió al matador cuando mató al toro.
라 헨떼 아쁠라우디오 알 마따도르 꾸안도 마또 알 또로

matemáticas

마떼**마**띠까스

명 f. 수학

나는 수학시험에 합격했다.
He aprobado el examen de matemáticas.
에 쁘로바도 엘 엑싸멘 데 마떼마띠까스

material

마떼리**알**

명 m. 재료, 물질, 원료

나는 필요한 재료를 다 가지고 있다.
Tengo todos los materiales necesarios.
뗑고 또도스 로스 마떼리알레스 네쎄사리오스

matrícula

마뜨**리**꿀라

명 f. 명부, 학적부, 등록, 입학 수속, 등록금, (자동차의) 번호, 번호판

홀수 번호판 차량은 오늘은 운행할 수 없다.
Los vehículos con matrícula impar no pueden circular hoy.
로스 베이꿀로스 꼰 마뜨리꿀라 임빠르 노 뿌에덴 씨르꿀라르 오이

matrimonio

마뜨리**모**니오 　명 m. 결혼, 혼인, 부부

나는 버스에서 키스하는 노부부를 보았다.
Vi a un matrimonio viejo besándose en el autobús.
비 아 운　마뜨리모니오　비에호　베산도세　엔 엘 아우또부스

máximo, -a

막씨모. −마 　형 최대의, 최고의

너는 최대허용속도를 넘어서는 안 된다.
No debes pasar la velocidad máxima permitida.
노　데베스　빠사르 라　벨로씨닷　막씨마　빼르미띠다

mayor

마**요**르 　형 나이가 더 많은, 연상의

형은 나보다 두 살 위이다.
Mi hermano es dos años mayor que yo.
미　에르마노　에스 도스 아뇨스 마요르　께 요

mayoría

마요**리**아 　명 f. 대부분

대부분의 시내 상점은 아침 10시에 문을 연다.
La mayoría de las tiendas del centro abren a las diez
라 마요리아　델 라스 띠엔다스 델 쎈뜨로　아브렌 알 라스 디에쓰
de la mañana.
델 라 마냐나

mayúscula

마**유**스꿀라 　명 f. 대문자

We know what we are,
but not what we may be.

문장은 대문자로 시작한다.
Las frases empiezan con mayúscula.
라스 프라세스　엠삐에싼　꼰　마유스꿀라

mecánico, -a

메**까**니꼬. −까 　형 기계의, 역학의
명 m. f. 수리공, 정비공

모두가 에스컬레이터를 이용한다.
Todo el mundo usa las escaleras mecánicas.
또도 엘　문도　우사 라스 에스깔레라스　메까니까스

medalla

메**다**야 　　　**명 f.** 메달

그녀는 금메달을 수상했다.
Ella ganó la medalla de oro.
에야 가노 라 메다야 데 오로

---

mediano, -a

메디**아**노, -나 　　　**형** 중간의, 중간크기의

그녀는 중간크기의 트렁크를 가지고 다닌다.
Ella lleva una maleta de tamaño mediano.
에야 예바 우나 말레따 데 따마뇨 메디아노

---

medianoche

메디아**노**체 　　　**명 f.** 자정, 한밤중, 밤 12시

한밤중에 피아노를 쳐서는 안 된다.
No debes tocar el piano a medianoche.
노 데베스 또가르 엘 삐아노 아 메디아노체

---

medias

메디아스 　　　**명 f.** 스타킹

그녀는 젖은 스타킹을 벗었다.
Ella se quitó las medias mojadas.
에야 세 끼또 라스 메디아스 모하다스

---

medicina

메디**씨**나 　　　**명 f.** 약품, 의학

의학은 계속해서 암을 연구하고 있다.
La medicina sigue investigando el cáncer.
리 메디씨나 시게 임베스띠간도 엘 깐쎄르

---

médico, -a

메디꼬, -까 　　　**명 m. f.** 의사

그의 어머니는 의사이다.
Su madre es médica.
수 마드레 에스 메디까

(M)

M

medida
메**디**다 　명 f. 조치, 대책

정부는 출생률을 높이기 위해 여러 가지 대책을 세웠다.
El gobierno ha tomado varias medidas para el
엘　고비에르노 아　또마도　바리아스 메디다스　빠라 엘
aumento de natalidad.
아우멘또　데　나딸리닷

medio, -a
메디오, -아　형 절반의, 2분의 1, 평균의
명 m. 중앙

오후 3시 반이다.
Son las tres y media de la tarde.
손 라스 뜨레스 이 메디아　델 라 따르데

mediodía
메디오**디**아　명 m. 정오, 낮 12시

우리는 매일 정오에 점심을 먹는다.
Almorzamos todos los días al mediodía.
알모르싸모스　또도스 로스 디아스 알 메디오디아

medir
메**디**르　동 재다, 계량하다, 헤아리다

내 키는 1미터 70센티이다.
Yo mido un metro setenta centímetros.
요 미도 운 메뜨로　세뗀따 쎈띠메뜨로스

mejilla
메**히**야　명 f. 뺨

스페인사람들은 양쪽 뺨에 키스하며 인사한다.
Los españoles saludan con un beso en cada mejilla.
로스 에스빠뇰레스 살루단　곤 운 베소 엔 까다 메히야

mejor
메**호**르　형 더 좋은 부 더 잘

나는 너를 더 잘 알고 싶어.
Quiero conocerte mejor.
끼에로　꼬노쎄르떼 메호르

melancólico, -a
멜랑**꼴**리꼬, -까   🔵형 우울한, 울적한, 우울하게 하는, 구슬픈

멀리서 구슬픈 멜로디가 들린다.
A lo lejos se escucha una melodía melancólica.
알 로 레호스 세 에스꾸차 우나 멜로디아 멜랑꼴리까

melón
멜**론**   🔵명 m. 멜론

그녀는 디저트로 멜론을 먹는 것을 선호한다.
Ella prefiere comer melón de postre.
에야 쁘레피에레 꼬메르 멜론 데 뽀스뜨레

memorizar
메모리**싸**르   🔵동 외우다, 암기하다

날짜를 기억하는 것은 쉽지 않다.
No es fácil memorizar fechas.
노 에스 파씰 메모리싸르 페차스

mencionar
멘씨오**나**르   🔵동 언급하다, 간단히 말하다

그녀는 자신의 책에서 내 이름을 언급했다.
Ella mencionó mi nombre en su libro.
에야 멘씨오노 미 놈브레 엔 수 리브로

mendigo, -a
멘**디**고, -가   🔵명 m. f. 거지, 걸인

그는 부자인데 거지처럼 산다.
Es rico y vive como un mendigo.
에스 리꼬 이 비베 꼬모 운 멘디고

menor
메**노**르   🔵형 나이가 더 적은, 연하의

그녀는 나보다 다섯 살 어리다.
Ella es cinco años menor que yo.
에야 에스 씽꼬 아뇨스 메노르 께 요

menos

메노스

형 더 적은 부 더 적게 전 ~을 제외하고

나는 더 적게 일하고 싶다.
Quiero trabajar menos.
끼에로 뜨라바하르 메노스

---

mensaje

멘사헤

명 m. 메시지, 전갈, 통신

내 메시지 받았니?
¿Recibiste mi mensaje?
레씨비스떼 미 멘사헤

---

mental

멘딸

형 정신적인, 심적인, 지능의

정신 건강은 육체 건강만큼 중요하다.
La salud mental es tan importante como la salud física.
라 살룻 멘딸 에스 딴 임뽀르딴떼 꼬모 라 살룻 피시까

---

mentira

멘띠라

명 f. 거짓말

절대 거짓말을 하지 마라.
Nunca digas mentiras.
눈까 디가스 멘띠라스

---

menú

메누

명 m. 메뉴

오늘의 특선메뉴는 뭔가요?
¿Cuál es el menú especial de hoy?
꾸알 에스 엘 메누 에스뻬씨알 데 오이

---

mercado

메르까도

명 m. 시장

금요일

나는 보통 금요일에 시장에 간다.
Normalmente, voy al mercado los viernes.
노르말멘떼 보이 알 메르까도 로스 비에르네스

mercancía

메르깐씨아 (명) f. 상품

상품은 어제 도착했다.
Las mercancías llegaron ayer.
라스 메르깐씨아스 예가론 아예르

merecer

메레쎄르 (동) (상이나 벌을) 받을만하다

너는 메달을 받을 자격이 있다.
Mereces una medalla.
메레쎄스 우나 메다야

merienda

메리엔다 (명) f. 간식

나는 아이들에게 줄 간식을 준비하고 있다.
Estoy preparando la merienda a los niños.
에스또이 쁘레빠란도 라 메리엔다 알 로스 니뇨스

mermelada

메르멜라다 (명) f. 잼

이것은 집에서 만든 잼입니다.
Esta es mermelada hecha en casa.
에스따 에스 메르멜라다 에차 엔 까사

mes

메스 (명) m. 달, 1개월

아이는 다음 달에 다섯 살이 된다.
La niña va a cumplir cinco años el próximo mes.
라 니냐 바 아 꿈쁠리르 씽꼬 아뇨스 엘 쁘록씨모 메스

mesa

메사 (명) f. 테이블

상을 차릴까요?
¿Pongo la mesa?
뽕고 라 메사

meter

메**떼**르 　　　　**동** 넣다, 끼워 넣다

나는 주머니에 손을 넣었다.
Metí las manos en los bolsillos.
메띠 라스 마노스 엔 로스 볼시요스

metro

메**뜨**로 　　　　**명 m.** 지하철

제시간에 도착하기 위해서는 지하철을 타야만 합니다.
Tiene que tomar el metro para llegar a tiempo.
띠에네 께 또마르 엘 메뜨로 빠라 예가르 아 띠엠뽀

mezclar

메스끌**라**르 　　　　**동** 혼합하다, 섞다

물과 기름은 섞을 수 없다.
No se puede mezclar aceite con agua.
노 세 뿌에데 메쓰끌라르 아쎄이떼 꼰 아구아

miedo

미**에**도 　　　　**명 m.** 두려움, 겁

나는 지진이 두렵다.
Me dan miedo los terremotos.
메 단 미에도 로스 떼레모또스

miel

미**엘** 　　　　**명 f.** 꿀

우리는 신혼여행 중이다.
Estamos de luna de miel.
에스따모스 데 루나 데 미엘

miembro

미**엠**브로 　　　　**명 m.** 회원, 일원, 멤버, 단원

우리는 우리 팀원들을 자랑스럽게 생각한다.
Estamos orgullosos de los miembros de nuestro equipo.
에스따모스 오르구요소스 데 로스 미엠브로스 데 누에스뜨로 에끼뽀

mientras
미**엔**뜨라스　　　　📑 ~하는 동안에

그녀는 식사하는 동안 계속 이야기했다.
Ella seguía hablando mientras comía.
에야　세기아　아블란도　미엔뜨라스　꼬미아

mil
밀　　　　🔷 천, 1000

각자 천 달러를 지불했다.
Cada persona pagó mil dólares.
까다　뻬르소나　빠고　밀　돌라레스

milagro
밀**라**그로　　　　📙 m. 기적

사랑은 기적을 만든다.
El amor hace milagros.
엘　아모르　아쎄　밀라그로

militar
밀리**따**르　　　　🔷 군대의, 군사의, 군인의

군비지출은 경제에 부담이 될 수 있다.
El gasto militar puede ser una carga para la economía.
엘 가스또 밀리따르 뿌에데 세르 우나 까르가 빠라 라 에꼬노미아

millón
미**욘**　　　　📙 m. 백만, 다수, 무수

수백만 명의 사람들이 일자리를 잃었다.
Millones de personas perdieron sus trabajos.
미요네스　데　뻬르소나스　뻬르디에론　수스　뜨라바호스

mínimo, -a
미니모, -마　　　　🔷 최저의, 최소의

독일의 최저 임금은 얼마입니까?
¿Cuál es el salario mínimo en Alemania?
꾸알 에스 엘 살라리오 미니모 엔 알레마니아

ministro, -a

미**니**스뜨로, -라   명 m. f. 장관

그녀는 보건복지부 장관으로 임명되었다.
Ella fue nombrada ministra de Sanidad y Bienestar.
에야 푸에   놈브라다   미니스뜨라 데   사니닷   이 비엔에스따르

minusválido, -a

미누스**발**리도, -다   형 장애가 있는
명 m. f. 장애인

장애 아동들을 위한 보육원을 신설할 예정이다.
Van a abrir una nueva guardería para niños
반 아 아브리르 우나 누에바   구아르데리아 빠라 니뇨스
minusválidos.
마누스발리도스

minuto

미**누**또   명 m. 분

해수욕장은 5분 거리에 있다.
La playa está a cinco minutos.
라 쁠라야 에스따 아 씽꼬   미누또스

mirador

미라**도**르   명 m. 전망대

교회 앞에 바다가 보이는 전망대가 있다.
Frente a la iglesia hay un mirador que da al mar.
프렌떼 알 라 이글레시아 아이 운 미라도르 께 다 알 마르

mirar

미**라**르   동 바라보다, 주시하다

강아지는 매우 슬픈 눈으로 그녀를 바라보았다.
El cachorro la miró con ojos muy tristes.
엘   까초로   라 미로 꼰 오호스 무이 뜨리스떼스

misión

미시**온**   명 f. 임무, 사명

우리는 성공적으로 임무를 완수했다.
Hemos cumplido nuestra misión con éxito.
에모스   꿈쁠리도   누에스뜨라 미시온 꼰 엑씨또

mismo, -a

미스모, -마   형 같은, 바로 그, 자신의, 당장

우리는 나이가 같다.
Tenemos la mismo edad.
떼네모스 라 미스마 에닷

---

misterio

미스떼리오   명 m. 신비, 비밀

우주는 신비로 가득하다.
El universo está lleno de misterios.
엘 우니베르소 에스따 예노 데 미스떼리오스

---

mochila

모칠라   명 f. 배낭

그 빨간 배낭은 누구거니?
¿De quién es la mochila roja?
데 끼엔 에스 라 모칠라 로하

---

modelo

모델로   명 m. 본보기, 모범, 형식
             m. f. 모델

그녀는 매우 유명한 모델이다.
Ella es una modelo muy famosa.
에야 에스 우나 모델로 무이 파모사

---

moderno, -a

모데르노, -나   형 현대의, 근대의, 최신 유행의

마약은 현대 사회의 암이다.
Las drogas son un cáncer de la sociedad moderna.
라스 드로가스 손 운 깐세르 델 라 소씨에닷 모데르나

---

modo

모도   명 m. 방식, 방법, 양식

더 좋은 방법이 있다.
Hay un modo mejor.
아이 운 모도 메호르

★★★ mojar

모**하**르   동 적시다, 축이다, ~se 젖다

나는 와인으로 식탁보를 적셨다.
He mojado el mantel con el vino.
에 모하도 엘 만뗄 꼰 엘 비노

★★★ molestar

몰레스**따**르   동 귀찮게 하다, 괴롭히다, 방해하다

일하고 있으니까 나를 귀찮게 하지 마라.
No me molestes, estoy trabajando.
노 메 몰레스떼스 에스또이 뜨라바한도

★★★ momento

모**멘**또   명 m. 순간, 잠깐, 시기

잠깐만 기다려!
¡Espera un momento!
에스뻬라 운 모멘또

★★★ moneda

모**네**다   명 f. 화폐, 동전

나의 취미는 동전을 모으는 것입니다.
Mi pasatiempo es coleccionar monedas.
미 빠사띠엠뽀 에스 꼴렉씨오나르 모네다스

★★★ montaña

몬**따**냐   명 f. 산

나는 일요일마다 등산한다.
Subo a la montaña los domingos.
수보 알 라 몬따냐 로스 도밍고스

★★★ morado, a

모**라**도, -다   형 보라색의
명 m. 피부에 시퍼렇게 맺힌 멍

그녀는 검정 치마와 보라색 티셔츠를 입고 있다.
Ella lleva una falda negra y una camiseta morada.
에야 예바 우나 팔다 네그라 이 우나 까미세따 모라다

moral

모랄   형 도덕의, 도의적인

이것은 도의적인 문제이다.
Esta es una cuestión moral.
에스따 에스 우나 꾸에스띠온 모랄

---

morder

모르데르   동 깨물다

개가 사람을 물었다.
El perro mordió al hombre.
엘 뻬로 모르디오 알 옴브레

---

moreno, -a

모레노, -나   형 까무잡잡한, 갈색의, 검은

그녀는 까무잡잡하고 키가 크다.
Ella es morena y alta.
에야 에스 모레나 이 알따

---

morir

모리르   동 죽다, 사망하다

나는 배고파 죽을 지경이다.
Me muero de hambre.
메 무에로 데 암브레

---

mosca

모스까   명 f. 파리

벽에 파리가 있다.
Hay moscas en la pared.
아이 모스까스 엔 라 빠렛

---

mosquito

모스끼또   명 m. 모기

나는 모기에 물렸다.
Me han picado los mosquitos.
메 안 삐까도 로스 모스끼또스

mostaza

모스**따**싸   명 f. 겨자소스

겨자 좀 건네주시겠어요?
¿Me puede pasar la mostaza?
메 뿌에데 빠사르 라 모스따싸

mostrador

모스뜨라**도**르   명 m. 진열대, 카운터, 계산대

가장 비싼 핸드백들은 카운터 뒤에 보관되어 있다.
Los bolsos más caros están guardados detrás
로스 볼소스 마스 까로스 에스딴 구아르다도스 데뜨라스
del mostrador.
델 모스뜨라도르

motivo

모**띠**보   명 m. 동기, 이유

즐기는 것이 이 여행의 목적이다.
La diversión es el motivo de este viaje.
라 디베르시온 에스 엘 모띠보 데 에스떼 비아헤

moto

모또   명 f. 오토바이(motocicleta)

나는 오토바이를 타고 시내를 한 바퀴 돌 것이다.
Voy a dar una vuelta por la ciudad en moto.
보이 아 다르 우나 부엘따 뽀르 라 씨우닷 엔 모또

mover

모베르   동 이동시키다, 움직이게 하다
~se 움직이다

이 의자를 부엌으로 옮겨놓을 것이다.
Yo voy a mover esta silla a la cocina.
요 보이 아 모베르 에스따 시야 알 라 꼬씨나

muchacho, -a

무**차**초, −차   명 m. f. 소년(소녀)

소년들은 금요일마다 춤추러 간다.
Los muchachos van a bailar los viernes.
로스 무차초스 반 아 바일라르 로스 비에르네스

mudar

무**다**르   동 ~se 이사하다

그녀는 세비야로 이사하고 싶어한다.
Ella quiere mudarse a Sevilla.
에야 끼에레 무다르세 아 세비야

mueble

무**에**블레   명 m. 가구

가구의 뒤쪽도 닦아야 한다.
Hay que limpiar también atrás del mueble.
아이 께 림삐아르 땀비엔 아뜨라스 델 무에블레

muela

무**엘**라   명 f. 어금니

나의 사랑니가 아프다.
Me duele la muela del juicio.
메 두엘레 라 무엘라 델 후이씨오

muerto, -a

무**에**르또, –따   형 죽은 명 m. 사망자

지진으로 2천 명 이상의 사망자가 발생했다.
En el terremoto resultaron más de dos mil muertos.
엔 엘 떼레모또 레술따론 마스 데 도스 밀 무에르또스

muestra

무**에**스뜨라   명 f. 샘플

제게 샘플들을 보내주시길 바랍니다.
Quiero que me envíen las muestras.
끼에로 께 메 엔비엔 라스 무에스뜨라스

mujer

무**헤**르   명 f. 여자, 부인

내 친구의 부인은 초등학교 교사이다.
La mujer de mi amigo es maestra de primaria.
라 무헤르 데 미 아미고 에스 마에스뜨라 데 쁘리마리아

multa

물따   명 f. 벌금

과속에 대한 벌금은 얼마입니까?
¿Cuánto es la multa por exceso de velocidad?
꾸안또 에스 라 물따 뽀르 엑쎄소 데 벨로씨닷

multiplicar

물띠쁠리까르   동 증가시키다, 증대시키다, 곱하다

악천후가 교통사고를 증가시킨다.
El mal tiempo multiplica los accidentes de tráfico.
엘 말 띠엠뽀 물띠쁠리까 로스 악씨덴떼스 데 뜨라피꼬

multitud

물띠뚯   명 f. 군중

군중은 그 여배우에게 박수갈채와 환호를 보낸다.
La multitud aplaude y grita a la actriz.
라 물띠뚯 아쁠라우데 이 그리따 알 라 악뜨리쓰

mundo

문도   명 m. 세계

내 교실에는 세계지도가 하나 있다.
En mi clase hay un mapa del mundo.
엔 미 끌라세 아이 운 마빠 델 문도

muñeco, -a

무녜꼬, -까   명 m. f. 인형 f. 손목

나는 조카에게 인형을 선물할 것이다.
Voy a regalar una muñeca a mi sobrina.
보이 아 레갈라르 우나 무녜까 아 미 소브리나

municipal

무니씨빨   형 시의, 시영의

나는 책을 빌리기 위해 시립도서관에 가곤 한다.
Suelo ir a la biblioteca municipal a pedir
수엘로 이르 알 라 비블리오떼까 무니씨빨 아 뻬디르
prestados unos libros.
쁘레스따도 우노스 리브로스

murmurar

무르무라르

⑧ 중얼거리다, 투덜거리다, 험담하다

그녀는 항상 이웃에 대해 험담을 하고 있다.
Ella siempre está murmurando acerca de los vecinos.
에야 시엠쁘레 에스따 무르무란도 아쎄르까 데 로스 베씨노스

muro

무로

⑲ ⑩ 담, 벽, 성벽

벽에는 낙서가 가득하다.
El muro está lleno de grafitis.
엘 무로 에스따 예노 데 그라삐띠스

músculo

무스꿀로

⑲ ⑩ 근육

운동선수는 강철 같은 근육을 갖고 있다.
El deportista tiene músculos de acero.
엘 데뽀르띠스따 띠에네 무스꿀로스 데 아쎄로

museo

무세오

⑲ ⑩ 박물관

관광객들은 오후에 박물관을 방문할 것이다.
Los turistas van a visitar el museo por la tarde.
로스 뚜리스따스 반 아 비시따르 엘 무세오 뽀르 라 따르데

música

무시까

⑲ ⑥ 음악

음악은 라틴아메리카 문화의 매우 중요한 요소이다.
La música es un elemento muy importante de
라 무시까 에스 운 엘레멘또 무이 임뽀르딴떼 델
la cultura latinoamericana.
라 꿀뚜라 라띠노아메리까나

muy

무이

⑭ 매우

그녀는 매우 행복해 보인다.
Ella parece muy feliz.
에야 빠레쎄 무이 펠리쓰

nacer

나쎄르　　　　　동 낳다, 태어나다

당신은 어디서 태어났습니까?
¿Dónde nació Ud.?
돈데　　나씨오 우스뗏

---

nacimiento

나씨미엔또　　명 m 탄생, 그리스도의 탄생을
　　　　　　　　　상징하는 장식

출생지가 어디입니까?
¿Cuál es su lugar de nacimiento?
꾸알 에스 수 루가르 데　　나씨미엔또

---

nación

나씨온　　　　　명 f 국가

모든 국가는 세계 평화를 원한다.
Todas las naciones desean la paz mundial.
또다스 라스 나씨오네스　　데세안 라 빠쓰 문디알

---

nacional

나씨오날　　　　형 국가의, 국립의

멕시코 국기는 어느 것인가요?
¿Cuál es la bandera nacional de México?
꾸알 에스 라 반데라　　나씨오날 데 메히꼬

---

nacionalidad

나씨오날리닷　　명 f 국적

당신의 국적은 어디입니까?
¿Cuál es su nacionalidad?
꾸알 에스 수　　나씨오날리닷

nada

나다   ⓓ 아무것도 ~(없다)

그녀는 겁이 나서 아무 것도 할 수 없다.
Ella no puede hacer nada por el miedo.
에야 노 뿌에도 아쎄르 나다 뽀르 엘 미에도

---

nadar

나다르   ⓥ 헤엄치다, 수영하다

그들은 해안까지 헤엄쳐갔다.
Ellos llegaron a la costa nadando.
에요스 예가론 알 라 꼬스따 나단도

---

nadie

나디에   ⓓ 아무도, 어느 누구도

나는 아무도 보고 싶지 않다.
No quiero ver a nadie.
노 끼에로 베르 아 나디에

---

nalga

날가   ⓝ ⓕ 엉덩이

주사를 맞아서 오른쪽 엉덩이가 아프다.
Me duele la nalga derecha porque me pusieron
메 두엘레 라 날가 데레차 뽀르께 메 뿌시에론
una inyección.
우나 잉옉씨온

---

naranja

나랑하   ⓝ ⓕ 오렌지

나는 오렌지보다 자몽을 더 좋아한다.
Prefiero las toronjas a las naranjas.
쁘레피에로 라스 또롱하스 알 라스 나랑하스

---

narcotraficante

나르꼬뜨라피**깐**떼   ⓝ ⓜ ⓕ 마약밀매업자

대도시에는 마약밀매업자가 많이 있다.
Los narcotraficantes abundan en las grandes ciudades.
로스 나르꼬뜨라피깐떼스 아분단 엔 라스 그란데스 씨우다데스

nariz

나**리**쓰 　　명 f. 코

나는 코가 크다.
Tengo la nariz grande.
뗑고　라　나리쓰　그란데

---

natación

나따씨**온** 　　명 f. 수영

수영은 좋은 운동이다.
La natación es un buen ejercicio.
라　나따씨온　에스　운　부엔　에헤르씨씨오

---

natal

나**딸** 　　형 출생의, 출생지의, 탄생지의

나의 고향은 매우 아름답다.
Mi ciudad natal es muy bonita.
미　씨우닷　나딸　에스　무이　보니따

---

nativo, -a

나**띠**보, –바 　　형 출생지의, 모국어를 하는
　　명 m. f. 현지인

당신은 영어를 모국어처럼 말한다.
Usted habla inglés como un nativo.
우스뗏　아블라　잉글레스　꼬모　운　나띠보

---

natural

나뚜**랄** 　　형 자연의, 천연의, 타고난,
　　당연한

그 나라에는 천연자원이 많이 있다.
Ese país tiene muchos recursos naturales.
에세　빠이스　띠에네　무초스　레꾸르소스　나뚜랄레스

---

naturaleza

나뚜랄**레**싸 　　명 f. 자연, 자연계, 자연 현상

자연을 훨씬 더 보호해야만 한다.
Hay que proteger mucho más la naturaleza.
아이　께　쁘로떼헤르　무초　마스　라　나뚜랄레싸

náusea

나우세아   명 f. 구역질, 욕지기, 혐오감, 불쾌감

더러운 양말 냄새 때문에 메스껍다.
El olor de calcetines sucios me da náusea.
엘 올로르 데 깔쎄띠네스 수씨오스 메 단 나우세아

navaja

나**바**하   명 f. 칼, 잭나이프(주머니칼)

날이 무딘 면도기로 면도하는 것은 매우 위험하다.
Es muy peligroso afeitarse con una navaja desafilada.
에스 무이 뻴리그로소 아페이따르세 꼰 우나 나바하 데사필라다

nave

나베   명 f. 배

배는 태평양으로 향했다.
La nave se dirigió al océano Pacífico.
라 나베 세 디리히오 알 오쎄아노 빠씨피꼬

navegar

나베**가**르   동 항해하다, 돌아다니다

나는 식후에 잠깐 인터넷 서핑을 한다.
Yo navego por Internet un rato después de comer.
요 나베고 뽀르 인떼르넷 운 라도 데스뿌에스 데 꼬메르

Navidad

나비**닷**   명 f. 크리스마스

대부분의 스페인 사람들은 크리스마스에 선물을 받는다.
La mayoría de los españoles reciben los regalos en Navidad.
라 마요리아 델 로스 에스빠뇰레스 레씨벤 로스 레갈로스 엔 나비닷

necesario, -a

네쎄**사**리오, -아   형 필요한

8시간 자는 게 필요하다.
Es necesario dormir ocho horas.
에스 네쎄사리오 도르미르 오초 오라스

necesitar

네쎄시**따**르　　　**동** 필요하다, ~할 필요가 있다

우리는 서두를 필요가 없다.
No necesitamos tener prisa.
노　　네쎄시따모스　　떼네르　쁘리사

negativo, -a

네가**띠**보, –바　　　**형** 부정의, 부정적인

그의 반응은 부정적이었다.
Su respuesta fue negativa.
수　　레스뿌에스따 푸에　　네가띠바

negociación

네고씨아씨**온**　　　**명 f.** 거래, 교섭, 협상

단체교섭은 합의에 이르지 못했다.
Las negociaciones colectivas no llegaron a un acuerdo.
라스　네고씨아씨오네스　꼴렉띠바스　노　 예가론　아 운 아꾸에르도

negocio

네**고**씨오　　　**명 m.** 비즈니스, 사업

나의 아버지는 사업가이다.
Mi padre es hombre de negocios.
미　빠드레 에스　옴브레　데　네고씨오스

negro, -a

네그로, –라　　　**형** 검은

나는 파티에서 검은 드레스를 입어야 한다.
Tengo que ponerme un vestido negro en la fiesta.
뗑고　 께　뽀네르메　운 베스띠도　네그로　엔 라 피에스따

nervioso, -a

네르비**오**소, –사　　　**형** 긴장한, 초조한

시험에서 긴장하지 마라.
No te pongas nervioso en el examen.
노　떼　뽕가스　　네르비오소　엔 엘　엑싸멘

nevar

네**바**르   동 눈이 오다

캐나다에서는 겨울에 눈이 많이 내린다.
En Canadá nieva mucho en invierno.
엔 까나다 니에바 무초 엔 인비에르노

nevera

네**베**라   명 f. 냉장고

냉장고에 음료수가 남아있나요?
¿Queda algún refresco en la nevera?
께다 알군 레프레스꼬 엔 라 네베라

ni

니   접 ~도 ~도 아니다

나는 시간도 돈도 없다.
No tengo ni tiempo ni dinero.
노 뗑고 니 띠엠뽀 니 디네로

nido

니도   명 m. 둥지, 보금자리

새는 둥지를 짓는다.
Los pájaros construyen nidos.
로스 빠하로스 꼰스뜨루엔 니도스

niebla

니**에**블라   명 f. 안개

안개가 많이 껴서 비행기가 출발할 수 없다.
El avión no puede salir porque hay mucha niebla.
엔 아비온 노 뿌에데 살리르 뽀르께 아이 무차 니에블라

nieto, -a

니**에**또, -따   명 m. f. 손자

할아버지 할머니들은 손자들을 매우 사랑한다.
Los abuelos quieren mucho a sus nietos.
로스 아부엘로스 끼에렌 무초 아 수스 니에또스

N

nieve

니에베   명 f. 눈

산에 눈이 많이 쌓여 있다.
En las montañas hay mucha nieve.
엔 라스 몬따냐스 아이 무차 니에베

---

ninguno, -a

닝구노, -나   형 어떤 · 아무런 ~도 않다

우리는 아무런 문제가 없다.
No tenemos ningún problema.
노 떼네모스 닝군 쁘로블레마

---

niño, -a

니뇨, -냐   명 m. f. 어린이

아이들이 정원에서 놀고 있다.
Los niños juegan en el jardín.
로스 니뇨스 후에간 엔 엘 하르딘

---

noble

노블레   형 고귀한, 고상한, 기품이 있는

그녀는 매우 기품이 있다.
Ella es muy noble.
에야 에스 무이 노블레

---

noche

노체   명 f. 밤

금요일

너는 대체로 금요일 밤마다 뭘 하니?
¿Qué haces generalmente los viernes por la noche?
께 아쎄스 헤네랄멘떼 로스 비에르네스 뽀르 라 노체

---

noción

노씨온   명 f. 관념, 개념, 생각, 의견

그들은 시간의 개념이 전혀 없다.
Ellos no tienen ninguna noción del tiempo.
에요스 노 띠에넨 닝구나 노씨온 델 띠엠뽀

★★★ nocivo, -a
노씨보, -바   형 해로운, 나쁜, 유독한

폭음은 건강에 해롭다.
Las borracheras son nocivas para la salud.
라스   보라체라스   손   노씨바스   빠라 라   살룻

★★★ nombre
놈브레   명 m. 이름

당신의 이름은 무엇입니까?
¿Cuál es su nombre?
꾸알 에스 수   놈브레

★★★ normal
노르말   형 정상적인, 보통의, 규격대로의

실수하는 것은 정상적인 일이다.
Es normal cometer errores.
에스   노르말   꼬메떼르   에로레스

★★★ norte
노르떼   명 m. 북쪽

군대는 국경을 지키기 위해 북쪽에 있다.
El ejército está en el norte para proteger la frontera.
엘 에헤르씨또 에스따 엔 엘 노르떼   빠라   쁘로떼헤르 라 프론떼라

★★★ nostalgia
노스딸히아   명 f. 향수

때때로 나는 어린 시절에 대한 향수를 느낀다.
A veces, siento nostalgia de mi infancia.
아 베쎄스   시엔또   노스딸히아 데 미 임판씨아

★★★ nota
노따   명 f. 성적

의대에 들어가려면 어떤 성적이 필요합니까?
¿Qué nota se necesita para entrar en la Facultad de Medicina?
께 노따 세 네쎄시따 빠라 엔뜨라르 엔 라 파꿀땃 데 메디씨나

noticia

노**띠**씨아　　　　명 f. 뉴스, 소식

너에게 알려줄 좋은 소식이 있어.
Tengo una buena noticia para ti.
뗑고　우나　부에나　노띠씨아　빠라 띠

---

novela

노**벨**라　　　　명 f. 소설

이 소설은 길고 지루하다.
Esta novela es larga y aburrida.
에스따　노벨라　에스　라르가 이　아부리다

---

novio, -a

노비오, -아　　　　명 m. f. 애인

그녀는 매주 토요일에 시내에서 애인을 만난다.
Ella se encuentra con su novio todos los sábados en el centro.
에야 세　엔꾸엔뜨라　꼰　수 노비오　또도스 로스 사바도스 엔 엘 쎈뜨로

---

nublado, -a

누블**라**도, -다　　　　형 흐린

하늘이 흐려있다.
El cielo está nublado.
엘　씨엘로 에스따　누블라도

---

nuclear

누끌레**아**르　　　　형 핵의, 원자력을 사용하는

독일은 더 많은 원자력을 사용하지 않기로 결정했다.
Alemania decidió no usar más energía nuclear.
알레마니아　데씨디오　노 우사르 마스　에네르히아 누끌레아르

---

nuera

누**에**라　　　　명 f. 며느리

마리아는 카르멘의 며느리이다.
María es la nuera de Carmen.
마리아 에스 라 누에라 데　　까르멘

nuestro, -a

누**에**스뜨로, -라 　형 우리의

기장은 우리 비행기가 20분 이내에 착륙하게 될 거라고 알렸다.
El capitán anunció que nuestro vuelo aterrizaría en
엘　까삐딴　아눈씨오　께　누에스뜨로　부엘로　아떼리싸리아　엔
veinte minutos.
베인떼　미누또스

nuevo, -a

누**에**보, -바 　형 새로운

그는 다시 시작하기로 결심했다.
Él decidió comenzar de nuevo.
엘　데씨디오　꼬멘싸르　데　누에보

nuez

누**에**쓰 　명 f. 호두

나는 샐러드에 호두를 넣었다.
Yo puse unas nueces en la ensalada.
요　뿌세　우나스　누에쎄스　엔　라　엔살라다

número

누메로 　명 m. 번호, 수

당신의 방 번호는 무엇입니까?
¿Cuál es su número de habitación?
꾸알　에스　수　누메로　데　아비따씨온

nunca

눈까 　부 결코 ~않다

어린아이는 결코 바다를 본 적이 없다.
El niño no ha visto nunca el mar.
엘　니뇨　노　아　비스또　눈까　엘　마르

nutritivo, -a

누뜨리**띠**보, -바 　형 영양이 되는, 영양가가 높은

이 생선은 싸지만 영양가가 높다.
Este pescado es barato, pero nutritivo.
에스떼　뻬스까도　에스　바라또　뻬로　누뜨리띠보

o

오   접 또는, 혹은, 아니면

너는 밥이 더 좋니 아니면 빵이 더 좋니?
¿Prefieres arroz o pan?
쁘레피에레스 아로쓰 오 빤

obedecer

오베데쎄르   동 따르다, 복종하다

그 아이들은 선생님의 지시사항을 따르지 않는다.
Esos chicos no obedecen a las indicaciones del maestro.
에소스 치꼬스 노 오베데쎈 알 라스 인디까시오네스 델 마에스뜨로

obesidad

오베시닷   명 f. 비만

멕시코는 세계 제1위의 비만국가이다.
México ocupa el primer lugar mundial en obesidad.
메히꼬 오꾸빠 엘 쁘리메르 루가르 문디알 엔 오베씨닷

objeto

오브헤또   명 m. 물건, 사물, 대상, 목적

그 물건들은 매우 유용하다.
Esos objetos son muy útiles.
에소스 오브헤또스 손 무이 우띨레스

obligatorio, -a

오블리가또리오, -아   형 의무적인, 강제적인, 필수의

스페인에서는 팁을 주는 것이 강제적인 것이 아니다.
En España no es obligatorio dar propina.
엔 에스빠냐 노 에스 오블리가또리오 다르 쁘로삐나

obra

오브라   명 f. 작품

프라도 박물관에는 2,500개 이상의 작품이 있다.
El Museo del Prado tiene más de dos mil quinientas obras.
엘 무세오 델 쁘라도 띠에네 마스 데 도스 밀 끼니엔따스 오브라스

observar

옵세르**바**르   동 관찰하다, 알아차리다, 지적하다

야생 조류를 관찰하는 것은 매우 재미있다.
Observar las aves silvestres es muy divertido.
옵세르바르 라스 아베스 실베스뜨레스 에스 무이 디베르띠도

obtener

옵떼**네**르   동 획득하다, 달성하다

나는 인터뷰에서 좋은 등급을 받았다.
He obtenido buen nivel en la entrevista.
에 옵떼니도 부엔 니벨 엔 라 엔뜨레비스따

ocasión

오까시**온**   명 f. 기회, 경우, 때

좋은 기회였다.
Era una buena ocasión.
에라 우나 부에나 오까시온

océano

오**쎄**아노   명 m. 대양

카나리아 제도는 대서양에 있다.
Las Islas Canarias están en el océano Atlántico.
라스 이슬라스 까나리아스 에스딴 엔 엘 오쎄아노 아뜰란띠꼬

ocultar

오꿀**따**르   동 감추다, 숨기다

그녀는 감정을 매우 잘 감춘다.
Ella oculta muy bien su sentimiento.
에야 오꿀따 무이 비엔 수 센띠미엔또

ocupado, -a

오꾸**빠**도, -다   형 바쁜, 사용중인, 점령된

나는 오늘 바쁘다.
Hoy estoy ocupado.
오이 에스또이 오꾸빠도

ocurrir

오꾸**리**르   동 발생하다

지진이 언제 일어났나요?
¿Cuándo ocurrió el terremoto?
꾸안도   오꾸리오 엘   떼레모또

odiar

오디**아**르   동 미워하다, 증오하다, 혐오하다

나는 월요일이 너무 싫어.
Odio los lunes.
오디오 로스 루네스

oeste

오**에**스떼   명 m. 서쪽

서쪽은 4방위 중의 하나이다.
El oeste es uno de los cuatro puntos cardinales.
에 오에스떼 에스 우노 데 로스 꾸아뜨로 뿐또스   까르디날레스

ofender

오펜**데**르   동 모욕하다, 감정을 상하게 하다, 화나게 하다

그의 말이 나를 화나게 했다.
Sus palabras me ofendieron.
수스   빨라브라스 메   오펜디에론

oferta

오**페**르따   명 f. 공급, 제안, 제공, 오퍼

우리는 당신의 제안을 받아들이겠습니다.
Aceptamos su oferta.
아쎕따모스   수 오페르따

oficial
오피씨**알**

형 공적인, 관직에 있는, 공식의
명 m. f. 사무원, 관리, 장교

앙골라의 공식 언어는 포르투갈어이다.
El idioma oficial de Angola es el portugués.
엘 이디오마 오피씨알 데 앙골라 에스 엘 뽀르뚜게스

oficina
오피**씨**나

명 f. 사무실

당신은 몇 시에 퇴근하시나요?
¿A qué hora sale Ud. de la oficina?
아 께 오라 살레 우스뗏 델 라 오피씨나

ofrecer
오프레**쎄**르

동 제공하다

최신 스마트폰
일반가 : 600,000
회원가 : 300,000

그 회사는 한 달 내내 고객들에게 특가를 제공하고 있다.
La empresa está ofreciendo precios especiales a sus
라 엠쁘레사 에스따 오프레씨엔도 쁘레씨오스 에스뻬씨알레스 아 수스
clientes durante todo el mes.
끌리엔떼스 두란떼 또도 엘 메스

oír
오**이**르

동 듣다, 들리다

아버지는 뉴스를 듣고 계신다.
Mi padre está oyendo las noticias.
미 빠드레 에스따 오옌도 라르 노띠씨아스

ojalá
오할**라**

감 부디 ~하기를

제발 내일 비가 오지 않기를.
Ojalá no llueva mañana.
오할라 노 유에바 마냐나

ojo
오호

명 m. 눈

어린아이는 두 눈을 감고 입을 벌린다.
El niño cierra los ojos y abre la boca.
엘 니뇨 씨에레 로스 오호스 이 아브레 라 보까

ola

올라　　　　　명 f. 파도

큰 파도가 그의 카누를 뒤집었다.
Una gran ola volcó su canoa.
우나 그란 올라 볼꼬 수 까노아

---

olor

올로르　　　　　명 m. 냄새

나는 마늘 냄새를 좋아하지 않는다.
No me gusta el olor del ajo.
노 메 구스따 엘 올로르 델 아호

---

olvidar

올비다르　　　　　동 잊다, 망각하다, 잊어버리다

나는 부인의 생일을 잊어서는 안 된다.
No debo olvidar el cumpleaños de mi esposa.
노 데보 올비다르 엘 꿈쁠레아뇨스 데 미 에스뽀사

---

opción

옵씨온　　　　　명 f. 선택

우리는 선택의 여지가 없다.
No tenemos opción.
노 떼네모스 옵씨온

---

operar

오뻬라르　　　　　동 수술하다, 움직이다, 작동하다

외과 의사는 환자를 수술했다.
El cirujano operó al paciente.
엘 씨루하노 오뻬로 알 빠씨엔떼

---

opinión

오삐니온　　　　　명 f. 의견

생각이 바뀌면 내 사무실로 와라.
Si cambias de opinión, ven a mi oficina.
시 깜비아스 데 오삐니온 벤 아 미 오피씨나

oponer

오뽀**네**르

동 대립시키다, ~se (+a) ~에 반대하다

우리는 자유무역협정에 반대한다.
Nos oponemos al tratado libre de comercio.
노스 오뽀네모스 알 뜨라따도 리브레 데 꼬메르씨오

---

oportunidad

오뽀르뚜니**닷**

명 f. 기회

젊은이들에게 기회를 주는 것은 가치가 있다.
Vale la pena dar oportunidad a los jóvenes.
발레 라 뻬나 다르 오뽀르뚜니닷 알 로스 호베네스

---

oprimir

오쁘리**미**르

동 (버튼을) 누르다, 억압하다, 억누르다

어떤 버튼을 눌러야 하는지 모르겠어요.
No sé cuál botón debo oprimir.
노 세 꾸알 보똔 데보 오쁘리미르

---

oración

오라씨**온**

명 f. 문장

이 문장에 오타가 하나 있다.
En esta oración hay una errata.
엔 에스따 오라씨온 아이 우나 에라따

---

ordenador

오르데나**도**르

명 m. 컴퓨터

이 노트북은 누구 거니?
¿De quién es este ordenador portátil?
데 끼엔 에스 에스떼 오르데나도르   뽀르따띨

---

ordenar

오르데**나**르

동 정돈하다, 명령하다

아이들은 각자의 서랍을 정리한다.
Los niños ordenan sus cajones.
로스 니뇨스 오르데난 수스 까호네스

O

ordinario, -a
오르디**나**리오, -아 **형** 보통의, 일상의, 평범한

나는 평범하지 않은 것은 아무것도 하지 않았다.
No hice nada fuera de lo ordinario.
노 이쎄 나다 푸에라 델 로 오르디나리오

oreja
오**레**하 **명 f.** 귀

토끼는 귀가 크다.
Los conejos tienen las orejas grandes.
로스 꼬네호스 띠에넨 라스 오레하스 그란데스

organizar
오르가니**싸**르 **동** 조직하다, 계획하다, 준비하다

우리는 수업 마지막 날을 위해 파티를 준비한다.
Organizamos una fiesta para el último día de clase.
오르가니싸모스 우나 피에스따 빠라 엘 울띠모 디아 데 끌라세

orgulloso, -a
오르구**요**소, -사 **형** 자존심이 강한, 자랑하는, 긍지가 대단한

나는 내 자식들을 매우 자랑스럽게 생각한다.
Estoy muy orgulloso de mis hijos.
에스또이 무이 오르구요소 데 미스 이호스

orientación
오리엔따씨**온** **명 f.** 진로지도, 직무 예비 교육, 방향

내 친구는 방향 감각이 없다.
Mi amiga no tiene sentido de orientación.
미 아미가 노 띠에네 센띠도 데 오리엔따씨온

original
오리히**날** **형** 최초의, 기원의, 본래의, 독창적인

정말 독창적인 아이디어군요!
¡Qué idea tan original!
께 이데아 딴 오리히날

oro

오로   명 m. 금

시간은 금이다.
El tiempo es oro.
엘 띠엠뽀 에스 오로

---

oscuro, -a

오스**꾸**로, -라   형 어두운

거리가 매우 어둡다.
Las calles están bastante oscuras.
라스 까예스 에스딴 바스딴떼 오스꾸라스

---

oso, -a

오소, -사   명 m. f. 곰

사냥꾼은 곰을 쐈다.
El cazador disparó a un oso.
엘 까싸도르 디스빠로 아 운 오소

---

ostión

오스띠**온**   명 m. 굴

굴과 새우는 내가 제일 좋아하는 해산물이다.
Los ostiones y los camarones son mis mariscos favoritos.
로스 오스띠오네스 이 로스 까마로네스 손 미스 마리스꼬스 파보리또스

---

otoño

오**또**뇨   명 m. 가을

많은 한국인들이 가을에 산에 오른다.
Muchos coreanos suben a la montaña en otoño.
무초스 꼬레아노스 수벤 알 라 몬따냐 엔 오또뇨

---

otro, -a

오뜨로, -라   형 다른, 그 이외의, 또 다른

제게 기회를 한 번 더 주세요.
Deme otra oportunidad.
데메 오뜨라 오뽀르뚜니닷

paciente

빠씨**엔**떼

(형) 인내심이 많은 (명) (m.) (f.) 환자

내 영어선생님은 매우 인내심이 많은 분이다.
Mi profesora de inglés es muy paciente.
미   쁘로페소라 데 잉글레스 에스 무이   빠씨엔떼

padecer

빠데**쎄**르

(동) 고통을 당하다

그들 중 대부분은 비만 관련 질병에 시달리고 있다.
La mayoría de ellos padecen enfermedades
라 마요리아 데 에요스 빠데쎈   엠페르메다데스
relacionadas con la obesidad.
렐라씨오나다스 꼰 라 오베시닷

padre

빠드레

(명) (m.) 아버지

나는 세 아이의 아버지다.
Yo soy padre de tres hijos.
요 소이 빠드레 데 뜨레스 이호스

padrino

빠드**리**노

(명) (m.) 대부

삼촌은 내 대부이다.
Mi tío es mi padrino de bautismo.
미 띠오 에스 미   빠드리노 데   바우띠스모

pagar

빠**가**르

(동) 지불하다

현금으로 지불할게요.
Voy a pagar en efectivo.
보이 아 빠가르 엔 에펙띠보

página

빠히나   명 f. 페이지

그 소설은 몇 페이지인가요?
¿Cuántas páginas tiene esa novela?
꾸안따스   빠히나스   띠에네   에사   노벨라

país

빠이스   명 m. 국가

모든 국가에는 국기가 있다.
Todos los países tienen su bandera nacional.
또도스 로스 빠이세스 띠에넨 수 반데라 나씨오날

paisaje

빠이사헤   명 m. 경치, 풍경

경치가 훌륭하다.
El paisaje es magnífico.
엘 빠이사헤 에스 마그니피꼬

pájaro

빠하로   명 m. 새

새들이 하늘에서 날고 있다.
Los pájaros vuelan en el cielo.
로스 빠하로스 부엘란 엔 엘 씨엘로

P

palabra

빨라브라   명 f. 단어, 낱말, 발언권

단어를 외우는 것이 필요하다.
Es necesario memorizar las palabras.
에스 네쎄사리오 메모리싸르 라스 빨라브라스

palacio

빨라씨오   명 m. 왕궁, 궁, 궁궐

나는 도시에서 가장 아름다운 왕궁을 방문할 예정이다.
Voy a visitar el palacio más hermoso de la ciudad.
보이 아 비시따르 엘 빨라씨오 마스 에르모소 델 라 씨우닷

pálido, -a

빨리도, -다

형 창백한, 핏기가 없는, 생기가 없는

그녀는 얼굴이 창백하고 마르기 시작했다.
Ella empezó a ponerse pálida y delgada.
에야 엠뻬쏘 아 뽀네르세 빨리다 이 델가다

---

palo

빨로

명 m. 막대기

개가 막대기의 냄새를 맡고 있다.
El perro está olfateando el palo.
엘 뻬로 에스따 올파떼안도 엘 빨로

---

panadería

빠나데리아

명 f. 빵집, 제과점

빵집은 몇 시에 문을 닫습니까?
¿A qué hora cierra la panadería?
아 께 오라 씨에라 라 빠나데리아

---

pantalón

빤딸론

명 m. 바지

여름에는 우리는 반바지를 입는다.
En verano llevamos pantalones cortos.
엔 베라노 예바모스 빤딸로네스 꼬르또스

---

pañuelo

빠뉴엘로

명 m. 손수건, 스카프

그녀는 셔츠를 입고 목에 스카프를 메고 있다.
Ella lleva una camisa y pañuelo al cuello.
에야 예바 우나 까미사 이 빠뉴엘로 알 꾸에요

---

papel

빠뻴

명 m. 종이, (연극) 역할

프린터에 용지가 필요합니다.
La impresora necesita papel.
라 임쁘레소라 네쎄시따 빠뻴

paquete

빠**께**떼   명 m. 소포, 수하물, 포장

이 소포를 부치러 우체국에 갈 거야.
Voy a ir a correos para enviar este paquete.
보이 아 이르 아 꼬레오스   빠라   엔비아르 에스떼   빠께떼

---

par

빠르   명 m. 두 개, 켤레, 한 쌍

어제 나는 신발 한 켤레를 샀다.
Ayer yo compré un par de zapatos.
아예르 요 꼼쁘레 운 빠르 데 싸빠또스

---

para

빠라   전 ~을 위하여, (기간)까지

나는 유럽을 여행하기 위해서 돈을 저축하고 있다.
Estoy ahorrando dinero para viajar por Europa.
에스또이 아오란도   디네로   빠라 비아하르 뽀르 에우로빠

---

parada

빠**라**다   명 f. 정류장

버스정류장이 내 집 앞에 있다.
La parada de autobús está enfrente de mi casa.
라   빠라다   데   아우또부스 에스따 엔프렌떼   데   미   까사

---

paraguas

빠**라**구아스   명 m. 우산

이 우산은 내 것이다.
Este paraguas es mío.
에스떼   빠라구아스 에스 미오

---

paralelo, -a

빠랄**렐**로, -라   형 평행의, 나란한

도로는 강과 나란히 나 있다.
La carretera corre paralela al río.
라   까레떼라   꼬레   빠랄렐라   알 리오

parecer

빠레**쎄**르

🔵 보이다, ~인 것 같다, **~se** (+a) ~를 닮다

나는 아버지를 많이 닮았다.
Me parezco **mucho a mi padre.**
메　빠레쓰꼬　무초　아　미　빠드레

pared

빠**렛**

🟢 **f.** 벽

벽은 최근에 칠해졌다.
Las paredes **están recién pintadas.**
라스　빠레데스　에스딴　레씨엔　삔따다스

pareja

빠**레**하

🟢 **f.** 부부, 커플

해외로 신혼여행을 가는 커플이 점점 증가하고 있다.
Las parejas **que van al extranjero de luna de**
라스　빠레하스　께　반　알　엑쓰뜨랑헤로　데　루나　데
miel aumentan más y más.
미엘　아우멘딴　　마스　이　마스

pariente

빠리**엔**떼

🟢 **m.** 친척

좋은 이웃이 먼 친척보다 낫다.
Un buen vecino es mejor que un pariente lejano.
운　부엔　베씨노　에스　메호르　께　운　빠리엔떼　레하노

parque

빠르**께**

🟢 **m.** 공원

아이들은 놀이공원에 가는 것을 좋아한다.
A los niños les gusta ir al parque de atracciones.
아　로스　니뇨스　레스　구스따　이르　알　빠르께　데　아뜨락씨오네스

parrilla

빠**리**야

🟢 **f.** 석쇠, 그릴

우리는 그릴에 소시지를 굽고 있다.
Estamos asando chorizos en la parrilla.
에스따모스　아산도　초리쏘스　엔　라　빠리야

parte

빠르떼 · 명 f. 부분

소설의 2부는 매우 감동적이다.
La segunda parte de la novela es muy emocionante.
라 세군다 빠르떼 델 라 노벨라 에스 무이 에모씨오난떼

participar

빠르띠씨빠르 · 동 참석하다, 참여하다

거의 천명이 시위에 참여했다.
Cerca de mil personas participaron en la manifestación.
쎄르까 데 밀 뻬르소나스 빠르띠씨빠론 엔 라 마니페스따씨온

particular

빠르띠꿀라르 · 형 특별한, 사적인

각 개인의 특별한 취향을 존중해야만 한다.
Hay que respetar los gustos particulares de cada persona.
아이 께 레스뻬따르 로스 구스또스 빠르띠꿀라레스 데 까다 뻬르소나

partido

빠르띠도 · 명 m. 경기, 시합, 정당

축구경기가 언제 있나요?
¿Cuándo hay partido de fútbol?
꾸안도 아이 빠르띠도 데 풋볼

P

partir

빠르띠르 · 동 출발하다, 나누다

우리는 내일 아침에 출발한다.
Partimos mañana por la mañana.
빠르띠모스 마냐나 뽀르 라 마냐나

pasado, -a

빠사도, -다 · 형 지난, 지나간, 과거의

지난 주말에 뭐 했니?
¿Qué hiciste el fin de semana pasado?
께 이씨스떼 엘 핀 데 세마나 빠사다

P

★ pasaje
빠**사**헤

명 m. 통행료, (여객) 운임, 요금, 항공료

나는 왕복 티켓을 샀다.
Yo compré un pasaje de ida y vuelta.
요 꼼쁘레 운 빠사헤 데 이다 이 부엘따

★ pasajero, -a
빠사**헤**로, -라

명 m. f. 승객

로스앤젤레스로 가시는 승객들은 13번 게이트로 가셔야 합니다.
Los pasajeros con destino a Los Ángeles tienen que ir
로스 빠사헤로스 꼰 데스띠노 아 로스 앙헬레스 띠에넨 께 이르
a la puerta número trece.
알 라 뿌에르따 누메로 뜨레쎄

★ pasaporte
빠사**뽀**르떼

명 m. 여권

당신의 여권번호가 뭔가요?
¿Cuál es su número de pasaporte?
꾸알 에스 수 누메로 데 빠사뽀르떼

★ pasar
빠**사**르

동 일어나다, 통과하다, 보내다, 건네주다

5번 버스는 20분마다 운행한다.
El autobús número cinco pasa cada veinte minutos.
엘 아우또부스 누메로 씽꼬 빠사 까다 베인떼 미누또스

★ pasear
빠세**아**르

동 산책하다

나는 자전거를 타고 공원을 산책하고 싶다.
Quiero pasear por el parque en bicicleta.
끼에로 빠세아르 뽀르 엘 빠르께 엔 비씨끌레따

★ pasillo
빠**시**요

명 m. 복도

욕실은 복도의 끝에 있다.
El cuarto de baño está al fondo del pasillo.
엘 꾸아르또 데 바뇨 에스따 알 폰도 엘 빠시오

paso

빠소

명 **m.** 통과, 통행, 걸음, 발소리

몇 걸음 더 가시면 여성 의류 섹션이 있습니다.

A unos pasos más está la sección de ropa para mujeres.
아 우노스 빠소스 마스 에스따 라 섹씨온 데 로빠 빠라 무헤레스

---

pastel

빠스뗄

명 **m.** 케이크

나는 할머니에게 이 케이크를 가지고 간다.

Le llevo este pastel a mi abuela.
레 예보 에스떼 빠스뗄 아 미 아부엘라

---

patata

빠**따**따

명 **f.** 감자(=papa)

나는 감자튀김을 좋아한다.

Me gustan las patatas fritas.
메 구스딴 라스 빠따따스 프리따스

---

patinar

빠띠**나**르

동 스케이트 타다

나는 겨울에 호수로 스케이트를 타러간다.

En invierno salgo a patinar al lago.
엔 임비에르노 살고 아 빠띠나르 알 라고

---

pato

빠또

명 **m.** 오리

오리와 거위를 구별할 줄 아세요?

¿Sabe diferenciar un pato de un ganso?
사베 디페렌씨아르 운 빠또 데 운 간소

---

pausa

빠우사

명 **f.** 잠깐 멈춤, 중지, 중단, 중간 휴식, 휴지

우리는 잠시 휴식을 취할 것이다.

Vamos a hacer una pequeña pausa.
바모스 아 아쎄르 우나 뻬께냐 빠우사

pavo

빠보   명 m. 칠면조

주인은 손님을 위해 칠면조를 자른다.
El anfitrión corta el pavo para los invitados.
엘 암피뜨리온 꼬르따 엘 빠보 빠라 로스 임비따도스

payaso, -a

빠야소, -사   명 m. f. 어릿광대

모든 광대가 웃기는 것은 아니다.
No todos los payasos son graciosos.
노 또도스 로르 빠야소스 손 그라씨오소스

paz

빠쓰   명 f. 평화

누구나 영원한 평화를 원한다.
Todos desean la paz eterna.
또도스 데세안 라 빠쓰 에떼르나

pedazo

뻬다쏘   명 m. 조각

어린아이가 물병을 산산조각냈다.
El niño ha hecho pedazos la jarra.
엘 니뇨 아 에초 뻬다쏘스 라 하라

pedir

뻬디르   동 요구하다, 주문하다

나는 샐러드를 주문할 것이다.
Voy a pedir una ensalada.
보이 아 뻬디르 우나 엔살라다

pegar

뻬가르   동 붙이다, 때리다

누가 너를 때렸니?
¿Quién te ha pegado?
끼엔 떼 아 뻬가도

peinar

뻬이나르

동 빗질하다, 빗겨 주다
~se 머리를 빗다

그녀는 머리 빗는 방법을 알고 있다.
Ella sabe cómo peinarse el pelo.
에야 사베 꼬모 뻬이나르세 엘 뻴로

---

pelear

뻴레아르

동 싸우다, 말다툼하다

아이들은 장난감 때문에 싸우고 있다.
Los niños pelean por un juguete.
로스 니뇨스 뻴레안 뽀르 운 후게떼

---

película

뻴리꿀라

명 f. 영화

영화는 모든 관객을 감동시켰다.
La película emocionó a todos los espectadores.
라 뻴리꿀라 에모씨오노 아 또도스 로스 에스뻭따도레스

---

peligroso, -a

뻴리그로소, -사

형 위험한

여기서 수영하는 것은 위험하다.
Es peligroso nadar aquí.
에스 뻴리그로소 나다르 아끼

---

pelo

뻴로

명 m. 머리카락

그녀는 긴 생머리를 하고 있다.
Ella tiene el pelo muy largo y liso.
에야 띠에네 엘 뻴로 무이 라르고 이 리소

---

pelota

뻴로따

명 f. 공

어린아이들이 공놀이를 하고 있다.
Los niños están jugando a la pelota.
로스 니뇨스 에스딴 후간도 알 라 뻴로따

peluquería

뻴루께**리**아 　　　명 f. 이발소

얼마나 자주 이발소에 가니?
¿Con qué frecuencia vas a la peluquería?
꼰　께　프레꾸엔씨아　바스 알 라　뻴루께리아

---

pena

뻬나 　　　명 f. 슬픔, 애석한 일

나는 가난한 사람들을 보는 것이 매우 슬프다.
Me da mucha pena ver a los pobres.
메　다　무차　뻬나 베르 알 로스　뽀브레스

---

pensar

뻰**사**르 　　　동 생각하다

나는 항상 내 미래를 생각한다.
Siempre pienso en mi futuro.
시엠쁘레　뻬엔소　엔　미　푸뚜로

---

pensión

뻰시**온** 　　　명 f. 연금, 하숙집, 팬션

아버지는 연금 외에 다른 소득이 있다.
Mi padre tiene otros ingresos aparte de su
미　빠드레　띠에네　오뜨로스　인그레소스　아빠르떼 데 수
pensión.
뻰시온

---

peor

뻬오르 　　　형 더 나쁜

일이 악화되어 가고 있다.
Las cosas van de mal en peor.
라스 꼬사스　반　데　말　엔　뻬오르

---

pequeño, -a

뻬**께**뇨, -냐 　　　형 작은, 어린
　　　명 m. f. 꼬마, 어린이

이 아이는 나이에 비해 어려 보인다.
Para su edad, este niño parece pequeño.
빠라 수 에닷 에스떼 니뇨　빠레쎄　뻬께뇨

260 Español Gráfico Crecimiento Vocabulario

pera

빼라   명 f. 배

내가 좋아하는 과일은 배이다.
Mi fruta favorita es la pera.
미 프루따 파보리따 에스 라 빼라

perder

빼르데르   동 잃어버리다, 지다, ~se 길을 잃다

나는 균형을 잃고 넘어졌다.
Yo perdí el equilibrio y me caí.
요 빼르디 엘 에낄리브리오 이 메 까이

perdón

빼르돈   명 m. 용서

내게 사과를 한 여자는 카르멘이다.
La que me ha pedido perdón es Carmen.
라 께 메 아 빼디도 빼르돈 에스 까르멘

perezoso, -a

빼레쏘소, -사   형 게으른

그녀는 게으른 남자를 경멸한다.
Ella desprecia a los hombres perezosos.
에야 데스쁘레씨아 알 로스 옴브레스 빼레쏘소스

P

perfecto, -a

빼르펙또, -따   형 완전한, 완벽한

우리는 완벽한 사람이 아니다.
No somos perfectos.
노 소모스 빼르펙또스

perfume

빼르푸메   명 m. 향수

내 애인은 내가 좋아하는 향수를 내게 선물했다.
Mi novio me regaló mi perfume favorito.
미 노비오 메 레갈로 미 빼르푸메 파보리또

periódico

뻬리**오**디꼬 　명 m. 신문

너 오늘 신문 읽었니?
¿Has leído el periódico de hoy?
아스 레이도 엘 뻬리오디꼬 데 오이

perla

뻬를라 　명 f. 진주

그는 아내를 위해 진주목걸이를 사길 원한다.
Quiere comprar un collar de perlas para su mujer.
끼에레 꼼쁘라르 운 꼬야르 데 뻬를라스 빠라 수 무헤르

permanente

뻬르마**넨**떼 　형 영구적인, 상설의, 상임의
　명 f. 파마

그는 지난달에 영주권을 받았다.
Él recibió la residencia permanente el mes pasado.
엘 레씨비오 라 레시덴씨아 　뻬르마넨떼 엘 메스 빠사도

permitir

뻬르미**띠**르 　동 허락하다

여권 좀 보여주시겠습니까?
¿Me permite ver su pasaporte?
메 뻬르미떼 베르 수 빠사뽀르떼

pero

뻬로 　접 그러나

그녀는 매우 똑똑하지만 매우 상냥하지가 않다.
Ella es muy inteligente pero muy antipática.
에야 에스 무이 인뗄리헨떼 　뻬로 무이 안띠빠띠까

perro, -a

뻬로, -라 　명 m. f. 개

날씨가 추우면 우리는 개를 목욕시키지 않는다.
No bañamos al perro si hace frío.
노 바냐모스 알 뻬로 시 아쎄 프리오

perseguir

뻬르세**기**르 　　동 추적하다, 따라다니다

경찰관은 도둑을 추적하고 있다.
El policía persigue al ladrón.
엘 뽈리씨아 뻬르시게 알 라드론

persona

뻬르**소**나 　　명 f. 사람

그는 공격적인 사람입니다.
Él es una persona agresiva.
엘 에스 우나 뻬르소나 아그레시바

pesado, -a

뻬**사**도, –다 　　형 무거운

상자가 무겁다.
La caja es pesada.
라 까하 에스 뻬사다

pesar

XX kg

뻬**사**르 　　동 무게를 달다, 무게가 나가다

몸무게가 얼마나 됩니까?
¿Cuánto pesa Ud.?
꾸안또 뻬사 우스뗏

pescado

뻬스**까**도 　　명 m. 생선

내 아들은 생선튀김을 매우 좋아한다.
A mi hijo le gusta mucho el pescado frito.
아 미 이호 레 구스따 무초 엘 뻬스까도 프리또

peso

뻬소 　　명 m. 무게, 중량, (화폐단위) 페소

우리는 적정 체중을 유지하기 위해 운동을 해야 한다.
Debemos hacer ejercicio para mantener un peso adecuado.
데베모스 아쎄르 에헤르씨씨오 빠라 만떼네르 운 뻬소 아데꾸아도

P

pez

뻬쓰

명 m. 물고기 **f.** 송진

그 호수에는 물고기가 많이 있다.
Hay muchos peces en ese lago.
아이 무초스 뻬쎄스 엔 에세 라고

picante

삐깐떼

형 매운

한국 음식은 일반적으로 맵다.
La comida coreana es generalmente picante.
라 꼬미다 꼬레아나 에스 헤네랄멘떼 삐깐떼

picar

삐까르

동 찌르다, 쏘다, 잘게 썰다

나는 벌에 쏘였다.
Una abeja me picó.
우나 아베하 메 삐꼬

pie

삐에

명 m. 발

가끔 나는 걸어서 사무실에 간다.
A veces voy a pie a la oficina.
아 베쎄스 보이 아 삐에 알 라 오피씨나

piedra

삐에드라

명 f. 돌

개에게 돌을 던지지 마세요!
¡No tire piedras a los perros!
노 띠레 삐에드라스 알 로스 뻬로스

piel

삐엘

명 f. 가죽, 피부, (과일) 껍질

내 피부는 매우 예민하다.
Tengo una piel muy delicada.
뗑고 우나 삐엘 무이 델리까다

264 Español Gráfico Crecimiento Vocabulario

pierna

삐**에**르나   명 f. 다리

그는 오른쪽 다리가 부러졌다.
Él se rompió la pierna derecha.
엘 세 롬삐오 라 삐에르나 데레차

---

pieza

삐**에**싸   명 f. 조각, 한 개, 한 점, 방

수하물이 몇 개입니까?
¿Cuantas piezas de equipaje tiene?
꾸안따스 삐에싸스 데 에끼빠헤 띠에네

---

pijama

삐**하**마   명 m. 잠옷, 파자마

이 잠옷은 땀을 잘 흡수한다.
Este pijama absorbe bien el sudor.
에스떼 삐하마 압소르베 비엔 엘 수도르

---

pila

삘라   명 f. 건전지

배터리가 방전되었다.
La pila está agotada.
라 삘라 에스따 아고따다

---

píldora

삘도라   명 f. 환약, 알약, 정제, 환

이 환약을 복용하시면 몸이 더 나아질 겁니다.
Se sentirá mejor si toma estas píldoras.
세 센띠라 메호르 씨 또마 에스따스 삘도라스

---

piloto

삘**로**또   명 m. 비행기 조종사

내 꿈은 조종사가 되는 것이다.
Mi sueño es ser un piloto.
미 수에뇨 에스 세르 운 삘로또

P

pimienta

삐미**엔**따 — 몡 **f.** 후추

후추를 너무 많이 치지 마세요!
¡No eche tanta pimienta!
노 에체 딴따 삐미엔따

piña

삐냐 — 몡 **f.** 파인애플

내게 파인애플 주스 한 잔만 줘.
Dame un jugo de piña.
다메 운 후고 데 삐냐

pintar

삐**따**르 — 동 페인트칠하다

나는 지금 차고를 칠하고 있다.
Estoy pintando el garaje.
에스또이 삐딴도 엘 가라헤

pintura

삐**뚜**라 — 몡 **f.** 그림

그는 귀중한 그림을 많이 소유하고 있다.
Él posee muchas pinturas valiosas.
엘 뽀세에 무차스 삐뚜라스 발리오사스

pisar

삐**사**르 — 동 밟다

지저분한 신발을 신고 바닥을 밟지 마라.
No pises el suelo con los zapatos sucios.
노 삐세스 엘 수엘로 꼰 로스 싸빠또스 수씨오스

piscina

삐스**씨**나 — 몡 **f.** 수영장

호텔 뒤에 수영장이 하나 있다.
Detrás del hotel hay una piscina.
데뜨라스 델 오뗄 아이 우나 삐씨나

piso
삐소   몡 m. 층, 아파트

몇 층에 사세요?
¿En qué piso vive Ud.?
엔 께 삐소 비베 우스뗏

pistola
삐스똘라   몡 f. 권총

도둑은 권총을 꺼냈다.
El ladrón sacó una pistola.
엘 라드론 사꼬 우나 삐스똘라

pizarra
삐싸라   몡 f. 칠판

키가 작은 아이가 칠판 옆에 있다.
Una niña bajita está junto a la pizarra.
우나 니냐 바히따 에스따 훈또 알 라 삐싸라

placa
쁠라까   몡 f. (자동차) 번호판, (경찰관) 배지

경찰관은 배지를 보여주었다.
El policía mostró su placa.
엘 뽈리씨아 모스뜨로 수 쁠라까

placer
쁠라쎄르   몡 m. 기쁨, 즐거움, 쾌락

사랑이 우리에게 큰 기쁨을 가져다주는 것은 확실하다.
Es cierto que el amor nos trae gran placer.
에스 씨에르또 께 엘 아모르 노스 뜨라에 그란 쁠라쎄르

plan
쁠란   몡 m. 계획

우리는 휴가를 위해 계획을 세워야만 한다.
Tenemos que preparar un plan para las vacaciones.
떼네모스 께 쁘레빠라르 운 쁠란 빠라 라스 바까씨오네스

planchar

빨란**차**르 · 동 다림질하다

나는 남편의 와이셔츠를 다려야만 한다.
Tengo que planchar las camisas de mi marido.
뗑고 께 빨란차르 라스 까미사스 데 미 마리도

planta

빨**란**따 · 명 f. 식물, 층, 설계도, 생산 설비

1층에서 아주 시끄러운 소리가 들린다.
En la planta baja se oye mucho ruido.
엔 라 빨란차 바하 세 오예 무초 루이도

plástico, -a

빨**라**스띠꼬, –까 · 형 플라스틱의, 조형의, 성형의
명 m. 플라스틱

플라스틱 병은 재활용할 수 있다.
Las botellas plásticas son reciclables.
라스 보떼야스 빨라스띠까스 손 레씨끌라블레스

plata

빨**라**따 · 명 f. 은

내 친구가 내게 은팔찌를 선물했다.
Mi amiga me regaló una pulsera de plata.
미 아미가 메 레갈로 우나 뿔세라 데 빨라따

plátano

빨**라**따노 · 명 m. 바나나

바나나가 익었다.
Los plátanos están maduros.
로스 빨라따노스 에스딴 마두로스

plato

빨**라**또 · 명 m. 접시, 요리

나는 식사 후에 설거지한다.
Yo lavo los platos después de comer.
요 라보 로스 빨라또스 데스뿌에스 데 꼬메르

playa

쁠**라**야   명 f. 해수욕장

지중해를 따라서 멋진 해수욕장이 많이 있다.
A lo largo del Mediterráneo hay muchas playas bonitas.
알 로 라르고 델 메디떼라네오 아이 무차스 쁠라야스 보니따스

plaza

쁠**라**싸   명 f. 광장

광장에서 콘서트가 있다.
En la plaza hay un concierto.
엔 라 쁠라싸 아이 운 꼰씨에르또

pluma

쁠**루**마   명 f. 만년필

아빠가 내게 아주 비싼 만년필을 사주셨다.
Mi papá me compró una pluma muy cara.
미 빠빠 메 꼼쁘로 우나 쁠루마 무이 까라

pobre

뽀르레   형 가난한, 빈곤한, 빈약한, 불쌍한

많은 가난한 학생들은 장학금을 받는다.
Muchos estudiantes pobres reciben becas.
무초스 에스뚜디안떼스 뽀브레스 레씨벤 베까스

poco, -a

뽀꼬, -까   형 조금의, 적은 명 m. 약간, 조금

나는 스페인어를 조금 한다.
Yo hablo español un poco.
요 아블로 에스빠뇰 운 뽀꼬

poder

뽀**데**르   명 m. 힘, 능력, 권력
동 ~할 수 있다

제게 진실을 말해주실 수 있습니까?
¿Me puede decir la verdad?
메 뿌에데 데씨르 라 베르닷

P

P

★★★ policía

뽈리**씨**아 　　　**명 f.** 경찰

경찰은 주민의 안전을 지켜야만 한다.
La policía debe proteger la seguridad de la población.
라 뽈리씨아 데베 쁘로떼헤르 라 세구리닷 델 라 뽀블라씨온

★★★ político, -a

뽈리띠꼬, –까 　**형** 정치적인 **명 m. f.** 정치인

나는 정치인들이 진실하다고 생각하지 않는다.
No creo que los políticos sean sinceros.
노 끄레오 께 로스 뽈리띠꼬스 세안 신쎄로스

★★★ pollo

뽀요 　　　　**명 m.** 병아리, 닭고기

우리는 통닭 한 마리를 주문할 것이다.
Vamos a pedir un pollo frito.
바모스 아 뻬디르 운 뽀요 프리또

★★★ polvo

뽈보 　　　**명 m.** 먼지, 가루, 분말

테이블에는 먼지가 가득하다.
La mesa está llena de polvo.
라 메사 에스따 예나 데 뽈보

★★★ poner

뽀**네**르 　**동** 놓다, 넣다, 설치하다, 작동시키다, 상영하다, ~se 입다, 걸치다

내 커피에 설탕을 넣지 마세요.
No ponga azúcar en mi café.
노 뽕가 아쑤까르 엔 미 까페

★★★ popular

뽀뿔**라**르 　　　**형** 대중적인, 인기 있는

나는 대중음악을 좋아한다.
Me gustan las canciones populares.
메 구스딴 라스 깐씨오네스 뽀뿔라레스

porque

뽀르께   웹 ~ 때문에, ~이므로

아이는 피곤해서 하품을 한다.
El niño bosteza porque está cansado.
엘 니뇨 보스떼싸 뽀르께 에스따 깐사도

---

portátil

뽀르**따**띨   웹 들고 다닐 수 있는, 휴대용의

노트북을 사용하는 것이 실용적이다.
Es práctico usar una computadora portátil.
에스 쁘락띠꼬 우사르 우나 꼼뿌따도라 뽀르따띨

---

portero, -a

뽀르**떼**로, –라   웹 m. f. 수위

경비원이 네게 열쇠를 줄 것이다.
El portero te va a entregar la llave.
엘 뽀르떼로 떼 바 아 엔드레가르 라 야베

---

poseer

뽀세**에**르   동 소유하다

우리는 노란색 스포츠카를 소유하고 있다.
Poseemos un auto deportivo amarillo.
뽀세에모스 운 아우또 데뽀르띠보 아마리요

P

---

posible

뽀**시**블레   웹 가능한, 실행할 수 있는

나는 항상 최선을 다한다.
Siempre hago lo mejor posible.
시엠쁘레 아고 로 메호르 뽀시블레

---

posición

뽀시씨**온**   웹 f. 위치, 입장, 견해, 지위

그는 자신의 입장을 나에게 설명했다.
Él me explicó su posición.
엘 메 엑쓰쁠리꼬 수 뽀시씨온

positivo, -a

뽀시**띠**보, -바   형 긍정적인, 양성의

그는 긍정적이고 낙천적인 사람이다.
Él es una persona muy positiva y optimista.
엘 에스 우나 뻬르소나 무이 뽀시띠바 이 옵띠미스따

---

postal

뽀스**딸**   명 f. 우편엽서

나는 이 엽서들을 친구들에게 보여줄 것이다.
Voy a mostrar estas postales a mis amigos.
보이 아 모스뜨라르 에스따스 뽀스딸레스 아 미스 아미고스

---

postre

뽀스**뜨**레   명 m. 후식

후식으로는 뭐가 있나요?
¿Qué hay de postre?
께 아이 데 뽀스뜨레

---

potencia

뽀**뗀**씨아   명 f. 힘, 능력, 역량, 잠재력

교육은 잠재적 능력을 개발하는 것을 목표로 한다.
La educación pretende desarrollar habilidades
라 에두까씨온 쁘레뗀데 데사로야르 아빌리다데스
en potencia.
엔 뽀뗀씨아

---

practicar

쁘락띠**까**르   동 연습하다, 실시하다, 행하다

너는 스포츠를 좋아하니?
¿Te gusta practicar deportes?
떼 구스따 쁘락띠까르 데뽀르떼스

---

precio

쁘**레**씨오   명 m. 가격, 물가

물가가 계속 상승하고 있다.
Los precios siguen subiendo.
로스 쁘레씨오스 시겐 수비엔도

precioso, -a

쁘레씨**오**소, -사 　형 아름다운, 예쁜, 귀중한

우리는 소중한 시간을 낭비하고 있다.
Estamos desperdiciando tiempo precioso.
에스따모스　데스뻬르디씨안도　띠엠뽀　쁘레씨오소

---

predecir

쁘레데**씨**르　　동 예언하다, 예보하다

기상청은 내일 날씨가 좋을 거라고 예보한다.
El servicio meteorológico predice que hará buen
엘 세르비씨오　메떼오롤로히꼬　쁘레디쎄 께 아라 부엔
tiempo mañana.
띠엠뽀　마냐나

---

preferir

쁘레페**리**르　　동 선호하다

나는 녹차보다는 커피를 더 좋아한다.
Prefiero el café al té verde.
쁘레피에로 엘 까페 알 떼 베르데

---

preguntar

쁘레군**따**르　　동 질문하다

테레사가 항상 너에 대해 묻는다.
Teresa siempre me pregunta por ti.
떼레사　시엠쁘레 메　쁘레군따 뽀르 띠

---

preocupar

쁘레오꾸**빠**르　　동 ~se (+ por) ~을 걱정하다

시험에 대해 걱정하지 마라.
No te preocupes por el examen.
노 떼　쁘레오꾸뻬스 뽀르 엘　엑싸멘

---

preparar

쁘레빠**라**르　　동 준비하다

내 생일 파티를 준비하고 있다.
Estoy preparando mi fiesta de cumpleaños.
에스또이　쁘레빠란도　미 피에스따 데　꿈쁠레아뇨스

presentar

쁘레센**따**르 · 동 소개하다, 발표하다, 제출하다

그녀는 내게 그녀의 여자 친구를 소개해 주었다.
Ella me presentó a su amiga.
에야 메 쁘레센또 아 수 아미가

---

presidente

쁘레시**덴**떼 · 명 m. 대통령, 회장, 사장

나는 위원회 회장을 잘 알고 있다.
Conozco bien al presidente del comité.
꼬노스꼬 비엔 알 쁘레시덴떼 델 꼬미떼

---

presión

쁘레시**온** · 명 f. 압력, 혈압, 압박

간호사가 내 혈압을 쟀다.
La enfermera me tomó la presión.
라 엔페르메라 메 또모 라 쁘레시온

---

prestar

쁘레스**따**르 · 동 빌려주다, 조력하다, 주다

내 형은 자기 차를 내게 빌려주지 않는다.
Mi hermano no me presta su coche.
미 에르마노 노 메 쁘레스따 수 꼬체

---

presupuesto

쁘레수뿌**에**스또 · 명 m. 예산

예산안

위원회는 예산을 승인했다.
El comité aprobó el presupuesto.
엘 꼬미떼 아쁘로보 엘 쁘레수뿌에스또

---

pretender

쁘레뗀**데**르 · 동 ~을 바라다, ~하려고 하다, 시도하다

그녀는 그것을 해결하려 하지 않는다.
Ella no pretende resolverlo.
에야 노 쁘레뗀데 레솔베를로

prevenir

쁘레베**니**르 　　　 **동** 예방하다, 방지하다, 피하다

체중을 빼는 것이 당뇨병을 예방하는데 가장 중요하다.
Bajar de peso es lo más importante para
바하르 데 　 뻬소 에스 로 마스 　 임뽀르딴떼 　 　 빠라
prevenir la diabetes.
쁘레베니르 라 디아베떼스

primavera

쁘리마**베**라 　　 **명 f.** 봄

봄은 내가 가장 좋아하는 계절이다.
La primavera es mi estación favorita.
라 　 쁘리마베라 　 에스 미 　에스따씨온 　 파보리따

primo, -a

쁘**리**모, -마 　　 **명 m. f.** 사촌

이 아이는 내 여자 친구이고 저 아이는 내 사촌이다.
Esta chica es mi amiga y aquella es mi prima.
에스따 　치까 에스 미 　아미가 이 아께야 　에스 미 　쁘리마

principal

쁘린씨**빨** 　　　 **형** 제일 중요한, 주요한, 주된

이것이 정문이다.
Esta es la puerta principal.
에스따 에스 라 뿌에르따 　쁘린씨빨

príncipe

쁘**린**씨뻬 　　　 **명 m.** 왕자

그녀는 왕자와 사랑에 빠졌다.
Ella se enamoró del príncipe.
에야 세 　에나모로 　델 　쁘린씨뻬

privado, -a

쁘리**바**도, -다 　　 **형** 사적인

내 사생활은 너랑 아무 상관이 없어.
Mi vida privada no tiene nada que ver contigo.
미 　비다 　쁘리바다 노 띠에네 나다 께 베르 꼰띠고

probable
쁘로**바**블레 　　형 가능성이 있는, 예상되는

그녀가 올 가능성이 있다.
Es probable que ella venga.
에스　쁘로바블레　께　에야　벵가

probador
쁘로바**도**르 　　명 m. 탈의실

탈의실이 어디 있나요?
¿Dónde está el probador?
돈데　에스따　엘　쁘로바도르

probar
쁘로**바**르 　　동 시음해보다, ~se 입어보다, 신어
보다

이 갈색 구두를 신어볼 수 있을까요?
¿Puedo probarme estos zapatos marrones?
뿌에도　쁘로바르메　에스또스　싸빠또스　마로네스

problema
쁘로블**레**마 　　명 m. 문제

너와 나 사이에는 많은 문제가 있다.
Hay muchos problemas entre tú y yo.
아이　무초스　쁘로블레마스　엔뜨레　뚜 이 요

producir
쁘로두**씨**르 　　동 생산하다

콜롬비아는 커피를 많이 생산한다.
Colombia produce mucho café.
꼴롬비아　쁘로두쎄　무초　까페

producto
쁘로**둑**또 　　명 m. 제품, 생산물

그 가게는 많은 수입제품을 판매한다.
Esa tienda vende muchos productos importados.
에사　띠엔다　벤데　무초스　쁘로둑또스　임뽀르따도스

profesión

쁘로페시**온**　　　**명 f.** 직업, 전문직, (종교) 고백

당신의 직업은 무엇입니까?
¿Cuál es su profesión?
꾸알 에스 수　　쁘로페시온

profundo, -a

쁘로**푼**도, -다　　**형** 깊은, 마음에서 우러나는, 심원한

이 호수는 깊다.
Este lago es profundo.
에스떼 라고 에스　　쁘로푼도

prohibir

쁘로이**비**르　　**동** 금하다, 금지하다

의사는 내게 담배를 피우지 못하게 한다.
El médico me prohíbe fumar.
엘 메디꼬　메　쁘로이베　푸마르

prolongar

쁘로롱**가**르　　**동** 연장시키다, 연장하다

정부는 코로나 바이러스로 인해 개강을 연기하기로 결정했다.
El gobierno decidió prolongar el inicio del
엘 고비에르노 데시디오　쁘로롱가르 엘 이니씨오 델
semestre por el coronavirus.
세메스뜨레 뽀르 엘　꼬로나비루스

promedio

쁘로**메**디오　　**명 m.** 중간, 평균

이곳의 평균 기온은 어느 정도 됩니까?
¿Cuál es la temperatura promedio aquí?
꾸알 에스 라　뗌뻬라뚜라　　쁘로메디오　아끼

prometer

쁘로메**떼**르　　**동** 약속하다

내 아들은 열심히 공부하겠다고 내게 약속한다.
Mi hijo me promete que estudiará con ahínco.
미 이호 메　쁘로메떼　께 에스뚜디아라 꼰 아잉꼬

P

prometido, -a
쁘로메**띠**도, 다 　명 m. f. 약혼자

흰옷을 입은 여자가 내 약혼녀이다.
La chica vestida de blanco es mi prometida.
라 치까 베스띠다 데 블랑꼬 에스 미 쁘로메띠다

pronto
쁘**론**또 　부 신속히, 곧, 즉시, 바로

그녀는 곧 도착할 것이다.
Ella va a llegar pronto.
에야 바 아 예가르 쁘론또

propaganda
쁘로빠**간**다 　명 f. 선전, 전단, 포스터

그 신문에는 뉴스보다 광고가 더 많이 실려있다.
Ese diario tiene más propagandas que noticias.
에세 디아리오 띠에네 마스 쁘로빠간다스 께 노띠씨아스

propina
쁘로**삐**나 　명 f. 팁

스페인에서는 팁을 얼마나 줍니까?
¿Cuánto dan de propina en España?
꾸안또 단 데 쁘로삐나 엔 에스빠냐

propio, -a
쁘**로**삐오, -아 　형 고유의, 독특한, (명사 앞에서) 자신의, 본인의

그는 자신의 경험을 서술했다.
Él describió su propia experiencia.
엘 데스끄리비오 수 쁘로삐아 엑쓰뻬리엔씨아

proponer
쁘로뽀**네**르 　동 제안하다, (문제를) 제기하다

당신이 제안하는 것은 불가능합니다.
Lo que propone Ud. es imposible.
로 께 쁘로뽀네 우스뗏 에스 임뽀시블레

proporcionar

쁘로뽀르씨오나르 동 공급하다, 제공하다

정부는 음식과 의약품을 가장 빈곤한 사람들에게 공급한다.
El gobierno proporciona alimentos y medicinas
엘 고비에르노 쁘로뽀르씨오나 알리멘또스 이 메디씨나스
a los más necesitados.
알 로스 마스 네쎄시따도스

---

propósito

쁘로뽀시또 명 m. 의도, 목적

당신의 여행 목적은 무엇입니까?
¿Cuál es el propósito de su viaje?
꾸알 에스 엘 쁘로뽀시또 데 수 비아헤

---

próspero, -a

쁘로스뻬로, -라 형 번영하고 있는, 번창하는

행복한 성탄과 희망찬 새해를 맞이하시길!
¡Feliz Navidad y próspero año nuevo!
펠리쓰 나비닷 이 쁘로스뻬로 아뇨 누에보

---

proteger

쁘로떼헤르 동 보호하다

우리는 열대 밀림을 보호해야만 한다.
Debemos proteger la selva tropical.
데베모스 쁘로떼헤르 라 셀바 뜨로삐깔

P

---

protestar

쁘로떼스따르 동 항의하다

수백 명의 노동자들이 정부의 결정에 대해 항의한다.
Cientos de obreros protestan contra la decisión
씨엔또스 데 오브레로스 쁘로떼스딴 꼰뜨라 라 데씨시온
del gobierno.
델 고비에르노

---

provincia

쁘로빈씨아 명 f. 주, 도, 지방

캐나다에는 몇 개의 주가 있습니까?
¿Cuántas provincias tiene Canadá?
꾸안따스 쁘로빈씨아스 띠에네 까나다

próximo, -a

쁘**록**씨모, -마　　형 다음의

다음 주말에 무엇을 하실 예정이세요?
¿Qué va a hacer el próximo fin de semana?
께 바 아 아쎄르 엘 쁘록씨모 핀 데 세마나

prudente

쁘루**덴**떼　　형 신중한, 주의 깊은, 사려 깊은

나는 매우 신중한 사람이다.
Soy muy prudente.
소이 무이 쁘루뗀떼

prueba

쁘루**에**바　　명 f. 시험, 테스트

임신테스트가 양성반응이 나왔다.
La prueba de embarazo ha dado un resultado positivo.
라 쁘루에바 데 엠바라쏘 아 다도 운 레술따도 뽀시띠보

público, -a

뿌**블**리꼬, -까　　형 공공의, 공개의 명 m. 대중, 청중

그는 공립학교에서 공부했다.
Él estudió en una escuela pública.
엘 에스뚜디오 엔 우나 에스꾸엘라 뿌블리까

pueblo

뿌**에**블로　　명 m. 마을, 소도시, 국민, 민족, 민중

국가의 번영은 국민에 달려 있다.
La prosperidad de un país depende de su pueblo.
라 쁘로스뻬리닷 데 운 빠이스 데뻰데 데 수 뿌에블로

puente

뿌**엔**떼　　명 m. 다리, 교량

다리가 무너졌다.
El puente se derrumbó.
엘 뿌엔떼 세 데룸보

puerta

뿌**에**르따　　　명　f.　문

정문이 닫혀있다.
La puerta principal está cerrada.
라 뿌에르따　쁘린씨빨　에스따 쎄라다

puerto

뿌**에**르또　　　명　m.　항구

컨테이너가 항구에 도착한다.
Los contenedores llegan al puerto.
로스　꼰떼네도레스　예간 알 뿌에르또

pulmón

뿔**몬**　　　명　m.　폐, 허파

아마존 열대우림은 지구의 허파이다.
La selva Amazónica es el pulmón de la Tierra.
라 셀바　아마쏘니까　에스 엘 뿔몬 델 라 띠에라

pulpo

뿔**뽀**　　　명　m.　문어

나는 갈리시아 지방식의 문어요리를 좋아한다.
Me encanta el pulpo a la gallega.
메 엔깐따 엘 뿔뽀 알 라 가예가

punto

뿐**또**　　　명　m.　점, 기회, 지점, 점수

그녀는 우리의 약점이 무엇인지 완벽하게 알고 있다.
Ella sabe perfectamente cuál es nuestro punto débil.
에야 사베　뻬르펙따멘떼　꾸알 에스 누에스뜨로 뿐또　데빌

puro, -a

뿌**로**, -라　　　형　맑은, 깨끗한　명　m.　시가, 여송연

쿠바 시가는 세계 최고이다.
Los puros cubanos son los mejores del mundo.
로스 뿌로스 꾸바노스　손 로스 메호레스 델 문도

★★★ qué

께 ⊞ 무엇

이것은 무엇입니까?
¿Qué es esto?
께 에스 에스또

★★★ quedar

께**다**르 ⑤ 있다, 남다, ~se ~에 있다, 머물다, 체류하다

나는 오후 내내 호텔에 머무를 예정이다.
Voy a quedarme en el hotel toda la tarde.
보이 아 께다르메 엔 엘 오뗄 또달 라 따르데

★★★ quehacer

께아**쎄**르 ⑱ ⑩. 일, 업무, 잡일

할머니의 잡일을 도와드리곤 했다.
Yo le ayudaba a mi abuela con los quehaceres.
요 레 아유다바 아 미 아부엘라 꼰 로스 께아쎄레스

★★★ queja

께하 ⑱ ⑪. 불만, 불평

나는 서비스에 만족하지 않아서 공식적인 불만을 제기할 것이다.
No estoy contento con el servicio, así que voy a
노 에스또이 꼰뗀또 꼰 엘 세르비씨오 아시 께 보이 아
presentar una queja formal.
쁘레센따르 우나 께하 포르말

★★★ quejar

께**하**르 ⑤ ~se (+de) 불평하다

그녀는 항상 무언가에 대해 불평한다.
Ella siempre se queja de algo.
에아 시엠쁘레 세 께하 데 알고

quemar

께**마**르

동 태우다, ~se 데다, 그을리다

나는 오늘 밤에 장작을 태울 것이다.
Voy a quemar leñas esta noche.
보이 아 께마르 레냐스 에스따 노체

---

querer

께**레**르

동 사랑하다, 원하다

나는 지금 맥주를 마시고 싶다.
Quiero beber cerveza ahora.
끼에로 베베르 쎄르베싸 아오라

---

queso

께소

명 m. 치즈

나는 멕시코 치즈를 좋아한다.
Me gusta el queso mexicano.
메 구스따 엘 께소 메히까노

---

quiebra

끼**에**브라

명 f. 파산, 균열

기업은 파산을 선언하였다.
La empresa se declaró en quiebra.
라 엠쁘레사 세 데끌라로 엔 끼에브라

---

quién

끼**엔**

대 누구

누구와 저녁 식사할 거니?
¿Con quién vas a cenar?
꼰 끼엔 바스 아 쎄나르

---

quieto, -a

끼**에**또, -따

형 움직이지 않는, 고요한, 평온한

아이들은 가만히 있지 않는다.
Los niños no se quedan quietos.
로스 니뇨스 노 세 께단 끼에또스

★★★ químico, -a

끼미꼬, −까 　📖 화학의　📖 m. f. 화학자

그녀의 남편은 화학자이며 제약업계에서 일하고 있다.
Su esposo es químico y trabaja en la industria
수　에스뽀소 에스 끼미꼬　이 뜨라바하 엔 라 인두스뜨리아
farmacéutica.
파르마쎄우띠까

★★★ quinto, -a

낀또, −따　　📖 다섯 번째의

대기자 명단에서 내가 다섯 번째이다.
Soy el quinto en la lista de espera.
소이 엘　낀또　엔 라 리스따 데 에스뻬라

★★★ quiosco

끼오스꼬　　📖 m. 가판대

은행 앞에 가판대가 있다.
Hay un quiosco enfrente del banco.
아이 운　끼오스꼬 엔프렌떼　델　방꼬

★★★ quitar

끼따르　　📖 빼앗다, 치우다, ~se 벗다

학생들은 교실에서 모자를 벗는다.
Los estudiantes se quitan la gorra en la clase.
로스　에스뚜디안떼스 세　끼딴　라　고라　엔 라 끌라세

★★★ quizá

끼싸　　📖 혹시, 아마

혹시 이번 주말에 우리가 해변에 갈 수 있을지도 몰라.
Quizá podamos ir a la playa este fin de semana.
끼싸　　뽀다모스 이르 알 라 쁠라야 에스떼 핀 데 세마나

★★★ ración

라씨**온**　　　**명 f.** (음식의) 1인분

이 솥에 10인분까지 할 수 있다.
En esta olla se pueden hacer hasta diez raciones.
엔 에스따 오야 세 뿌에덴 아쎄르 아스따 디에쓰 라씨오네스

★★★ radiografía

라디오그라**피**아　　　**명 f.** X선 사진, 엑스레이

엑스레이에 손가락 두 개가 골절된 것이 나타났다.
La radiografía presentó dos dedos fracturados.
라 라디오그라피아　뿌레센또　도스 데도스 프락뚜라도스

★★★ raíz

라**이**쓰　　　**명 f.** 뿌리, 근원, 바탕

탐욕은 모든 악의 근원이다.
La avaricia es la raíz de todo el mal.
라　아바리씨아 에스 라 라이쓰 데　또도 엘 말

★★★ rápido, -a

라**삐**도, -다　　　**형** 빠른 **부** 빠르게

비행기가 가장 빠른 교통수단이다.
El avión es el medio de transporte más rápido.
엘 아비온 에스 엘 메디오 데 뜨란스뽀르떼 마스 라삐도

★★★ raro, -a

라로, -라　　　**형** 드문, 이상한

그는 이상한 습관을 지니고 있다.
Él tiene una costumbre rara.
엘 띠에네 우나 꼬스뚬브레　라라

rato

라또

명 **m.** 잠깐, 짧은 시간

우리 잠깐 쉽시다!
¡Vamos a descansar un rato!
바모스 아 데스깐사르 운 라또

ratón

라똔

명 **m.** 생쥐, (컴퓨터) 마우스

고양이가 쥐를 붙잡았다.
El gato atrapó a un ratón.
엘 가또 아뜨라뽀 아 운 라똔

raya

라야

명 **f.** 선, 줄무늬, 가리마

줄무늬 원피스를 입어서 너는 더 말라 보인다.
Con el vestido a rayas pareces más delgada.
꼰 엘 베스띠도 아 라야스 빠레쎄스 마스 델가다

razón

라쏜

명 **f.** 이성, 분별, 이유, 원인

그녀의 말이 옳다.
Ella tiene razón.
에야 띠에네 라쏜

real

레알

형 왕립의, 현실의, 실재의, 진짜의

이 이야기는 사실이다.
Esta historia es real.
에스따 이스또리아 에스 레알

realidad

레알리닷

명 **f.** 진실, 사실, 현실

내 꿈은 이루어졌다.
Mi sueño se hizo realidad.
미 수에뇨 세 이쏘 레알리닷

realizar

레알리**싸**르   동 실현하다, 실행하다

나는 내 프로젝트를 매우 성공적으로 실현하길 희망한다.
Espero realizar mi proyecto con mucho éxito.
에스뻬로 레알리싸르 미 쁘로옉또 꼰 무초 엑씨또

---

rebaja

레**바**하   명 f. 할인, 가격인하, 바겐세일

바겐세일 때 싼 옷을 구입할 수 있다.
En las rebajas se puede comprar ropa barata.
엔 라스 레바하스 세 뿌에데 꼼쁘라르 로빠 바라따

---

recepcionista

레쎕씨오**니**스따   명 m. f. 접수 담당자, 접수처 직원, 프런트 직원

프런트 직원이 여행객들을 맞이하고 있다.
El recepcionista recibe a los turistas.
엘 레쎕씨오니스따 레씨베 아 로스 뚜리스따스

---

receta

레**쎄**따   명 f. 처방전, 요리법

아스피린은 처방전이 필요 없다.
Para la aspirina no hace falta la receta.
빠라 라 아스삐리나 노 아쎄 팔따 라 레쎄따

---

rechazar

레차**싸**르   동 거절하다

그녀는 그의 초대를 거절했다.
Ella rechazó su invitación.
에야 레차쏘 수 임비따씨온

---

recibir

레씨**비**르   동 받다, 맞이하다

나는 내일 급료를 받는다.
Mañana yo recibo el sueldo.
마냐나 요 레씨보 엘 수엘도

R

recibo

레씨보　　　　명 m. 영수증

내가 이 원피스의 영수증을 찾지 못하면 반품할 수 없을 것이다.
Si no encuentro el recibo de este vestido, no podré devolverlo.
시 노 엔꾸엔뜨로 엘 레씨보 데 에스떼 베스띠도 노 뽀드레 데볼베를로

reciclar

레씨끌라르　　　　동 재활용하다

나는 재활용을 위해 쓰레기를 분리수거 한다.
Yo separo la basura para reciclar.
요 세빠로 라 바수라 빠라 레씨끌라르

recientemente

레씨엔떼멘떼　　　　부 최근에

최근에 어떤 영화를 보셨습니까?
¿Qué película ha visto recientemente?
께 뻴리꿀라 아 비스또 레씨엔떼멘떼

recoger

레꼬헤르　　　　동 인수하다, 모으다,
　　　　　　　　(차로) 사람을 데리러 가다

나를 데리러 올 수 있겠니?
¿Puedes venir a recogerme?
뿌에데스 베니르 아 레꼬헤르메

recomendar

레꼬멘다르　　　　동 추천하다, 권고하다

그녀는 나에게 좋은 식당을 추천해주었다.
Ella me recomendó un buen restaurante.
에야 메 레꼬멘도 운 부엔 레스따우란떼

reconocer

레꼬노쎄르　　　　동 알아보다, 인정하다

나는 그를 즉시 알아보았다.
Lo reconocí de inmediato.
로 레꼬노씨 데 임메디아또

recordar

레꼬르**다**르   동 기억하다, 회상하다

나는 너를 영원히 기억할 것이다.
Te recordaré para siempre.
떼 레꼬르다레   빠라   시엠쁘레

recto, -a

렉또, –따   형 곧은, 똑바른, 직선의, 공정한

계속 직진하십시오.
Siga usted todo recto.
시가   우스뗏   또도   렉또

recuerdo

레꾸**에**르도   명 m. 추억, 회상, 기념품

호텔에 기념품 가게가 있습니까?
¿Hay una tienda de recuerdos en el hotel?
아이   우나   띠엔다 데   레꾸에르도스 엔 엘 오뗄

recuperar

레꾸뻬**라**르   동 회복하다, 되찾다, 회수하다

그녀는 병원에서 의식을 회복했다.
Ella recuperó la conciencia en el hospital.
에야   레꾸뻬로 라   꼰씨엔씨아 엔 엘 오스삐딸

redondo, -a

레**돈**도, –다   형 둥근

나는 작고 둥근 테이블을 사고 싶다.
Quiero comprar una pequeña mesa redonda.
끼에로   꼼쁘라르   우나   뻬께냐   메사   레돈다

reducir

레두**씨**르   동 줄이다, 내리다, 삭감하다

우리는 비용을 줄여야 한다.
Tenemos que reducir los gastos.
떼네모스   께   레두씨르   로스   가스또스

(R)

R

reflejar

레플레**하**르 　 **동** 반사하다, 반영하다

신문은 여론을 반영한다.
El periódico refleja la opinión pública.
엘 뻬리오디꼬 레플레하 라 오삐니온 뿌블리까

reforma

레**포**르마 　 **명 f.** 개혁, 혁신

모두가 교육 제도의 개혁을 원한다.
Todos quieren una reforma en el sistema educativo.
또도스 끼에렌 우나 레포르마 엔 엘 시스떼마 에두까띠보

refresco

레프**레**스꼬 　 **명 m.** 청량음료, 탄산음료

나는 주스보다 탄산음료를 선호한다.
Prefiero el refresco al zumo.
쁘레피에로 엘 레프레스꼬 알 수모

refrigerador

레프리헤라**도**르 　 **명 m.** 냉장고

냉장고에 아무것도 없다.
No tengo nada en el refrigerador.
노 뗑고 나다 엔 엘 레프리헤라도르

regalar

레갈**라**르 　 **동** 선물하다

나는 어머니에게 생일날 블라우스를 선물할 것이다.
Voy a regalarle una blusa a mi madre para su cumpleaños.
보이 아 레갈라를레 우나 블루사 아 미 마드레 빠라 수 꿈쁠레아뇨스

regañar

레가**냐**르 　 **동** 꾸짖다, 나무라다, 말다툼하다

엄마는 행실이 나쁜 아들을 꾸짖는다.
La madre regaña a su hijo por su mal comportamiento.
라 마드레 레가냐 아 수 이호 뽀르 수 말 꼼뽀르따미엔또

régimen

레히멘

명 m. 체제, 제도, 규칙, 식이요법, 다이어트

나는 체중을 줄이기 위해서 식이요법을 하고 있다.
Estoy siguiendo un régimen para bajar de peso.
에스또이 시기엔도 운 레히멘 빠라 바하르 데 뻬소

---

región

레히온

명 f. 지역

라틴아메리카는 개발도상지역이다.
América Latina es una región en vías de desarrollo.
아메리까 라띠나 에스 우나 레히온 엔 비아스 데 데사로요

---

registrar

레히스뜨라르

동 등록하다, 기록하다, 기입하다

참가자 명단에 제가 이미 당신의 이름을 등록했습니다.
Ya registré su nombre en la lista de participantes.
야 레히스뜨레 수 놈브레 엔 라 리스따 데 빠르띠씨빤떼스

---

regresar

레그레사르

동 되돌려주다, 돌아가다, 돌아오다

우리는 그녀가 수요일에 돌아올지 잘 모른다.
No sabemos si ella va a regresar el miércoles.
노 사베모스 시 에야 바 아 레그레사르 엘 미에르꼴레스

---

reina

레이나

명 f. 여왕

여왕은 박물관을 방문했다.
La reina visitó el museo.
라 레이나 비시또 엘 무세오

---

reír

레이르

동 웃다

남자친구는 항상 나를 웃게 만든다.
Mi novio siempre me hace reír.
미 노비오 시엠쁘레 메 아쎄 레이르

relación

렐라씨**온**　　**명 f.** 관계, 관련, 교제

이것은 나와는 아무런 관련이 없다.
Esto no tiene ninguna relación conmigo.
에스또 노 띠에네 닝구나 　렐라씨온 　꼼미고

relámpago

렐**람**빠고　　**명 m.** 번개

멀리서 번개 치는 것이 보였다.
A lo lejos se veían los relámpagos.
알 로 레호스 세 베이안 로스 　렐람빠고스

religión

렐리히**온**　　**명 f.** 종교

그들은 종교에 대해 이야기하고 싶어한다.
Ellos quieren hablar de religión.
에요스 　끼에렌 아블라르 데 렐리히온

rellenar

레예**나**르　　**동** (서류의 공란을) 채우다

그 양식을 작성해주세요.
Por favor, rellene el formato.
뽀르 파보르 　레예네 엘 포르마또

reloj

렐**로**흐　　**명 m.** 시계

이 손목시계를 사겠어요.
Voy a comprar este reloj de pulsera.
보이 아 꼼쁘라르 에스떼 렐로흐 데 뿔세라

remodelar

레모델**라**르　　**동** 재건축하다, 개조하다

나는 침실을 리모델링하고 있다.
Estoy remodelando mi dormitorio.
에스또이 　레모델란도 미 도르미또리오

renacimiento

레나씨미**엔**또

명 **m.** 재생, 부활, 르네상스, 문예부흥기

르네상스 시대는 중세 이후에 부상했다.
El Renacimiento surgió después de la Edad Media.
엘　레나씨미엔또　수르히오　데스뿌에스　델　라　에닷　메디아

---

renovar

레노**바**르

동 갱신하다, 교체하다, 재개하다

나는 여권을 갱신해야만 한다.
Tengo que renovar mi pasaporte.
뗑고　께　레노바르　미　빠사뽀르떼

---

renta

렌따

명 **f.** 임대료

나는 집세 내는 것을 잊었다.
Me olvidé de pagar la renta.
메　올비데　데　빠가르　라　렌따

---

renunciar

레눈씨**아**르

동 체념하다, 단념하다, 포기하다

그 정치인은 스캔들 이후에 사임하기로 결정했다.
El político decidió renunciar después del escándalo.
엘　뻴로또　데씨디오　레눈씨아르　데스뿌에스　델　에스깐달로

---

reparar

레빠**라**르

동 고치다, 수리하다

이 시계를 수리하고 싶습니다.
Quiero reparar este reloj.
끼에로　레빠라르　에스떼　렐로흐

---

repasar

레빠**사**르

동 복습하다

가장 중요한 것은 배운 것을 복습하는 것이다.
Lo más importante es repasar lo que ha aprendido.
로　마스　임뽀르딴떼　에스　레빠사르　로　께　아　아쁘렌디도

R

repetir

레뻬**띠**르　　　⑧ 반복하다

질문을 다시 해주시겠어요?
¿Podría repetir la pregunta?
뽀드리아 레뻬띠르 라 쁘레군따

reposo

레**뽀**소　　　⑲ ⑩. 안정, 휴식

그녀는 독감 때문에 쉬고 있다.
Ella está en reposo por la gripe.
에야 에스따 엔 레뽀소 뽀를 라 그리뻬

representante

레쁘레센**딴**떼　　　⑲ ⑩. ⑤. 대표, 대표자, 대리인

그들은 그를 대표자로 선출했다.
Ellos lo eligieron como su representante.
에요스 로 엘리히에론 꼬모 수 레쁘레센딴떼

reproducción

레쁘로둑씨**온**　　　⑲ ⑤. 복제품, 재생, 재현

전문가는 그 그림이 복제품이라고 말했다.
El experto dijo que la pintura era una reproducción.
엘 엑쓰뻬르또 디호 께 라 삔뚜라 에라 우나 레쁘로둑씨온

reputación

레뿌따씨**온**　　　⑲ ⑤. 명성, 평판

소문은 그의 명성에 손상을 입혔다.
Los rumores provocaron un daño a su reputación.
로스 루모레스 쁘로보까론 운 다뇨 아 수 레뿌따씨온

resbalar

레스발**라**르　　　⑧ ~se 미끄러져 넘어지다

나는 미끄러져서 발목을 삐었다.
Yo me resbalé y me torcí el tobillo.
요 메 레스발레 이 메 또르씨 엘 또비요

rescatar

레스까**따**르   동 구조하다

경찰은 인질들을 구조했다.
La policía rescató a los rehenes.
라 뽈리씨아 레스까또 알 로스 레에네스

---

reservar

레세르**바**르   동 예약하다

방을 예약하고 싶습니다.
Me gustaría reservar una habitación.
메 구스따리아 레세르바르 우나 아비따씨온

---

resfriado, -a

레스프리**아**도, –다   형 감기에 걸린 명 m. 감기

나는 감기에 걸렸다.
Yo estoy resfriado.
요 에스또이 레스프리아도

---

residente

레시**덴**떼   명 m. f. 거주자

당신은 미국 영주권자입니까?
¿Es Ud. residente permanente en EE. UU.?
에스 우스뗏 레시덴떼   뻬르마넨떼   엔 에스따도스 우니도스

---

resolver

레솔**베**르   동 해결하다, 결심하다, 용해하다

아무도 이 문제를 해결할 수 없다.
Nadie puede resolver este problema.
나디에 뿌에데   레솔베르   에스떼   쁘로블레마

---

respetar

레스뻬**따**르   동 존경하다, 준중하다

우리는 개인의 자유를 존중해야 한다.
Debemos respetar las libertades individuales.
데베모스   레스뻬따르 라스 리베르따데스   인디비두알레스

R

responder

레스뽄**데**르

동 대답하다, 답하다, 반응하다, 반론하다

그는 나에게 간단히 대답했다.
Él me responció brevemente.
엘 메 레스뽄디오 브레베멘떼

responsabilidad

레스뽄사빌리**닷**

명 f. 책임, 책무, 책임감

그 사고에 대한 책임은 누구에게 있습니까?
¿Quién tendrá la responsabilidad de ese accidente?
끼엔 뗀드라 라 레스뽄사빌리닷 데 에세 악씨덴떼

restaurante

레스따우**란**떼

명 m. 식당, 레스토랑

오늘 우리는 이탈리안 레스토랑에서 점심식사를 했다.
Hoy hemos comido en un restaurante italiano.
오이 에모스 꼬미도 엔 운 레스따우란떼 이딸리아노

resto

레스또

명 m. 나머지, 잉여

내 나머지 삶을 너와 함께 보내고 싶다.
Quiero pasar contigo el resto de mi vida.
끼에로 빠사르 꼰띠고 엘 레스또 데 미 비다

resultado

레술**따**도

명 m. 결과

이 제품은 수년간의 연구 결과이다.
Este producto es el resultado de años de investigación.
에스떼 쁘로둑또 에스 엘 레술따도 데 아뇨스 데 임베스띠가씨온

retirar

레띠**라**르

동 철수시키다, 철회하다, (예금을) 인출하다

나는 은행 계좌에서 저축한 돈을 모두 인출할 것이다.
Voy a retirar todos mis ahorros de mi cuenta bancaria.
보이 아 레띠라르 또도스 미스 아오로스 데 미 꾸엔따 방까리아

retraso

레뜨**라**소   명 m. 지각, 지연, 지체

바르셀로나발 비행기가 2시간 연착하였다.
El vuelo de Barcelona llegó con dos horas de retraso.
엘 부엘로 데: 바르쎌로나 예고 꼰 도스 오라스 데 레뜨라소

reunión

레우니**온**   명 f. 회의, 모임

몇 시에 회의가 있습니까?
¿A qué hora es la reunión?
아 께 오라 에스 라 레우니온

revisar

레비**사**르   동 주의 깊게 보다, 복습하다, 검토하다

그는 문서를 신중하게 검토했다.
Él revisó cuidadosamente los documentos.
엘 레비소 꾸이다도사멘떼 로스 도꾸멘또스

revista

레비스따   명 f. 잡지

그들은 잡지 발행에 관심이 있다.
Ellos están interesados en editar una revista.
에요스 에스딴 인떼레사도스 엔 에디따르 우나 레비스따

revolución

레볼루씨**온**   명 f. 혁명, 대변혁, 개혁

그는 혁명의 지도자 중 한 사람이었다.
Él fue uno de los líderes de la revolución.
엘 푸에 우노 델 로스 리데레스 델 라 레볼루씨온

rey

레이   명 m. 왕

찰스 왕자는 영국의 다음 왕이 될 것이다.
El príncipe Carlos será el próximo rey de Inglaterra.
엘 쁘린씨뻬 까를로스 세라 엘 쁘록씨모 레이 데 잉글라떼라

(R)

rezar

레**싸**르   　**⑧** 기도하다

여자는 무릎을 꿇고 기도를 드리고 있다.
La mujer está rezando de rodillas.
라　무에르　에스따　레싼도　데　로디야스

rico, -a

리꼬, -까   　**⑧** 부유한, 맛있는 **⑱** m. **f.** 부자

부자들은 때때로 가난한 사람들을 멸시한다.
Los ricos a veces desprecian a los pobres.
로스 리꼬스 아 베쎄스　데스쁘레씨안　알 로스　뽀브레스

riesgo

리**에**스고   　**⑱** m. 위험

나는 불필요한 위험을 피하고 싶다.
Quiero evitar riesgos innecesarios.
끼에로 에비따르 리에스고스 인네쎄사리오스

rincón

린**꼰**   　**⑱** m. 구석, 모퉁이

이 테이블을 모퉁이로 옮길 것이다.
Voy a mover esta mesa hacia el rincón.
보이 아 모베르 에스따 메사 아씨아 엘 링꼰

río

리오   　**⑱** m. 강

강이 최근에 온 비로 불어났다.
El río ha crecido con las últimas lluvias.
엘 리오 아 끄레씨도 꼰 라스 울띠마스 유비아스

rizado, -a

리**싸**도, -다   　**⑧** 곱슬곱슬해진

그녀는 곱슬머리이다.
Ella tiene pelo rizado.
에야 띠에네 뻴로 리싸도

robar

로**바**르 　　　　　동 훔치다, 강탈하다

내 지갑을 훔쳐갔다.
Me han robado la cartera.
메　안　로바도　라　까르떼라

---

roca

로**까** 　　　　　명 f. 바위

아이들이 해수욕장에서 바위 위를 걸어 다닌다.
Los niños andan por las rocas en la playa.
로스 니뇨스　안단　뽀를 라스 로까스 엔 라 쁠라야

---

rodeado, -a

로데**아**도, –다 　　　　　형 (~de) ~로 둘러싸인

도시는 산으로 둘러싸여 있다.
La ciudad está rodeada de las montañas.
라　씨우닷 에스따　로데아다　델 라스　몬따냐스

---

rodilla

로**디**야 　　　　　명 f. 무릎

여자아이는 넘어져서 무릎을 다쳤다.
La niña se cayó y se lastimó las rodillas.
라　니냐 세 까요 이 세　라스띠모 라스 로디야스

---

rogar

로**가**르 　　　　　동 간청하다

제발 저를 용서해주십시오.
Le ruego que me perdone.
레 루에고　께 메　뻬르도네

---

rojo, -a

로**호**, –하 　　　　　형 빨간색의

빨간 치마를 입은 여자가 내 사촌이다.
La chica de la falda roja es mi prima.
라　치까 델 라 팔다 로하 에스 미　쁘리마

R

romántico, -a
로만띠꼬, –까   형 낭만적인

나는 이 낭만적인 음악을 좋아한다.
Me encanta esta música romántica.
메   엔깐따   에스따   무시까   로만띠까

---

romper
롬뻬르   동 깨뜨리다, 망가뜨리다

나는 유리잔 하나를 깨뜨렸다.
Yo rompí un vaso de cristal.
요   롬삐   운   바소   데   끄리스딸

---

roncar
롱까르   동 코를 골다

그는 코를 골기 시작했다.
Él comenzó a roncar.
엘   꼬멘쏘   아   롱까르

---

ropa
로빠   명 f. 옷

나는 겨울옷을 옷장의 높은 곳에 놓아두었다.
Tengo la ropa de invierno en lo alto del armario.
뗑고   라   로빠   데   임비에르노   엔   로   알또   델   아르마리오

---

rosa
로사   명 f. 장미

내 애인은 내게 장미 한 다발을 선물했다.
Mi novio me regaló un ramo de rosas.
미   노비오   메   레갈로   운   라모   데   로사스

---

rosado, -a
로사도, –다   형 장밋빛의, 핑크색의

그녀는 딸을 위해 분홍색 원피스를 선택했다.
Ella eligió un vestido rosado para su hija.
에야   엘리히오   운   베스띠도   로사도   빠라   수   이하

roto, -a

로또, -따   형 망가진, 찢어진

내 시계가 고장 난 것 같다.
Mi reloj parece estar roto.
미 렐로흐 빠레쎄 에스따르 로또

rubio, -a

루비오, -아   형 금발의

그녀는 자기 엄마처럼 금발을 지녔다.
Ella tiene el pelo rubio como su madre.
에야 띠에네 엘 뻴로 루비오 꼬모 수 마드레

ruido

루이도   명 m. 소음, 시끄러운 소리, 소란

너무 시끄러워서 나는 잠을 잘 수가 없다.
Con tanto ruido no puedo dormir.
꼰 딴또 루이도 노 뿌에도 도르미르

ruina

루이나   명 f. 붕괴, 폐허, 유적지

가이드는 우리에게 유적지의 역사를 설명해주었다.
El guía nos explicó la historia de las ruinas.
엘 기아 노스 엑쓰쁠리꼬 라 이스또리아 데 라스 루이나스

ruta

루따   명 f. 경로, 루트, 길, 여정

나는 더 짧은 경로를 알고 있다.
Conozco una ruta más corta.
꼬노스꼬 우나 루따 마스 꼬르따

rutina

루띠나   명 f. 습관성, 일과

당신의 일과는 어떻습니까?
¿Cómo es su rutina normalmente?
꼬모 에스 수 루띠나 노르말멘떼

R

sábana

사바나 　　명 f. (침대의) 시트

나는 면 시트를 선호한다.
Prefiero las sábanas de algodón.
쁘레피에로 라스 　사바나스 　데 　알고돈

saber

사베르 　　동 알다

그녀는 골프를 칠 줄 모른다.
Ella no sabe jugar al golf.
에야 노 사베 　후가르 알 골프

sabroso, -a

사브로소, 사 　　형 맛있는, 맛이 좋은

이 돼지갈비는 매우 맛있다.
Estas chuletas de cerdo están muy sabrosas.
에스따스 출레따스 데 쎄르도 에스딴 무이 사브로사스

sacacorchos

사까꼬르초스 　　명 m. 나선 모양의 코르크 병따개

여기 누가 코르크 병따개 가지고 있나요?
¿Alguien de aquí tiene un sacacorchos?
알기엔 데 아끼 띠에네 운 사까꼬르초스

sacar

사까르 　　동 꺼내다, 뽑다

나는 현금지급기에서 돈을 찾을 것이다.
Voy a sacar dinero del cajero automático.
보이 아 사까르 디네로 델 까헤로 아우또마띠꼬

sacudir

사꾸**디**르 　　　**동** 흔들다, 먼지를 털다

나는 매일 가구의 먼지를 턴다.
Yo sacudo los muebles todos los días.
요　사꾸도　로스　무에블레스　또도스　로스　디아스

sal

살 　　　**명 f.** 소금

여기에 설탕, 소금, 올리브유가 있다.
Aquí están el azúcar, la sal y el aceite de oliva.
아끼　에스딴　엘　아쑤까르　라　살　이　엘　아쎄이떼　데　올리바

sala

살라 　　　**명 f.** 거실, 응접실, 큰방, 회장, 홀

이 거실은 크고 쾌적하다.
Esta sala es grande y agradable.
에스따　살라　에스　그란데　이　아그라다블레

salario

살**라**리오 　　　**명 m.** 임금

그녀는 최저 임금의 두 배 이상을 벌고 있다.
Ella gana más del doble del salario mínimo.
에야　가나　마스　델　도블레　델　살라리오　미니모

salchicha

살**치**차 　　　**명 f.** 소시지

스페인에서는 소시지보다 햄을 더 많이 먹는다.
En España se come más jamón que salchichas.
엔　에스빠냐　세　꼬메　마스　하몬　께　살치차스

salir

살**리**르 　　　**동** 나가다, 출발하다

뉴욕행 비행기는 몇 시에 출발합니까?
¿A qué hora sale el avión para Nueva York?
아　께　오라　살레　엘　아비온　빠라　누에바　요록

S

S

salmón

살**몬**　　　**명 m.** 연어

우리는 그릴에 구운 연어로 저녁을 먹을 것이다.
Vamos a cenar salmón a la parrilla.
바모스 아 쎄나르　살몬　알 라 빠리야

salsa

살**사**　　　**명 f.** 소스

멕시코 사람들은 멕시칸 소스를 좋아한다.
A los mexicanos les gusta la salsa mexicana.
알 로스　메히까노스　레스 구스따 라　살사　메히까나

salud

살**룻**　　　**명 f.** 건강

흡연은 건강에 좋지 않다.
Fumar es malo para la salud.
푸마르 에스 말로　빠라 라 살룻

saludar

살루**다**르　　　**동** 인사하다, 맞이하다

나는 거리에서 그녀에게 인사했다.
La saludé en la calle.
라 살루데　엔 라 까예

salvar

살**바**르　　　**동** 구조하다

소방관은 잔해 속에 갇힌 다섯 명의 사람을 구조할 수 있었다.
El bombero logró salvar a cinco personas
엘 봄베로　로그로 살바르 아 씽꼬　뻬르소나스
atrapadas entre los escombros.
아뜨라빠다스　엔뜨레 로스　에스꼼브로스

sandalia

산**달**리아　　　**명 f.** 샌들

나는 언니를 위해 이 샌들을 19유로에 샀다.
Compré estas sandalias para mi hermana por diecinueve euros.
꼼쁘레 에스따스 산달리아스 빠라 미 에르마나 뽀르 디에씨누예베 에우로스

sangre
★★★

상그레

명 f. 피, 혈액

당신의 혈액형은 무엇입니까?
¿Cuál es su tipo de sangre?
꾸알 에스 수 띠뽀 데 상그레

---

sanitario, -a
★★

사니**따**리오, -아

형 위생시설의, 보건 위생의
명 m. 공중변소

난민 수용소의 위생 상태는 끔찍했다.
Las condiciones sanitarias en los campamentos
라스 꼰디씨오네스 사니따리아스 엔 로스 깜빠멘또스
de refugiados eran horribles.
데 레푸히아도스 에란 오리블레스

---

sano, -a
★★★

사노, -나

형 건강한, 건강에 좋은, 건전한

우리는 매우 건강한 삶을 영위하고 있다.
Llevamos una vida muy sana.
예바모스 우나 비다 무이 사나

---

santo, -a
★★★

산또, -따

형 성스러운 명 m. f. 성자, 성녀

우리는 성주간을 축하한다.
Celebramos la Semana Santa.
쎌레브라모스 라 세마나 산따

---

sardina

사르**디**나

명 f. 정어리

싱싱한 정어리는 매우 맛있다.
La sardina fresca es muy rica.
라 사르디나 프레스까 에스 무이 리까

---

satisfecho, -a
★★★

사띠스**페**초, -차

형 만족한, 배가 부른

나는 만족합니다.
Estoy satisfecho.
에스또이 사띠스페초

S

secador

세까**도**르 　　**명 f.** 헤어드라이어, 건조기

헤어 드라이어는 욕실에 있다.
El secador de pelo está en el baño.
엘 세까도르 　데 뻴로 에스따 엔 엘 바뇨

sección

섹씨**온** 　　**명 f.** 과, 부, 매장, 판매대, 구획

몇 걸음 더 가면 여성복매장이 있다.
A unos pasos más está la sección de ropa para mujeres.
아 우노스 빠소스 　마스 에스따 라 섹씨온 　데 로빠 　빠라 무헤레스

secretario, -a

세끄레**따**리오, -아 　**명 m. f.** 비서

그는 비서를 해고했다.
Él despidió a su secretaria.
엘 디스뻬디오 아 수 세끄레따리아

secreto

세끄**레**또 　　**명 m.** 비밀

누구나 비밀이 있다.
Todos tienen secretos.
또도스 　띠에넨 　세끄레또스

sed

셋 　　**명 f.** 갈증, 목마름

나는 몹시 목이 마르다.
Tengo mucha sed.
뗑고 　무차 　셋

sede

세데 　　**명 f.** 본부, 본거지

UN

유엔 본부는 어디에 있습니까?
¿Dónde está la sede de las Naciones Unidas?
돈데 　에스따라 세데 　데 라스 나씨오네스 　우니다스

seguir

세**기**르 · 🔵 계속하다

물가가 계속 오르고 있다.
Los precios siguen subiendo.
로스 쁘레씨오스 시엔 수비엔도

---

según

세**군** · 🔵 ~에 의하면

그녀에 따르면, 이 영화는 매우 훌륭하다.
Según ella, esta película es muy buena.
세군 에야 에스따 뻴리꿀라 에스 무이 부에나

---

seguridad

세구리**닷** · 🔵 f. 안전

건설 현장에서 가장 중요한 것은 안전이다.
La seguridad es lo más importante en el área de construcción.
라 세구리닷 에스 로 마스 임뽀르딴떼 엔 엘 아레아 데 꼰스뜨룩씨온

---

seguro, -a

세**구**로, –라 · 🔵 안전한, 확실한, 확신하는
🔵 m. 보험

그녀는 보험회사에서 일한다.
Ella trabaja en una empresa de seguros.
에야 뜨라바하 엔 우나 엠쁘레사 데 세구로스

---

seleccionar

셀렉씨오**나**르 · 🔵 선택하다

선택할 수 있는 옵션은 두 가지뿐입니다.
Sólo tiene dos opciones para seleccionar.
솔로 띠에네 도스 옵씨오네스 빠라 셀렉씨오나르

---

semáforo

세**마**포로 · 🔵 m. 신호등

직진하시다가 신호등에서 좌회전하세요.
Siga derecho y en el semáforo gire a la izquierda.
시가 데레초 이 엔 엘 세마포로 히레 알 라 이쓰끼에르다

semana

세마나 　　 **명 f.** 주, 7일간, 주간

그는 주중에는 애인을 만날 수 없다.
Él no puede ver a su novia entre semana.
엘 노 뿌에데 베르 아 수 노비아 엔뜨레 세마나

sembrar

셈브라르 　　 **동** 씨앗을 뿌리다, 파종하다

농부들은 밀을 심고 있다.
Los agricultores están sembrando trigo.
로스 아그리꿀또레스 에스딴 셈브란도 뜨리고

semejante

세메한떼 　　 **형** 유사한, 비슷한

나는 아버지와 비슷한 성격을 지니고 있다.
Tengo un carácter muy semejante al de mi padre.
뗑고 운 까락떼르 무이 세메한떼 알 데 미 빠드레

semestre

세메스뜨레 　　 **명 m.** 학기

나는 다음 학기에는 스페인어를 배울 생각이다.
Pienso aprender español el próximo semestre.
삐엔소 아쁘렌데르 에스빠뇰 엘 쁘록씨모 세메스뜨레

senador, -a

세나도르, -라 　　 **명 m. f.** 상원의원

그녀는 상원의원이 되었다.
Ella se hizo senadora.
에야 세 이쏘 세나도라

sencillo, -a

센씨요, -야 　　 **형** 단순한, 간소한, 소박한

이 문제는 매우 간단하다.
Este problema es muy sencillo.
에스떼 쁘로블레마 에스 무이 센씨요

sentar

센**따**르   동 앉히다, ~se 앉다

항상 나는 이 자리에 앉는다.
Siempre me siento en este asiento.
시엠쁘레 메 시엔또 엔 에스떼 아시엔또

sentir

센**띠**르   동 느끼다, 슬프다, 유감이다,
미안하다

정말 미안합니다.
Lo siento mucho.
로 시엔또 무초

señal

세**냘**   명 f. 표시, 도표, 이정표, 신호, 표지

운전자는 교통 신호에 주의를 기울여야 한다.
Los conductores tienen que prestar atención a
로스 꼰둑또레스 띠에넨 께 쁘레스따르 아뗀씨온 알

la señal de tráfico.
라 세냘 데 뜨라피꼬

separar

세빠**라**르   동 분리하다

우리는 주말마다 쓰레기를 분리수거 해야 한다.
Tenemos que separar la basura los fines de semana.
떼네모스 께 세빠라르 라 바수라 로스 피네스 데 세마나

ser

세르   동 ~이다, ~이 되다

그녀는 기자가 되기를 원한다.
Ella quiere ser periodista.
에야 끼에레 세르 뻬리오디스따

serio, -a

세리오, -아   형 진지한, 믿을 만한, 중대한,
심각한

상황이 매우 심각하다.
La situación es muy seria.
라 시뚜아씨온 에스 무이 세리아

servicio

세르**비**씨오

명 **m.** 서비스, 봉사, 영업, 운행, 화장실

엘리베이터가 고장 났습니다.

El ascensor está fuera de servicio.
엘 아쎈소르 에스따 푸에라 데 세르비씨오

---

servilleta

세르비**예**따

명 **f.** 냅킨

나는 포크, 숟가락 그리고 냅킨을 테이블에 놓는다.

Pongo un tenedor, una cuchara y una servilleta en la mesa.
뽕고 운 떼네도르 우나 꾸차라 이 우나 세르비예따 엔 라 메사

---

servir

세르**비**르

동 봉사하다, 식사 시중을 들다, 식사를 내오다

웨이트리스가 우리에게 식사를 제공한다.

La camarera nos sirve la comida.
라 까마레라 노스 시르베 라 꼬미다

---

severo, -a

세**베**로, –라

형 엄격한, 근엄한, 가혹한, 혹독한

그는 매우 혹독한 비평가이다.

Él es un crítico muy severo.
엘 에스 운 끄리띠고 무이 세베로

---

si

시

접 만약 ~라면

내가 당신이라면 그를 믿을 겁니다.

Si yo fuera usted, confiaría en él.
시 요 푸에라 우스뗏 꼼피아리아 엔 엘

---

siempre

시**엠**쁘레

부 항상

우리는 영원히 친구야!

¡Somos amigas para siempre!
소모스 아미고스 빠라 시엠쁘레

siesta

시에스따   명 f. 낮잠

나는 점심 식사 후에 낮잠을 잔다.
Duermo la siesta **después de comer.**
두에르모 라 시에스따 데스뿌에스 데 꼬메르

---

significado

시그니피까도   명 m. 정의, 의미

이 단어는 여러 개의 의미가 있다.
Esta palabra tiene varios significados.
에스따 빨라브라 띠에네 바리오스 시그니피까도스

---

signo

싯노   명 m. 표시, 표적, 징후, 증상, 기호

당신의 별자리는 무엇입니까?
¿Cuál es su signo **del zodiaco?**
꾸알 에스 수 시그노 델 쏘디아꼬

---

siguiente

시기엔떼   형 다음의

그는 다음날 일찍 도착했다.
Él llegó temprano al día siguiente.
엘 예고 뗌쁘라노 알 디아 시기엔떼

---

silbar

실바르   동 휘파람을 불다

그는 걸으면서 휘파람을 불었다.
Él silbaba **mientras caminaba.**
엘 실바바 미엔뜨라스 까미나바

---

silencio

실렌씨오   명 m. 침묵, 정숙, 정적, 고요

그는 회의 내내 침묵했다.
Él guardó silencio **durante la reunión.**
엘 구아르도 실렌씨오 두란떼 라 레우니온

S

silla
시야   명 f. 의자

편안한 의자이다.
Es una silla cómoda.
에스 우나 시야 꼬모다

símbolo
심볼로   명 m. 상징, 기호, 부호

여기의 이 기호는 무엇을 의미합니까?
¿Qué significa este símbolo de aquí?
께 시그니피까 에스떼 심볼로 데 아끼

similar
시밀라르   형 유사한, 비슷한

너의 생각은 내 생각과 비슷한 것 같다.
Tu idea parece similar a la mía.
뚜 이데아 빠레쎄 시밀라르 알 라 미아

simpático, -a
심빠띠꼬, -까   형 상냥한, 친절한

다른 사람들에게 친절하세요.
Sea simpático con los demás.
세아 심빠띠꼬 꼰 로스 데마스

simple
심쁠레   형 단순한, 간단한, 보통의, 수수한, 검소한

해결책은 매우 간단했다.
La solución era muy simple.
라 솔루씨온 에라 무이 심쁠레

sin
신   전 ~없이

나는 너 없이 살 수 없어.
No puedo vivir sin ti.
노 뿌에도 비비르 신 띠

Español Gráfico Crecimiento Vocabulario

sincero, -a

신쎄로, -라   형 성실한, 진실한, 성심성의의

그는 매우 성실한 사람이다.
Él es una persona muy sincera.
엘 에스 우나   뻬르소나   무이   신쎄라

síntoma

신또마   명 f. 증상, 증세, 징후, 조짐

어떤 증상이 있으세요?
¿Qué síntomas tiene?
께   신또마   띠에네

sistema

시스떼마   명 m. 조직, 체제, 기구, 제도

우리의 교육 제도는 개정돼야 한다.
Nuestro sistema educativo debe ser reformado.
누에스뜨로   시스떼마   에두까띠보   데베 세르   레포르마도

sitio

시띠오   명 m. 장소, 지역, 공간, 위치, 사이트

이 웹사이트는 꽤 좋아 보인다.
Este sitio web parece bastante bueno.
에스떼 시띠오 웹   빠레쎄   바스딴데   부에노

situación

시뚜아씨온   명 f. 상황, 입장, 위치

경제 상황이 개선되어 가고 있다.
La situación económica va mejorando.
라   시뚜아씨온   에꼬노미까   바   메호란도

sobre

소브레   전 ~의 위에, ~에 관해서

현대미술에 관한 강연회가 있다.
Hay una conferencia sobre el arte moderno.
아이   우나   꼼페렌씨아   소브레 엘 아르떼   모데르노

S

S

sobrevivir

소브레비**비**르　　⑧ 생존하다

그 대참사에서 살아남은 승객은 거의 없었다.
Pocos pasajeros sobrevivieron a la catástrofe.
뽀꼬스　빠사헤로스　소브레비비에론　알 라　까따스뜨로페

sobrino, -a

소브**리**노, -나　　⑲ m. f. 조카

너의 조카들이 몇 시에 너를 방문하니?
¿A qué hora te visitan tus sobrinos?
아 께 오라 떼 비시딴 뚜스 소브리노스

sociable

소씨**아**블레　　⑱ 사교적인, 붙임성이 있는

내 부인은 매우 사교적이다.
Mi esposa es muy sociable.
미 에스뽀사 에스 무이 소씨아블레

sociedad

소씨에**닷**　　⑲ f. 사회, 단체, 회사

왜 우리 사회가 고령화되고 있나요?
¿Por qué envejece nuestra sociedad?
뽀르 께 엔베헤쎄 누에스뜨라 소씨에닷

socio, -a

소씨오, -아　　⑲ m. f. 회원

나는 테니스 클럽의 회원이다.
Soy socio de un club de tenis.
소이 소씨오 데 운 끌룹 데 떼니스

sofá

소**파**　　⑲ m. 소파

나는 소파에서 잤다.
Dormí en el sofá.
도르미 엔 엘 소파

314 Español Gráfico Crecimiento Vocabulario

sol
솔

명 m. 태양

그녀들은 해수욕장에서 일광욕하고 있다.
Ellas están tomando el sol en la playa.
에야스 에스딴 또만도 엘 솔 엔 라 쁠라야

---

solamente
솔라멘떼

부 오직, 다만(=solo)

나는 오직 쉬고 싶어.
Solamente quiero descansar.
솔라멘떼 끼에로 데스깐사르

---

soldado, -a
솔다도, -다

명 m. f. 군인

장군은 병사들에게 후퇴하라고 명령한다.
El general manda a los soldados que se retiren.
엘 헤네랄 만다 알 로스 솔다도스 께 세 레띠렌

---

soledad
솔레닷

명 f. 고독, 적적함, 우울

나는 고독을 즐긴다.
Disfruto la soledad.
디스프루또 라 솔레닷

---

solicitar
솔리씨따르

동 신청하다, 수속을 밟다, 지원하다

나는 장학금을 신청할 것이다.
Voy a solicitar una beca.
보이 아 솔리씨따르 우나 베까

---

solo, -a
솔로, -라

형 오직 하나의, 혼자의, 고독한, 단독의

혼자 사니?
¿Vives solo?
비베스 솔로

S

soltero, -a

솔떼로, -라 　　명 m. f. 미혼자

너 아직도 미혼이니?
¿Todavía estás soltero?
또다비아 에스따스 솔떼로

solucionar

솔루씨오나르 　　동 해결하다

나는 그 문제를 해결할 수 없다.
No puedo solucionar ese problema.
노 뿌에도 솔루씨오나르 에세 쁘로블레마

sombra

솜브라 　　명 f. 그늘, 응달, 그림자

그늘에서 쉽시다.
Vamos a descansar en la sombra.
바모스 아 데스깐사르 엔 라 솜브라

sonar

소나르 　　동 소리가 나다

갑자기 화재 경보가 울렸다.
De repente, sonó la alarma de incendios.
데 레뻰떼 소노 라 알라르마 데 인쎈디오스

sopa

소빠 　　명 f. 수프

나는 야채수프를 매우 좋아한다.
Me gusta mucho la sopa de verduras.
메 구스따 무초 라 소빠 데 베르두라스

soportar

소뽀르따르 　　동 참다, 견디다

내가 참을 수 없는 일들이 많이 있다.
Hay muchas cosas que no puedo soportar.
아이 무차스 꼬사스 께 노 뿌에도 소뽀르따르

sordo, -a

소르도, –다 · **형** 귀가 먼, 들리지 않는

그는 태어날 때부터 귀가 멀었다.
Él es sordo de nacimiento.
엘 에스 소르도 데 나씨미엔또

---

sorprender

소르쁘렌**데**르 **동** 놀라게 하다

나는 그의 행동에 놀랐다.
Me sorprendió su conducta.
메 소르쁘렌디오 수 꼰둑따

---

soso, -a

소소, –사 · **형** 소금기가 없는, 싱거운, 맛이
없는

음식이 약간 싱겁다.
La comida está un poco sosa.
라 꼬미다 에스따 운 뽀꼬 소사

---

sospechoso, -a

소스뻬**초**소, –사 · **형** 미심쩍은, 혐의가 있는
명 m. f. 용의자

경찰은 용의자를 체포했다.
La policía detuvo al sospechoso.
라 뽈리씨아 데뚜보 알 소스뻬초소

---

sótano

소따노 · **명** m. 지하실

1B 세탁실

세탁기와 건조기는 지하실에 있다.
La lavadora y la secadora están en el sótano.
라 라바도라 이 라 세까도라 에스딴 엔 엘 소따노

S

---

suave

수**아**베 · **형** 부드러운, 온화한, 감미로운

이것은 매우 부드러운 커피이다.
Este es un café muy suave.
에스떼 에스 운 까페 무이 수아베

subir

수**비**르   동 오르다

우리는 토요일마다 등산한다.
Subimos a la montaña los sábados.
수비모쓰 알 라 몬따냐 로스 도밍고스

---

suceder

수쎄**데**르   동 일어나다, 발생하다

아무도 무슨 일이 일어났는지 모른다.
Nadie sabe qué sucedió.
나디에 사베 께 수쎄디오

---

sucio, -a

수씨오, -아   형 더러운, 지저분한

이 시장은 지저분하다.
Este mercado está sucio.
에스떼 메르까도 에스따 수씨오

---

sucursal

수꾸르**살**   명 f. 지점

우리는 칠레 산티아고에 지점을 개설하려고 생각하고 있다.
Pensamos abrir una sucursal en Santiago de Chile.
뻰사모스 아브리르 우나 수꾸르살 엔 산띠아고 데 칠레

---

sudar

수**다**르   동 땀을 흘리다

왜 땀을 흘리고 있니?
¿Por qué estás sudando?
뽀르 께 에스따스 수단도

---

suegro, -a

수**에**그로, -라   명 m. f. 장인, 장모

나의 장인 장모님은 내 집 근처에 사신다.
Mis suegros viven cerca de mi casa.
미스 수에그로스 비벤 쎄르까 데 미 까사

sueldo

수엘도

명 **m.** 급여, 임금

급여가 오른다면 나는 스포츠카를 살 것이다.
Si sube el sueldo, voy a comprar un coche deportivo.
시 수베 엘 수엘도 보이 아 꼼쁘라르 운 꼬체 데뽀르띠보

suelo

수엘로

명 **m.** 바닥, 땅

바닥은 젖어있다.
El suelo está mojado.
엘 수엘로 에스따 모하도

sueño

수에뇨

명 **m.** 꿈, 잠

나는 매우 졸리다.
Tengo mucho sueño.
뗑고 무초 수에뇨

suerte

수에르떼

명 **f.** 운명, 행운

우리는 운이 정말 좋았어요.
Hemos tenido mucha suerte.
에모스 떼니도 무차 수에르떼

suéter

수에떼르

명 **m.** 스웨터

녹색 스웨터를 입은 저 남자는 매우 잘 생겼다.
Ese hombre de suéter verde es muy guapo.
에세 옴브레 데 수에떼르 베르데 에스 무이 구아뽀

(S)

suficiente

수피씨엔떼

형 충분한

물이 충분하지 않다.
No hay suficiente agua.
노 아이 수피씨엔떼 아구아

sufrir

수프**리**르

동 (좋지 않은 일을) 당하다, 괴로워하다, 견디다, 아프다

할아버지는 천식을 앓고 계신다.
Mi abuelo sufre de asma.
미 아부엘로 수프레 데 아스마

---

sugerir

수헤**리**르

동 제안하다, 권유하다

제게 무엇을 제안하시겠습니까?
¿Qué me sugiere?
께 메 수히에레

---

superficie

수뻬르**피**씨에

명 f. 표면

지구 표면의 3분의 1은 사막이다.
Un tercio de la superficie terrestre es desierto.
운 떼르씨오 델 라 수뻬르피씨에 떼레스뜨레 에스 데시에르또

---

superior

수뻬리**오**르

형 (+a) ~보다 위의, 높은

남성이 여성보다 우수하다고 생각하는 것은 실수이다.
Es un error pensar que los hombres son
에스 운 에로르 뻰사르 께 로스 옴브레스 손
superiores a las mujeres.
수뻬리오레스 알 라스 무헤레스

---

suponer

수뽀**네**르

동 가정하다, 추측하다, 생각하다

나는 시험이 그다지 어렵지 않을 것 같다.
Supongo que el examen no será muy difícil.
수뽕고 께 엘 엑싸멘 노 세라 무이 디피씰

---

suspender

수스**뻰**데르

동 중지하다, 정지하다, 낙제시키다

그들은 이미 파업을 중단했다.
Ya suspendieron la huelga.
야 수스뻰디에론 라 우엘가

tacaño, -a

따**까**뇨, -냐   형 인색한

그녀는 너무 인색해서 비싼 옷을 사지 않는다.
Ella es tan tacaña que no compra la ropa cara.
에야 에스 딴 따까냐 께 노 꼼쁘라 라 로빠 까라

---

tacón

따**꼰**   명 m. 구두의 굽

높은 굽의 구두가 유행이다.
Los zapatos de tacón alto están de moda.
로스 싸빠또스 데 따꼰 알또 에스딴 데 모다

---

talla

따**야**   명 f. 치수

당신의 치수가 어떻게 됩니까?
¿Cuál es su talla?
꾸알 에스 수 따야

---

taller

따**예**르   명 m. 정비소, 카센터

정비소

내 차는 정비소에 있다.
Mi coche está en el taller.
미 꼬체 에스따 엔 엘 따예르

---

tamaño

따**마**뇨   명 m. 크기, 치수, 사이즈

어떤 크기의 케이크를 원하십니까?
¿De qué tamaño quiere usted la tarta?
데 께 따마뇨 끼에레 우스뗏 라 따르따

T

también

땀비**엔**

🔵 (부) 역시

나도 역시 소고기를 좋아한다.
También me gusta la carne de vaca.
땀비엔　메　구스따　라　까르네　데　바까

tampoco

땀**뽀**꼬

🔵 (부) 역시 ~않다

나도 역시 돼지고기를 싫어한다.
Tampoco me gusta la carne de cerdo.
땀뽀꼬　메　구스따　라　까르네　데　쎄르도

tanto, -a

딴또, -따

🔵 (형) 그 만큼의, 그렇게 많은

나는 너만큼 돈이 많지 않다.
No tengo tanto dinero como tú.
노　뗑고　딴또　디네로　꼬모　뚜

tapa

따빠

🔵 (명) (f.) 뚜껑

그 병의 뚜껑이 열려있다.
La tapa de esa botella está abierta.
라　따빠　데　에사　보떼야　에스따　아비에르따

taquilla

따**끼**야

🔵 (명) (f.) 매표소

매표소는 어디에 있습니까?
¿Dónde está la taquilla?
돈데　에스따　라　따끼야

tardar

따르**다**르

🔵 (동) (시간이) 걸리다

당신은 이 책을 번역하시는데 얼마나 걸립니까?
¿Cuánto tiempo tarda usted en traducir este libro?
꾸안또　띠엠뽀　따르다　우스뗏　엔　뜨라두씨르　에스떼　리브로

tarde

따르데   튀 늦게   몡 f. 오후

테레사는 나보다 늦게 도착했다.
Teresa llegó más tarde que yo.
떼레사 예고 마스 따르데 께 요

tarea

따레아   몡 f. 숙제, 과제

내 숙제를 도와줄 수 있니?
¿Puedes ayudarme con la tarea?
뿌에데스 아유다르메 꼰 라 따레아

tarjeta

따르헤따   몡 f. 카트

신용카드로 지불할 수 있습니까?
¿Se puede pagar con tarjeta de crédito?
세 뿌에데 빠가르 꼰 따르헤따 데 끄레디또

tarta

따르따   몡 f. 케이크

치즈케이크 한 조각을 먹고 싶어요.
Quiero comer un pedazo de tarta de queso.
끼에로 꼬메르 운 뻬다쏘 데 따르따 데 께소

tatuaje

따뚜아헤   몡 m. 문신

젊은이들 사이에서 문신이 유행이다.
Los tatuajes están de moda entre los jóvenes.
로스 따뚜아헤스 에스딴 데 모다 엔뜨레 로스 호베네스

taxi

딱씨   몡 m. 택시

나는 쇼핑센터에 가기 위해서 택시를 탄다.
Tomo un taxi para ir al centro comercial.
또모 운 딱씨 빠라 이르 알 쎈뜨로 꼬메르씨알

taza

따싸   명 f. 커피 잔

나는 점심 식사 후에 차 한 잔을 마신다.
Tomo una taza de té después de almorzar.
또모 우나 따싸 데 떼 데스뿌에스 데 알모르싸르

---

té

떼   명 m. 차

당신은 녹차를 좋아하세요 아니면 홍차를 좋아하세요?
¿Le gusta el té verde o el negro?
레 구스따 엘 떼 베르데 오 엘 네그로

---

teatro

떼아뜨로   명 m. 극장, 오페라 극장, 연극

우리 극장에서 보자.
Nos vemos en el teatro.
노스 베모스 엔 엘 떼아뜨로

---

techo

떼초   명 m. 지붕

그는 지붕을 파란색으로 칠했다.
Él pintó el techo de azul.
엘 삔또 엘 떼초 데 아쑬

---

técnico, -a

떽니꼬, -까   형 기술의, 전문의
명 m. f. 기술자, 기사

엘리베이터 기술자는 몇 시에 옵니까?
¿A qué hora viene el técnico del ascensor?
아 께 오라 비에네 엘 떽니꼬 델 아쎈소르

---

teléfono

뗄레포노   명 m. 전화

당신의 전화번호가 어떻게 됩니까?
¿Cuál es su número de teléfono?
꾸알 에스 수 누메로 데 뗄레포노

television

떼레비시**온**　　**명 f.** 텔레비전

텔레비전을 켜주시겠어요?
¿Puede encender la televisión?
뿌에데　엔쎈데르　라　떼레비시온

tema

떼마　　**명 m.** 주제

논문의 주제를 정하셨습니까?
¿Ha decidido el tema de su tesis?
아　데씨디도　엘　떼마　데　수　떼시스

temer

떼**메**르　　**동** 두려워하다

그는 실수할까 두려워한다.
Él teme equivocarse.
엘　떼메　에끼보까르세

temperatura

뗌뻬라**뚜**라　　**명 f.** 기온, 온도

마드리드의 평균 여름 기온은 얼마입니까?
¿Cuál es la temperatura media en verano en Madrid?
꾸알　에스　라　뗌뻬라뚜라　메디아　엔　베라노　엔　마드릿

tempestad

뗌뻬스**땃**　　**명 f.** 폭풍우

폭풍우로 인해 배가 출항할 수 없다.
Los barcos no pueden salir del puerto por la tempestad.
로스　바르꼬스　노　뿌에덴　살리르　델　뿌에르또　뽀르　라　뗌뻬스땃

templo

뗌**쁠**로　　**명 m.** 사원

한국에는 불교사원이 많다.
En Corea hay muchos templos budistas.
엔　꼬레아　아이　무초스　뗌쁠로스　부디스따스

temporada

뗌뽀라다 　 **명** **f.** 시즌, 철, 시기

우기는 6월 말경에 시작된다.
La temporada de lluvias comienza a finales de junio.
라　뗌뽀라다　데 유비아스 꼬미엔싸　아 피날레스 데 후니오

temporal

뗌뽀랄 　 **형** 일시적인, 임시의

나는 임시 일자리를 구했다.
He conseguido un trabajo temporal.
에　꼰세기도　운 뜨라바호 뗌뽀랄

temprano, -a

뗌쁘라노, -나 　 **형** 이른 **부** 일찍, 빨리

일찍 와주셔서 고맙습니다.
Gracias por venir temprano.
그라씨아스 뽀르 베니르　뗌쁘라노

tendencia

뗀덴씨아 　 **명** **f.** 경향, 풍조, 추세, 성향

그는 과장하는 경향이 있다.
Él tiene tendencia a exagerar.
엘 띠에네　뗀덴씨아 아 엑싸헤라르

tenedor

떼네도르 　 **명** **m.** 포크

포크 한 개만 주시겠습니까?
¿Podría darme un tenedor?
뽀드리아 다르메 운　떼네도르

tener

떼네르 　 **동** 가지다, 소유하다

오늘 나는 여유시간이 없다.
Hoy no tengo tiempo libre.
오이 노 뗑고　띠엠뽀　리브레

tensión

떼시**온**

명 **f.** 당기는 힘, 팽팽함, 긴장, 혈압, 스트레스

나는 혈압이 높아서 소금을 피해야 한다.
Tengo la tensión alta y debo evitar la sal.
떼고 라 떼시온 알따 이 데보 에비따르 라 살

---

teñir

떼**니**르

동 ~se 머리 물들이다

나는 두 달에 한 번 머리 염색한다.
Me tiño el pelo cada dos meses.
메 띠뇨 엘 뻴로 까다 도스 메세스

---

teoría

떼오**리**아

명 **f.** 이론, 학설

이것은 흥미로운 이론이다.
Esta es una teoría interesante.
에스따 에스 우나 떼오리아 인떼레산떼

---

terminar

떼르미**나**르

동 끝내다, 종결되다

숙제 다 끝냈니?
¿Terminaste tu tarea?
떼르미나스떼 뚜 따레아

---

termo

떼르모

명 **m.** 보온병

나는 항상 보온병을 가지고 다닌다.
Siempre llevo un termo.
시엠쁘레 예보 운 떼르모

---

termómetro

떼르**모**메뜨로

명 **m.** 온도계, 체온계

어젯밤 온도계가 영하 10도를 기록했다.
El termómetro registró diez grados bajo cero anoche.
엘 떼르모메뜨로 레히스뜨로 디에쓰 그라도스 바호 쎄로 아노체

T

terremoto

떼레**모**또   **명 m.** 지진

일본에는 지진이 자주 일어난다.
Frecuentemente, hay terremotos en Japón.
프레꾸엔떼멘떼   아이   떼레모또스   엔   하뽄

terrible

떼**리**블레   **형** 무서운, 끔찍한

그 영화는 우리에게 그 끔찍한 지진을 기억나게 한다.
La película nos hace recordar el terrible terremoto.
라   뻴리꿀라 노스   아쎄   레꼬르다르 엘   떼리블레   떼레모또

tesoro

떼**소**로   **명 m.** 보물, 재산, 귀중한 물건

해적들이 보물을 훔쳐갔다.
El tesoro fue robado por los piratas.
엘   떼소로 푸에   로바도   뽀르 로스   삐라따스

testigo

떼스**띠**고   **명 m. f.** 증인

증인이 아무도 없다.
No hay ningún testigo.
노   아이   닝군   떼스띠고

texto

떽스또   **명 m.** 텍스트, 교재

나는 교재를 사기 위해 서점에 간다.
Voy a la librería para comprar libros de texto.
보이 알 라 리브레리아   빠라   꼼쁘라르   리브로스 데   떽쓰또

tiburón

띠부**론**   **명 m.** 상어

그는 상어의 공격을 받았다.
Él fue atacado por un tiburón.
엘 푸에   아따까도   뽀르 운   띠부론

tiempo

띠엠뽀　　　　　**명** **m.** 시간, 날씨

겨울에는 날씨가 어떻습니까?
¿Qué tiempo hace en invierno?
께　띠엠뽀　아쎄　엔　인비에르노

tienda

띠엔다　　　　　**명** **f.** 가게, 상점

저기에 24시간 영업하는 상점이 있다.
Allí hay una tienda abierta las veinticuatro horas.
아이　아이　우나　띠엔다　아비에르따　라스　베인띠꾸아뜨로　오라스

tierno, -a

띠에르노, -나　　**형** (고기 등이) 부드러운, 씹기 쉬운, 연한

이 양고기는 매우 부드럽다.
Este cordero es muy tierno.
에스떼　꼬르데로　에스　무이　띠에르노

tierra

띠에라　　　　　**명** **f.** 흙, 땅, 지구

우리 인간들은 약 백만 년 전부터 지구에 살고 있다.
Los seres humanos vivimos en la Tierra hace un
로스　세레스　우마노스　비비모스　엔　라　띠에라　아쎄　운
millón de años.
미욘　데　아뇨스

tigre

띠그레　　　　　**명** **m.** 호랑이

아이들은 호랑이를 무서워한다.
Los niños tienen miedo al tigre.
로스　니뇨스　띠에넨　미에도　알　띠그레

tijeras

띠헤라스　　　　**명** **f.** 가위

너는 가위를 어디에 두었니?
¿Dónde dejaste las tijeras?
돈데　데하스떼　라스　띠헤라스

timbre

떰부레 　명 m. 초인종

학교 종이 울린다.
Suena el timbre del colegio.
수에나 엘 띰브레 델 꼴레히오

tímido, -a

띠미도, -다 　형 소심한, 소극적인, 내성적인

그는 소심한 사람이다.
Él es un hombre tímido.
엘 에스 운 옴브레 띠미도

tintorería

띤또레리아 　명 f. 드라이클리닝 세탁소

이 양복을 드라이클리닝 세탁소에 가져가야만 한다.
Tengo que llevar este traje a la tintorería.
뗑고 께 예바르 에스떼 뜨라헤 아 라 띤또레리아

tío, -a

띠오, -아 　명 m. f. 삼촌, 아저씨, 외숙모, 이모, 고모

삼촌이 나를 보러 오셨다.
Mi tío vino a verme.
미 띠오 비노 아 베르메

típico, -a

띠삐꼬, -까 　형 전형적인, 고유의

테킬라는 멕시코의 전통주이다.
El tequila es un licor típico mexicano.
엘 떼낄라 에스 운 리꼬르 띠삐꼬 메히까노

tipo

띠뽀 　명 m. 유형

어떤 유형의 음악을 듣길 좋아하니?
¿Qué tipo de música prefieres escuchar?
께 띠뽀 데 무시까 쁘레피에레스 에스꾸차르

★★★ tirar

띠**라**르   동 던지다, 잡아당기다, 끌다

여기에 쓰레기를 버리지 마세요.
No tire basura aquí.
노 띠레 바수라 아끼

★★★ título

띠**똘**로   명 m. 타이틀, 제목, 자격, 학위

대학이 그에게 명예 학위를 주었다.
La universidad le dio un título honorario.
라 우니베르시닷 레 디오 운 띠똘로 오노라리오

★★★ tiza

띠**싸**   명 f. 백묵, 분필

선생님은 칠판에 분필로 글씨를 쓴다.
El maestro escribe con tiza en la pizarra.
엘 마에스뜨로 에스끄리베 꼰 띠싸 엔 라 삐싸라

★★★ toalla

또**아**야   명 f. 타올, 수건

수건 좀 갖다 주세요.
Tráigame una toalla, por favor.
뜨라이가메 우나 또아야 뽀르 파보르

★★★ tobillo

또**비**요   명 m. 발목

나는 발목을 삐었다.
Me torcí el tobillo.
메 또르씨 엘 또비요

★★★ tocador

또까**도**르   명 m. 화장대

화장대에서 뭘 찾으세요?
¿Qué busca en el tocador?
께 부스까 엔 엘 또까도르

tocar

또까르 　⑧ 만지다, (악기를) 치다, 연주하다

기타 칠 줄 아세요?
¿Sabe tocar la guitarra?
사베　또까르　라　기따라

---

todavía

또다비아 　⑤ 아직, 여전히

나는 아직 아르헨티나에 가본 적이 없다.
Todavía no he estado en Argentina.
또다비아　노　에　에스따도　엔　아르헨띠나

---

todo, -a

또도, -다 　⑱ 모든, 온갖

이 아이들이 모두 내 친구들이다.
Todos estos chicos son mis amigos.
또도스　에스또스　치꼬스　손　미스　아미고스

---

tolerar

똘레라르 　⑧ 인내하다, 용서하다, 견디다

나는 더 이상 그런 무례한 언사를 참을 수가 없다.
No puedo tolerar más esas palabras groseras.
노　뿌에도　똘레라르　마스　에사스　빨라브라스　그로세라스

---

tomar

또마르 　⑧ 잡다, 타다, 먹다, 마시다

나는 보통 금요일에 친구들과 술 한 잔 하곤 한다.
Suelo tomar una copa con mis amigos los viernes.
수 엘로　또마르　우나　꼬빠　꼰　미스　아미고스　로스　비에르네스

---

tomate

또마떼 　⑲ ⓜ 토마토

토마토는 건강에 좋다.
El tomate es bueno para la salud.
엘　또마떼　에스　부에노　빠라　라　살룻

tonto, -a

뜬또, -따

⑧ 바보 같은, 멍청한, 어리석은
⑲ m. f. 바보

바보 같은 질문이다.
Es una pregunta tonta.
에스 우나   쁘레군따   뜬따

---

tormenta

또르**멘**따

⑲ f. 태풍, 폭풍우

이들 지역에 소나기와 약한 태풍이 발생할 가능성이 있다.
En estas áreas hay posibilidad de chubascos y
엔 에스따스 아레아스 아이   뽀시빌리닷   데   추바스꼬스   이
tormentas débiles.
또르멘따스   데빌레스

---

toro

또로

⑲ m. 황소

많은 사람들이 앞으로 투우가 사라지게 될 거라고 생각한다.
Muchos creen que las corridas de toros
무초스   끄레엔   께 라스 꼬리다스 데 또로스
desaparecerán en el futuro.
데사빠레세란   엔 엘 푸뚜로

---

torre

또레

⑲ f. 탑

저 탑의 높이는 얼마나 됩니까?
¿Cuánto mide aquella torre?
꾸안또   미데   아께야   또레

---

tortilla

또르**띠**야

⑲ f. 토르티야

나는 옥수수 토르티야를 좋아한다.
Me gusta la tortilla de maíz.
메   구스따 라 또르띠야 데 마이쓰

---

tortuga

또르**뚜**가

⑲ f. 거북이

거북이가 바위 밑에 있다.
La tortuga está debajo de la roca.
라   또르뚜가 에스따 데바호 델 라 로까

한번 보면 바로 생각나는 스페인어 단어 **333**

tos

또스   📕 f. 기침

기침에 먹을 약이 있나요?
¿Tiene alguna medicina para la tos?
띠에네 알구나 메디씨나 빠라 라 또스

tostada

또스**따**다   📕 f. 토스트

나는 아침에 커피, 주스, 토스트를 먹는다.
Desayuno café, zumo y tostadas.
데사유노 까페 쑤모 이 또스따다스

total

또딸   📗 전체의, 총계의 📕 m. 총계, 합계

총금액은 얼마입니까?
¿Cuánto es el total?
꾸안또 에스 엘 또딸

trabajador, -a

뜨라바하**도**르, ―라   📗 근면한 📕 m. f. 노동자, 일꾼

한국인들은 근면하다.
Los coreanos son trabajadores.
로스 꼬레아노스 손 뜨라바하도레스

trabajar

뜨라바**하**르   📘 일하다

나는 런던에서 2년 동안 일했다.
Yo trabajé dos años en Londres.
요 뜨라바헤 도스 아뇨스 엔 론드레스

tradicional

뜨라디씨오**날**   📗 전통적인

크리스마스에는 어떤 전통 요리를 먹습니까?
¿Qué platos tradicionales comen Uds. en la Navidad?
께 쁠라또스 뜨라디씨오날레스 꼬멘 우스떼데스 엔 라 나비닷

334 Español Gráfico Crecimiento Vocabulario

traductor, -a

뜨라둑**또**르, 라 　명 m. f. 번역가, 통역관, 번역기

나는 3개국어를 구사하는 전문번역가를 고용했다.
Contraté a un traductor profesional que domina tres idiomas.
꼰뜨라떼 아 운 뜨라둑또르 쁘로페시오날 께 도미나 뜨레스 이디오마스

traer

뜨라**에**르 　동 가져오다

내 친구는 멕시코에서 테킬라 한 병을 내게 가져올 것이다.
Mi amigo me traerá una botella de tequila de México.
미 아미고 메 뜨라에라 우나 보떼야 데 떼낄라 데 메히꼬

tráfico

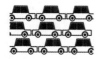

뜨**라**피꼬 　명 m. 교통, 교통량

지금 교통체증이 심하다.
Ahora hay mucho tráfico.
아오라 아이 무초 뜨라피꼬

tragar

뜨라**가**르 　동 삼키다, 포식하다

나는 음식을 삼킬 때 목구멍이 아프다.
Me duele la garganta al tragar.
메 두엘레 라 가르간따 알 뜨라가르

traje

뜨**라**헤 　명 m. 옷, 의복, 양복, (여성용의) 드레스

그 신발은 양복과 어울리지 않는다.
Esos zapatos no van con el traje.
에소스 싸빠또스 노 반 꼰 엘 뜨라헤

tramitar

입양신청서

뜨라미**따**르 　동 절차를 밟다

그들은 아이 입양을 위한 절차를 밟고 있다.
Ellos están tramitando la adopción de un niño.
에요스 에스딴 뜨라미딴도 라 아돕씨온 데 운 니뇨

T

T

tranquilo, -a

뜨랑**낄**로, −라 ❸ 조용한, 고요한, 편안한

내 집은 아주 조용한 동네에 있다.
Mi casa está en un barrio tranquilo.
미 까사 에스따 엔 운 바리오 뜨랑낄로

transformar

뜨란스포르**마**르 ❸ 바꾸다, 변형시키다

그녀는 낡은 드레스를 치마로 만들었다.
Ella transformó su viejo vestido en una falda.
에야 뜨란스포르모 수 비에호 베스띠도 엔 우나 팔다

tránsito

뜨**란**시또 ❸ m. 통행, 왕래, 교통, 통과

교통 표지판을 준수하십시오.
Respete las señales de tránsito.
레스뻬떼 라스 세냘레스 데 뜨란시또

transparente

뜨란스빠**렌**떼 ❸ 투명한

유리는 깨지기 쉽고 투명하다.
El vidrio es frágil y transparente.
엘 비드리오 에스 프라힐 이 뜨란스빠렌떼

transporte

뜨란스**뽀**르떼 ❸ m. 운송, 운수

일반적으로 어떤 교통수단을 이용하니?
¿Qué medio de transporte utilizas normalmente?
께 메디오 데 뜨란스뽀르떼 우띨리싸스 노르말멘떼

tranvía

뜨란**비**아 ❸ m. 전차

마지막 전차는 밤 11시경에 출발한다.
El último tranvía sale sobre las once de la noche.
엘 울띠모 뜨란비아 살레 소브레 라스 온쎄 델 라 노체

tras

뜨라스 · ⓟ ~한 후에

비행기가 차례로 이륙했다.
Los aviones despegaron uno tras otro.
로스 아비오네스 데스뻬가론 우노 뜨라스 오뜨로

trasladar

뜨라스라다르 · ⓓ 옮기다, 이동시키다, 전임시키다, ~se 이주하다

그들은 3년 전에 이곳으로 이주했다.
Se trasladaron aquí hace tres años.
세 뜨라스라다론 아끼 아쎄 뜨레스 아뇨스

tratar

뜨라따르 · ⓓ 취급하다, 다루다, 대우하다

이 역사책은 제2차 세계대전을 다루고 있다.
Este libro de historia trata de la Segunda Guerra Mundial.
에스떼 리브로 데 이스또리아 뜨라따 델 라 세군다 게라 문디알

tremendo, -a

뜨레멘도, -다 · ⓐ 무서운, 가공할만한, 무시무시한

갑자기 길에서 엄청난 소리가 들린다.
De repente, se oye un ruido tremendo en la calle.
데 레뻰떼 세 오예 운 루이도 뜨레멘도 엔 라 까예

tren

뜨렌 · ⓜ m. 기차

나는 기차 타고 돌아올 것이다.
Voy a volver en tren.
보이 아 볼베르 엔 뜨렌

tribunal

뜨리부날 · ⓜ m. 법정, 재판소, 법원

유언장은 법원에 의해 무효로 선언되었다.
El testamento fue declarado nulo por el tribunal.
엘 떼스따멘또 푸에 데끌라라도 눌로 뽀르 엘 뜨리부날

T

T

triste
뜨**리**스떼 ⓕ 슬픈, 우울한, 수심이 가득한

그녀는 슬퍼 보인다.
Ella parece triste.
에야 빠레쎄 뜨리스떼

triunfar
뜨리운**파**르 ⓥ 승리하다, 성공하다

진실이 승리한다.
La verdad triunfa.
라 베르닷 뜨리운파

tropical
뜨로삐**깔** ⓕ 열대의

우리는 열대 밀림을 보호해야 한다.
Debemos proteger la selva tropical.
데베모스 쁘로떼헤르 라 셀바 뜨로삐깔

trozo
뜨**로**쏘 ⓜ. 조각

케이크 한 조각 먹고 싶어요.
Quiero comer un trozo de tarta.
끼에로 꼬메르 운 뜨로쏘 데 따르따

trueno
뜨루**에**노 ⓜ. 천둥, 우레

천둥과 번개는 자연 현상이다.
Los truenos y los relámpagos son fenómenos naturales.
로스 뜨루에노스 이 로스 렐람빠고스 손 페노메노스 나뚜랄레스

tu
뚜 ⓕ 너의

나는 너의 조언이 필요해.
Necesito tu consejo.
네쎄시또 뚜 꼰세호

tubo
뚜보   명 m. 파이프, 튜브

그는 튜브에서 치약을 짜냈다.
Él exprimió la pasta de dientes del tubo.
엘 엑쓰쁘리미오 라 빠스따 데 디엔떼스 델 뚜보

---

tumba
뚬바   명 f. 묘, 무덤

나는 할아버지의 무덤을 방문했다.
Visité la tumba de mi abuelo.
비시떼 라 뚬바 데 미 아부엘로

---

túnel
뚜넬   명 m. 터널

죄수는 터널을 파고 감옥을 탈출했다.
El prisionero salió de la cárcel excavando un túnel.
엘 쁘리시오네로 살리오 델 라 까르쎌 엑쓰까반도 운 뚜넬

---

turista
뚜리스따   명 m. f. 관광객

저는 관광 비자를 갖고 있습니다.
Tengo un visado de turista.
뗑고 운 비사도 데 뚜리스따

---

turno
뚜르노   명 m. 순번, 차례, 당번, 교대

내 차례를 기다리고 있다.
Estoy esperando mi turno.
에스또이 에스뻬란도 미 뚜르노

---

tutear
뚜떼아르   동 말을 놓다, 반말하다
~se 서로 tú를 사용하다

우리 서로 말 놓읍시다.
Vamos a tutearnos.
바모스 아 뚜떼아르노스

último, -a
울띠모, –마   형 마지막의, 최근의, 최신의

우리는 마지막 기차를 놓쳤다.
Perdimos el último tren.
뻬르디모스 엘 울띠모 뜨렌

---

uña
우냐   명 f. 손톱

그녀는 손톱을 칠한다.
Ella se pinta las uñas.
에야 세 삔따 라스 우냐스

único, -a
우니꼬, –까   형 유일한, 특이한

우리의 유일한 기회이다.
Es nuestra única oportunidad.
에스 누에스프라 우니까 오뽀르뚜니닷

---

unidad
우니닷   명 f. 낱개, 한 개, 단위, 단원, 일치

가족은 사회의 기본 단위이다.
La familia es la unidad básica de la sociedad.
라 파밀리아 에스 라 우니닷 바시까 델 라 소씨에닷

---

uniforme
우니포르메   명 m. 유니폼

이 학교의 교복은 녹색이다.
El uniforme de esta escuela es verde.
엘 우니포르메 데 에스따 에스꾸엘라 에스 베르데

unión

우니**온**　　　명 f. 연합

스페인은 유럽연합에 속한다.
España pertenece a la Unión Europea.
에스빠냐　뻬르떼네쎄　알 라　우니온　에우로뻬아

unir

우니르　　　동 연결시키다, 합병하다
　　　　　~se 가입하다

그는 우리 클럽에 가입할 것이다.
Él se va a unir a nuestro club.
엘 세 바 아 우니르 아　누에스뜨로 끌룹

universidad

우니베르시**닷**　　　명 f. 대학교

이 대학은 언제 설립되었습니까?
¿Cuándo se fundó esta universidad?
꾸안도　세 푼도 에스따 우니베르시닷

universo

우니**베**르소　　　명 m. 우주, 세계

우주는 무한하다.
El universo es infinito.
엘 우니베르소 에스 임피니또

urbano, -a

우르**바**노, -나　　　형 도시의

도시 생활은 장단점이 있다.
La vida urbana tiene sus ventajas y desventajas.
라 비다 우르바나 띠에네 수스 벤따하스 이 데스벤따하스

urgente

우르**헨**떼　　　형 긴급한, 다급한, 촉박한, 절박한

매우 시급한 문제이다.
Es un asunto muy urgente.
에스 운 아순또 무이 우르헨떼

urgir

우르**히**르

동 긴급히 요구하다, 긴급히 필요하다

그들은 우리에게 그렇게 빨리 행동하도록 촉구해서는 안 된다.
No nos deben urgir a que actuemos con tanta rapidez.
노 노스 데벤 우르히르 아 께 악뚜에모스 꼰 딴따 라삐데쓰

---

usar

우**사**르

동 사용하다

제 자동차를 사용하셔도 됩니다.
Usted puede usar mi coche.
우스뗏 뿌에데 우사르 미 꼬체

---

usualmente

우수**알**멘떼

부 일반적으로, 보통, 통상적으로

나는 보통 아침 식사 전에 샤워한다.
Usualmente, me ducho antes del desayuno.
우수알멘떼 메 두초 안떼스 델 데사유노

útil

우띨

형 유용한

이 사전은 매우 유용하다.
Este diccionario es muy útil.
에스떼 딕씨오나리오 에스 무이 우띨

---

utilizar

우띨리**싸**르

동 이용하다

이 기계를 사용하는 방법을 아십니까?
¿Sabe cómo utilizar esta máquina?
사베 꼬모 우띨리싸르 에스따 마끼나

---

uva

우바

명 f. 포도

그녀는 포도 주스 두 병을 샀다.
Ella compró dos botellas de jugo de uva.
에야 꼼쁘로 도스 보떼야스 데 후고 데 우바

vaca

바까

명 f. 암소, 소고기

젖소들이 풀을 먹고 있다.
Las vacas están comiendo hierba.
라스 바까스 에스딴 꼬미엔도 이에르바

---

vacaciones

바까씨오네스

명 f. 휴가, 방학

우리는 지금 겨울방학 중에 있다.
Estamos de vacaciones de invierno.
에스따모스 데 바까씨오네스 데 임비에르노

---

vaciar

바씨아르

동 비우다

나는 쓰레기통을 비워야 한다.
Tengo que vaciar el bote de basura.
뗑고 께 바씨아르 엘 보떼 데 바수라

---

vacío, -a

바씨오, -아

형 (속이) 빈, 비어있는
명 m. 빈 곳, 진공

상자가 거의 비어있다.
La caja está casi vacía.
라 까하 에스따 까시 바씨아

---

vacunación

바꾸나씨온

명 f. 예방 접종, 예방 주사, 백신 주사

보건당국은 예방접종을 권고한다.
Las autoridades sanitarias recomiendan la vacunación.
라스 아우또리다데스 사니따리아스 레꼬미엔단 라 바꾸나씨온

V

vainilla

바이**니**야   명 **f.** 바닐라

나는 바닐라 아이스크림을 좋아한다.
Me gusta el helado de vainilla.
메 구스따 엘 엘라도 데 바이니야

valer

발레르   동 가치가 있다

이 회색 치마 얼마인가요?
¿Cuánto vale esta falda gris?
꾸안또 발레 에스따 팔다 그리스

valiente

발리**엔**떼   형 용감한

그는 용감한 군인이었다.
Él fue un soldado valiente.
엘 푸에 운 솔다도 발리엔떼

valor

발**로**르   명 **m.** 가치, 가격, 용기

그의 용기는 칭찬할 만하다.
Su valor es digno de admiración.
수 발로르 에스 디그노 데 아드미라씨온

vario, -a

바리오, -아   형 다양한, 여러 가지의

그는 내 집에 여러 번 왔다.
Él vino a mi casa varias veces.
엘 비노 아 미 까사 바리아스 베쎄스

vaso

바소   명 **m.** 컵

그 컵들은 손잡이가 없다.
Los vasos no tienen asas.
로스 바소스 노 띠에넨 아사스

vecino, -a

베**씨**노, -나   형 이웃의, 가까운 명 m. f. 이웃

우리는 이웃이다.
Somos vecinos.
소모스   베씨노스

---

vegetariano, -a

베헤따리**아**노, -나   명 m. f. 채식주의자

채식주의자를 위한 특별 메뉴가 있습니까?
¿**Tienen un menú especial para** vegetarianos?
띠에넨   운   메누   에스뻬씨알 빠라   베헤따리아노스

---

vehículo

베**이**꿀로   명 m. 교통수단, 차, 차량, 운반
수단

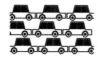

그 시간에 거리에는 차량으로 가득 차 있다.
A esa hora las calles siempre están llenas de vehículos.
아 에사 오라 라스 까예스 시엠쁘레 에스딴 예나스 데 베이꿀로스

---

vela

벨라   명 f. 촛불

케이크의 촛불을 끕시다.
Vamos a apagar las velas **del pastel.**
바모스 아 아빠가르 라스 벨라스 델 빠스뗄

---

velocidad

벨로씨**닷**   명 f. 속도

속도를 줄여야 합니다.
Tiene que reducir la velocidad.
띠에네 께 레두씨르 라 벨로씨닷

---

vencer

벤**쎄**르   동 이기다, 극복하다, 만기가
되다, 무효가 되다

임대 계약이 다음 달에 만기가 된다.
El contrato de alquiler vence **el próximo mes.**
엘 꼰뜨라또 데 알낄레르 벤쎄 엘 쁘록씨모 메스

vender

벤**데**르 　　　🅭 팔다

내 차를 팔 것이다.
Voy a vender mi coche.
보이 아　벤데르　미　꼬체

---

venir

베니르 　　　🅭 오다, 다가오다, 도래하다

그들은 곧 올 것이다.
Ellos van a venir pronto.
에요스　반 아　베니르　쁘론또

---

ventaja

벤**따**하 　　　🅝 🅕 장점

그것을 하는 것의 장점은 무엇입니까?
¿Cuál es la ventaja de hacerlo?
꾸알 에스 라　벤따하　데　아쎄를로

---

ventana

벤**따**나 　　　🅝 🅕 창문

우리는 항상 창가에 앉는다.
Siempre nos sentamos cerca de la ventana.
시엠쁘레　노스　센따모스　쎄르까 델 라　벤따나

---

ventanilla

벤따**니**야 　　　🅝 🅕 자동차의 창문, 창구

티켓 판매 창구는 어디 있습니까?
¿Dónde está la ventanilla para la venta de entradas?
돈데　에스따 라　벤따니야　빠라 라 벤따 데 엔뜨라다스

---

ventilador

벤띨라**도**르 　　　🅝 🅜 선풍기, 환풍기

나는 더워서 선풍기를 틀었다.
Tenía calor, así que encendí el ventilador.
떼니아　깔로르 아시 께　엔쎈디　엘　벤띨라도르

346 Español Gráfico Crecimiento Vocabulario

★★★ ver

베르

동 보다, 생각하다, 알다

널 보고 싶어.
Quiero verte.
끼에로 베르떼

★★★ verano

베라노

명 m. 여름

여름은 내가 제일 좋아하는 계절이다.
El verano es mi estación favorita.
엘 베라노 에스 미 에스따씨온 파보리따

★★★ verdad

베르닷

명 f. 사실, 진실

우리는 진실을 말해야만 한다.
Debemos decir la verdad.
데베모스 데씨르 라 베르닷

★★★ verde

베르데

형 초록색의

바나나가 아직 덜 익었다.
Los plátanos están verdes.
로스 쁠라따노스 에스딴 베르데스

★★★ verdura

베르두라

명 f. 야채, 채소

야채와 생선을 먹는 것은 건강에 매우 좋다.
Comer verduras y pescado es muy bueno para la salud.
꼬메르 베르두라스 이 뻬스까도 에스 무이 부에노 빠라 라 살룻

★★★ vergüenza

베르구엔싸

명 f. 부끄러움, 창피함

그렇게 말하는 것이 너는 부끄럽지 않니?
¿No te da vergüenza hablar así?
노 떼 다 베르구엔싸 아블라르 아시

vestido

베스**띠**도　　명 m. 원피스, 드레스

나는 생일파티를 위해 흰색 드레스를 살 것이다.

Voy a comprar un vestido **blanco para la fiesta de cumpleaños.**
보이 아 꼼쁘라르 운 베스띠도 블랑꼬　빠라 라 피에스따 데 꿈쁠레아뇨스

---

vestir

베스**띠**르　　동 입히다, ~se 입다

내 친구는 항상 검은색 옷을 입는다.

Mi amiga siempre se viste **de negro.**
미　아미가　시엠쁘레　세 비스떼 데　네그로

---

vez

베쓰　　명 f. 번, 회

나는 하루에 한 번씩 엄마에게 전화한다.

Yo llamo a mi mamá una vez **al día.**
요　야모　아 미　마마　우나　베쓰 알 디아

---

viajar

비아**하**르　　동 여행하다

나는 이번 달에 유럽을 여행할 것이다.

Voy a viajar **por Europa este mes.**
보이 아 비아하르 뽀르　에우로빠　에스떼　메스

---

víctima

빅띠마　　명 f. 희생자

희생자들은 두 명의 여성과 한 명의 남자였다.

Las víctimas **fueron dos mujeres y un hombre.**
라스　빅띠마스　푸에론　도스　무헤레스 이 운　옴브레

---

victoria

빅**또**리아　　명 f. 승리, 승전

경기가 끝나기 전에 승리를 노래해서는 안 된다.

No hay que cantar victoria **antes de que termine el partido.**
노 아이 께 깐따르 빅또리아 안떼스 데 께　떼르미네 엘 빠르띠도

vida

비다   명 f. 삶, 인생, 생활

스페인 사회생활은 매우 재미있다.
La vida social española es muy divertida.
라 비다 소씨알 에스빠뇰라 에스 무이 디베르띠다

---

videojuegos

비데오후에고스   명 m. 비디오게임

내 아들은 비디오게임을 무척 좋아한다.
A mi hijo le encanta jugar videojuegos.
아 미 이호 레 엔깐따 후가르 비데오후에고스

---

vidrio

비드리오   명 m. 유리

우리는 유리컵 몇 개가 필요하다.
Necesitamos unos vasos de vidrio.
네쎄시따모스 우노스 바소스 데 비드리오

---

viejo, -a

비에호, -하   형 늙은, 오래된, 옛날의, 낡은
                  명 m. f. 늙은이

그녀는 나보다 더 늙어 보인다.
Ella parece más vieja que yo.
에야 빠레쎄 마스 비에하 께 요

---

viento

비엔또   명 m. 바람

오늘 바람이 많이 분다.
Hace mucho viento hoy.
아쎄 무초 비엔또 오이

---

vigilar

비힐라르   동 지키다, 감시하다, 경계하다

군인들이 다리를 지키고 있다.
Los soldados están vigilando el puente.
로스 솔다도스 에스딴 비힐란도 엘 뿌엔떼

vino

비노 　　　🅜 와인

나는 적포도주보다 백포도주를 선호한다.
Prefiero el vino blanco al tinto.
쁘레피에로 엘 비노 　블랑고 알 띤또

---

violencia

비올**렌**씨아 　　🅜 🅕 폭력

모두가 폭력에 대항해 싸울 것이다.
Todos van a luchar contra la violencia.
또도스 반 아 루차르 　꼰뜨라 라 비올렌씨아

---

violeta

비올**레**따 　　　🅗 보라색의

그녀는 보라색 목도리를 사고 싶어 한다.
Ella quiere comprar una bufanda de color violeta.
에야 끼에레 　꼼쁘라르 　우나 부판다 데 꼴로르 비올레따

---

violín

비올**린** 　　　🅜 바이올린

그녀는 10살 때부터 바이올린을 친다.
Ella toca el violín desde que tenía diez años.
에야 또까 엘 비올린 데스데 께 떼니아 디에쓰 아뇨스

---

virtual

비르뚜**알** 　　🅗 실질적인, (컴퓨터) 가상의

그녀는 젊은 엄마들을 위한 가상 커뮤니티를 만들었다.
Ella creó una comunidad virtual para las madres jóvenes.
에야 끄레오 우나 　꼬무니닷 비르뚜알 빠라 라스 마드레스 호베네스

---

virtud

비르**똣** 　　　🅜 🅕 덕, 미덕, 선, 선행, 덕행

참는 것이 미덕이다.
La paciencia es una virtud.
라 빠씨엔씨아 에스 우나 　비르똣

visitar

비시**따**르   동 방문하다

나는 오늘 밤에 부모님을 방문할 것이다.
Esta noche voy a visitar a mis padres.
에스따 노체 보이 아 비시따르 아 미스 빠드레스

vista

비스따   명 f. 시력, 전경, 조망, 전망

전경이 매우 아름답다!
¡La vista es tan hermosa!
라 비스따 에스 딴 에르모사

vivienda

비비**엔**다   명 f. 집, 주거, 주택

전쟁 지역에는 버려진 주택이 많이 있다.
Hay muchas viviendas abandonadas en zonas de guerra.
아이 무차스 비비엔다스 아반도나다스 엔 쏘나스 데 게라

vivir

비**비**르   동 살다

시골에서의 생활은 매우 지루하다.
Vivir en el campo es muy aburrido.
비비르 엔 엘 깜뽀 에스 무이 아부리도

volar

볼**라**르   동 날다, 비행하다

시간이 매우 빨리 지나간다.
El tiempo pasa volando.
엘 띠엠뽀 빠사 볼란도

volumen

볼**루**멘   명 m. 권, 볼륨, 소리

라디오 소리 좀 키워주시겠어요?
¿Le molestaría subir el volumen de la radio?
레 몰레스따리아 수비르 엘 볼루멘 데 라 라디오

(V)

voluntario, -a

볼룬**따**리오, -아

형 자발적인
명 m. f. 지원자, 자원봉사자

자원봉사자가 긴급히 필요하다.
Se requieren urgentemente voluntarios.
세　레끼에렌　우르헨떼멘떼　볼룬따리오스

---

volver

볼**베**르

동 돌아오다

내 친구는 내일 돌아올 것이다.
Mi amigo va a volver mañana.
미　아미고　바 아　볼베르　마냐나

---

vomitar

보미**따**르

동 토하다, 구토하다

나는 세 번 구토했다.
Yo vomité tres veces.
요　보미떼　뜨레스 베쎄스

---

votar

보**따**르

동 투표하다

내 아들은 이제 투표할 수 있다.
Mi hijo ya puede votar.
미　이호　야　뿌에데　보따르

---

voz

보쓰

명 f. 목소리

그녀는 떨리는 목소리로 말했다.
Ella habló con voz temblorosa.
에야　아블로　꼰　보쓰　뗌블로로사

---

vuelo

부**엘**로

명 m. 비행, (비행기의) 편

나는 비행기를 놓쳤다.
Perdí el vuelo.
뻬르디　엘　부엘로

xenófobo, -a

쎄**노**포보, –바 **명** **m.** **f.** 외국인을 싫어하는 사람

외국인을 혐오하는 한 남자가 외국인 직원을 모욕했다.
Un xenófobo insultó al empleado extranjero.
운　쎄노포보　인술또 알 엠쁠레아도　엑쓰뜨랑헤로

xilófono

씰로포노 **명** **m.** 실로폰

그들은 아이에게 장난감 실로폰을 선물했다.
Le regalaron al niño un xilófono de juguete.
레 레갈라론 알 니뇨 운 씰로포노 데 후게떼

y

이　　　　　　　　　**접** 그리고

부모님과 나는 여행 중이다.
Mis padres y yo estamos de viaje.
미스　빠드레스　이　요　에스따모스　데　비아헤

ya

야　　　　　　　　　**부** 이미, 이제

이제 가!
¡Vete ya!
베떼　야

yate

야떼　　　　　　　　　**명 m.** 요트

그는 작은 요트를 타고 대서양을 횡단했다.
Él cruzó el Atlántico en un pequeño yate.
엘　끄루쏘　엘　아뜰란띠꼬　엔　운　빼께뇨　　야떼

yema

예마　　　　　　　　　**명 f.** 노른자위, 난황

난 달걀노른자를 좋아한다.
Me gusta la yema del huevo.
메　구스따　라　예마　델　우에보

yermo

예르모　　　　　　　　　**명 m.** 황무지, 불모지

북부 지역은 얼어붙은 황무지이다.
La región del norte es un yermo helado.
라　레히온　델　노르떼　에스　운　예르모　엘라도

yerno

예르노   명 m. 사위

그는 내 사위가 될 것이다.
Él va a ser mi yerno.
엘 바 아 세르 미 예르노

---

yeso

예소   명 m. 석고, 깁스붕대

그는 한쪽 팔이 부러져서 한 달 동안 깁스붕대를 해야만 할 것이다.
Se ha roto un brazo y deberá llevar el yeso durante un mes.
세 아 로또 운 브라쏘 이 데베라 예바르 엘 예소 두란떼 운 메스

---

yo

요   대 나, 저

내가 아는 한 그는 독신이다.
Hasta donde yo sé, él es soltero.
아스따 돈데 요 세 엘 에스 솔떼로

---

yoga

요가   명 m. 요가

매일 요가를 하면 스트레스를 줄일 수 있다.
La práctica cotidiana del yoga puede disminuir el estrés.
라 쁘락띠까 꼬띠디아나 델 요가 뿌에데 디스미누이르 엘 에스뜨레스

---

yogur

요구르   명 m. 요구르트

이 요구르트는 맛이 이상하다.
Este yogur sabe extraño.
에스떼 요구르 사베 엑쓰뜨라뇨

---

yuxtaponer

육쓰따뽀**네**르   동 나란히 늘어놓다, 잇달아 놓다
~se 나란히 놓이다

두 도면이 나란히 놓이면 새로운 이미지가 생성된다.
Al yuxtaponerse los dos dibujos se crea una imagen nueva.
알 육쓰따뽀네르세 로스 도스 디부호스 세 끄레아 우나 이마헨 누에바

zaguán

싸구**안**　　**명 m.** 현관

그는 현관에 있는 옷걸이에 코트를 걸었다.
Colgó el abrigo en el perchero del zaguán.
꼴고 엘 아브리고 엔 엘 뻬르체로 델 싸구안

zanahoria

싸나**오**리아　　**명 f.** 당근

당근은 시력에 매우 좋다.
La zanahoria es muy buena para la vista.
라 싸나오리아 에스 무이 부에나 빠라 라 비스따

zapatería

싸빠떼**리**아　　**명 f.** 신발가게

신발가게의 진열대에서 내 이브닝드레스에 어울리는 신발을 보았다.
En el escaparate de la zapatería vi los zapatos
엔 엘 에스까빠라떼 델 라 싸빠떼리아 비 로스 싸빠또스
ideales para mi traje de noche.
이데알레스 빠라 미 뜨라헤 데 노체

zapatillas

싸빠**띠**야스　　**명 f.** 운동화

여름에 나는 항상 운동화를 신는다.
En verano siempre llevo zapatillas.
엔 베라노 시엠쁘레 예보 싸바띠야스

zapato

싸**빠**또　　**명 m.** 신발

나는 흰 구두보다 검은 구두를 더 좋아한다.
Prefiero los zapatos negros a los blancos.
쁘레피에로 로스 싸빠또스 네그로스 알 로스 블랑꼬스

★★★ zigzaguear

씩싸게**아**르

동 지그재그로 나아가다, 갈지자로 걷다

차가 젖은 길에서 지그재그로 가고 있다.

El auto va zigzagueando en el camino mojado.
엘 아우또 바   씩싸게안도   엔 엘 까미노   모하도

★★★ zona

쏘나

명 f. 지역, 구역

흡연구역에 4인용 테이블이 있습니까?

¿Tienen una mesa para cuatro en la zona de fumadores?
띠에넨 우나 메사 빠라 꾸아뜨로 엔 라 쏘나 데 푸마도레스

★★★ zoológico

쏘올로**히**꼬

명 m. 동물원

집 근처에 동물원이 하나 있다.

Cerca de mi casa hay un zoológico.
쎄르까 데 미 까사 아이 운 쏘올로히꼬

★★★ zorro, -a

쏘로, –라

명 m. f. 여우

여우는 나무 뒤에 숨었다.

El zorro se escondió detrás del árbol.
엘 쏘로 세 에스꼰디오 데뜨라스 델 아르볼

★★★ zumbar

쑴**바**르

동 울리다, 귀가 울리다, 윙윙 날다

모기가 어두운 방에서 윙윙거린다.

Los mosquitos zumban en la oscuridad de la habitación.
로스 모스끼또스 쑴반   엔 라 오스꾸리닷 델 라 아비따씨온

★★★ zumo

쑤모

명 m. 주스, 즙

우리는 아침마다 오렌지 주스를 마신다.

Tomamos zumo de naranja todas las mañanas.
또마모스 쑤모 데   나랑하 또다스 라스 마냐나스

(Z)

한번보면
바로
생각나는

스페인어
단어장